Cozinha Vegetariana

CREPES, PANQUECAS E WAFFLES

Incluindo receitas de Beiju e Tapioca brasileiras, Taco, Enchillada, Tortilha e Burrito mexicanos.

CAROLINE BERGEROT
(SEFIRA)

COZINHA VEGETARIANA

CREPES, PANQUECAS E WAFFLES

*Pratos salgados e doces
para todas as ocasiões*

Editora Cultrix
São Paulo

Copyright © 2004 Caroline Bergerot.

Fotos da Capa:
Paulo Gustavo Bergerot

Para contatos com a autora: Caixa Postal 22902 CEP: 74916-970 GO

O primeiro número à esquerda indica a edição, ou reedição, desta obra.
A primeira dezena à direita indica o ano em que esta edição, ou reedição, foi publicada.

Edição	Ano
1-2-3-4-5-6-7-8	05-06-07-08-09-10

Direitos reservados

EDITORA PENSAMENTO-CULTRIX LTDA.

Rua Dr. Mário Vicente, 368 — 04270-000 — São Paulo, SP

Fone: 6166-9000 — Fax: 6166-9008

E-mail: pensamento@cultrix.com.br

http://www.pensamento-cultrix.com.br

Impresso em nossas oficinas gráficas.

Vegetarianismo para mim é uma Yoga.
É um exercício de compaixão e a oportunidade de evoluir através do livre-arbítrio.

Paulo Maluhy

Sumário

ABERTURA 09

APRESENTAÇÃO 11

INTRODUÇÃO 13

PREFÁCIO 15

AO LEITOR 19

ORIGEM 23

CONVERSA INICIAL 25

O QUE SÃO PANQUECAS, WAFFLES E CREPES 27

MARGARINA 35

TORTILHA 39

BEIJU 43

DICAS DE CULINÁRIA 45

AS MASSAS NA ALIMENTAÇÃO 47

O EFEITO SOJA 51

UM POUCO DE FILOSOFIA 55

CONCLUSÃO 57

RECEITAS BÁSICAS 59

CREPES SALGADOS 68

CREPES DOCES 103

PANQUECAS SALGADAS 125

PANQUECAS DOCES 149

WAFFLES SALGADOS 165

WAFFLES DOCES 183

BURRITOS 199

ENCHILLADAS 205

TACOS 213

BEIJUS SALGADOS 223

BEIJUS DOCES 233

BIBLIOGRAFIA 245

ÍNDICE REMISSIVO DAS RECEITAS 247

Abertura

Por volta dos meus 18 anos de idade, conheci a Macrobiótica, o sistema alimentar, ou filosofia de vida, responsável pela grande mudança nos padrões alimentares ocidentais nesta virada de milênio. Mas me recordo claramente que havia um problema a ser resolvido dentro do universo dessa arte milenar, que era a questão do paladar: via de regra, a comida macro era muito ruim! (e continua sendo em diversos restaurantes remanescentes).

Lembro-me de certa vez ter ido ao restaurante da Associação Macrobiótica do Rio de Janeiro. Era pleno verão no Rio. A cena que se descortinou foi no mínimo felinesca, pois as pessoas estavam sentadas, suando bastante e mastigando prolongadamente uma comida seca, salgada, exígua, e todos se olhavam ameaçadoramente, como que com raiva de alguma coisa. Para coroar a cena, a bebida disponível era chá...quente...e, mesmo assim, somente depois da sacrificante refeição. Lembro-me também que eu estava acompanhado do meu pai, Alcides Bontempo (na época ex-presidente da Associação Macrobiótica de São Paulo e um grande cozinheiro), que, solidário comigo e indignado com o que víamos, convidou-me a sair dali e irmos tomar um suco de frutas gelado no bar mais próximo. Está registrado na minha memória mais profunda o sabor fresco daquele suco que, para mim e meu pai, no momento era a "nossa" verdadeira macrobiótica. Que delícia! Que saudável! E que liberdade! Desde esse fato, venho me preocupando com o sabor dos alimentos e dos pratos ditos saudáveis. Sempre pensei: a comida, seja macrobiótica, vegetariana, vegan ou similar, não tem obrigatoriamente de ser ruim, mal feita ou feia. Que o digam os donos de churrascarias modernas, pois nelas encontramos uma variedade tão grande de pratos vegetarianos – e até vegans – capazes de produzir inveja a muitos restaurantes naturais. De fato, para o arrepio de muitos vegetarianos, há churrascarias – e o leitor sabe muito bem disso – que apresentam um festival colorido de pratos à base de verduras, legumes, frutas, etc. e todos saudáveis, não fora o fato de ali oferecerem também carne. Mas se esses restaurantes podem, mesmo adeptos da matança, oferecer opções vegetarianas saudáveis e saborosas, por que nós não tomamos vergonha e paramos de apresentar cardápios insossos e mal-apresentados?

Muitas pessoas deixam de freqüentar restaurantes vegetarianos, vegans ou macrobióticos e naturais, justamente por encontrarem ali pratos mal elaborados, sem técnica culinária, como se tivessem feito um voto de austeridade, prometendo saúde, mas à custa de matar o prazer de curtir a comida.

Nas minhas viagens, conheci alguns restaurantes naturais que primam pelo casamento entre o saudável, o gostoso e o consciente. Neles, podemos entender que, com um pouco de habilidade e sensibilidade, não há diferença entre a culinária comum e a natural em termos de sabor e que não é necessário, como vimos, que soframos nas cadeiras dos restaurantes ditos vegetarianos, naturistas, etc.

Mas isso acontecia antes de Caroline Bergerot ter lançado, em1999, seu primeiro livro, *Cozinha Vegetariana*, que se tornou um *best-seller*.

Agora com esta obra primorosa (Crepes, Panquecas e Waffles), verificamos um fato inusitado: a culinária vegan (que não utiliza os ícones da culinária, ou seja, o leite e o ovo) pode ser muito mais saborosa que qualquer outra.

Com Caroline, inauguramos uma nova fase na culinária não-convencional, pois ela consegue, com suave maestria, associada ao requinte da filosofia vegana, harmonizar os três pilares básicos da culinária, os adjetivos **saudável, nutritivo** e **saboroso**. Mas se o prezado leitor seguir à risca as receitas deste notável manual, verá que este último adjetivo estará no grau superlativo: saborosíssimo!

Um dos prazeres maiores que podemos obter com a boa culinária, é saber que a gratificação do paladar está aliada à consciência alimentar, à saúde, ao bem-estar e à proteção do organismo contra as doenças. É muito bom saborearmos um prato que também faz bem, nutre verdadeiramente e não envolve a matança, o sacrifício ou o sofrimento dos animais.

Com satisfação, indicamos este livro, com receitas divinamente temperadas com ingredientes muito especiais, que são a habilidade, a experiência e a sensibilidade da autora.

Diz-se que nem tudo os mestres ensinam aos seus discípulos, mas aqui, mais uma vez, a mestra Caroline quebra uma regra, pois nos ensina tudo o que sabe. Também só poderia, pois neste novo milênio, onde existem tantas coisas novas, somente uma autora assim consciente para brindar o Novo Tempo, oferecendo-nos as bases de uma Nova Culinária.

* Dr. Marcio Bontempo
Outono de 2005

Apresentação

Regina Shakti

Sempre levantei a bandeira do vegetarianismo porque pratico yoga desde criança e amo os animais. Acho que quem tem apetite em comer fatias de carne de um bezerrinho que foi violentamente separado da mãe e colocado sem carinho nenhum numa carroceria de caminhão e foi, sabe-se lá para onde, morrer desesperado... quem não se sensibiliza com isso, precisa de um psiquiatra urgentemente.

Se observarmos as pessoas passando na rua, podemos ver que a maioria está louca, totalmente possuídas por seus pensamentos e problemas. Ninguém vê ninguém, ninguém escuta ninguém. Isso é o oposto da felicidade.

No *Srimat Bhagavad Gita* o senhor Krishna ensina que os alimentos podem despertar paixão, bondade ou ignorância. O resultado da paixão é o sofrimento, da bondade é a felicidade e da ignorância é a loucura. Muito da loucura atual do mundo vem da péssima alimentação.

Na frente do nosso estômago fica o plexo solar, que rege nossas emoções. Isso significa que o que comemos tem ligação direta com o que sentimos e são emocionais desequilibrados que causam o caos.

Aprendi, desde criança, nas minhas aulas de yoga, que devemos ser responsáveis por nós mesmos e, se quisermos ser felizes, devemos comer os alimentos que despertam os modos da bondade.

É fundamental ser vegetariano para praticar os Asanas (posições de yoga). Quando uma pessoa no ashram diz: "quero praticar yoga mas não quero parar de comer carne", eu respondo que não é comigo que ela irá aprender. Dos dez mandamentos do yoga AHMSA, não comer carne é o primeiro a ser observado e quer dizer não-agressão. Yoga é uma ciência voltada para o aperfeiçoamento humano. Um mestre fidedigno de yoga vai dizer para seu aluno: o primeiro passo é observar AHMSA, tolerância, respeito a todas as criaturas e humildade. O praticante deve estudar as escrituras para entender perfeitamente a ligação da alimentação com a evolução espiritual.

---

* **Regina Shakti** é mestre de yoga e discípula de sua Divina Graça Bhakti Raksak Sridhar Dev Goswami Maharaj. Viaja todos os anos para a Índia e dirige o Krishna Shakti Ashram em Campos de Jordão, São Paulo.

Introdução

Dr. George Guimarães

O planejamento de uma refeição balanceada deve levar em consideração que ela seja nutritiva e também saborosa. Depois de considerados esses pontos, muitas outras qualidades podem ser incorporadas para torná-la mais atrativa. É difícil enumerar todas as possibilidades, mas muitas certamente estão lá quando preparamos crepes, panquecas e *waffles*, atraentes aos olhos e ao paladar, interessantes pelas possibilidades de apresentação que permitem. A variedade dos ingredientes que podem ser incorporados a estas preparações faz delas opções muito saborosas e, quando planejadas com cuidado, muito nutritivas também. Mas os crepes, panquecas e *waffles* são, acima de tudo, muito divertidos de serem preparados.

Com todas essas qualidades, eles agradam muito às crianças, fazendo parte também dos cardápios mais charmosos, pois conseguem ao mesmo tempo ser lúdicos e refinados. Sua história remonta há tempos muito antigos e nos fala de civilizações distantes, enquanto o seu preparo exige foco e atenção no momento presente. Podem parecer desafiadoras em um primeiro momento, mas são na verdade preparações bastante simples, que requerem apenas o aprendizado de técnicas específicas. Depois de ter conquistado esse requisito, você pode dar asas à sua criatividade e fazer da sua cozinha um lugar mágico, onde a boa nutrição e a versatilidade, possibilitada por essas massas, andam juntas.

Você já tem em suas mãos, na forma deste livro, o principal instrumento, que, além das receitas propriamente ditas, descreve ainda quais equipamentos são necessários para o preparo de cada uma dessas diferentes massas. Agora é pôr mãos à obra e experimentar! Caroline Bergerot teve o interesse de explorar preparações de características semelhantes, de origem mexicana e baiana (variações de tortilhas e o nosso beiju) para aumentar ainda mais as possibilidades de massas achatadas.

Essas receitas vão fazer com que você amplie o espaço de sua cozinha, aumentando aquele que você já dedicava às preparações saudáveis: um novo espaço cheio de descobertas, diversão e criatividade!

Bom apetite e boa diversão!

---

* **Dr. George Guimarães** é nutricionista e se dedica ao aconselhamento, consultoria e pesquisa em nutrição vegetariana. Atende em seu consultório em São Paulo e ministra cursos e palestras em diversas cidades. É diretor da nutriVeg Consultoria em Nutrição Vegetariana, única empresa especializada nesse segmento no país, e também dirige o *VEGETHUS* Restaurante Vegetariano. Atua na promoção do vegetarianismo em diversas frentes: através de seu trabalho como consultor e palestrante, redigindo textos junto à imprensa e promovendo eventos e reuniões com grupos de ativistas.

Prefácio

Marly Winckler

Temos todos os motivos para sermos ou passarmos a ser vegetarianos! O vegetarianismo é como um diamante lapidado, um brilhante, cujas facetas se somam, trazendo um brilho diferente à vida. As coisas boas neste mundo são assim: belas e coloridas!

O vegetarianismo faz bem para a saúde das pessoas, dos animais e do planeta. Do ponto de vista da saúde, a dieta vegetariana se destaca como extremamente benéfica. O grande segredo de uma dieta balanceada é variedade e quantidade calórica – o restante são adequações às características de cada indivíduo, que sempre devem ser levadas em conta, pois como em tudo, somos únicos, e isso vale também nas necessidades alimentares de cada indivíduo (uns se dão bem com pimentão, outros não digerem bem a melancia e assim por diante). Por que não respeitar os sinais do organismo se a Mãe Terra é tão pródiga, oferecendo-nos uma gama imensa de verduras, cereais, frutas, legumes, ervas etc.? A dieta vegetariana, como sabemos, reduz o risco de doenças crônicas e degenerativas, como cardiopatias, hipertensão, diabetes, osteoporose, cânceres etc. Não por acaso, são estas as principais doenças que levam ao óbito, nas sociedades ocidentais.

É sempre bom observarmos certos fatos que nem sempre são lembrados: para obter-se um quilograma de carne de frango, é necessário 1,3 quilograma de ração; quarenta pessoas podem ser alimentadas se comerem verduras plantadas no mesmo pedaço de terra que seria utilizado para criar gado. Claro que o problema da fome não é só falta de alimentos, hoje em dia é um problema basicamente de distribuição, mas, num mundo futuro, com 12 a 15 bilhões de habitantes, e com os recursos do planeta depredados, a continuar o ritmo atual de agressão ao meio ambiente, esta questão se imporá como gravíssima.

A dieta centrada na carne, ou dieta americana padrão, cujo acrônimo em inglês é SAD (de Standard American Diet), é realmente triste, sendo responsável por um enorme desperdício de recursos naturais, como água, energia, terra fértil, bem como pela contaminação das águas e do solo, a derrubada das florestas – num primeiro momento para criar gado, suprindo a demanda por mais carne, e, num segundo momento, para cultivar soja para alimentar animais criados em regime de confinamento.

Cozinha Vegetariana

O impacto ambiental gerado não tem precedentes na história da humanidade.

O sofrimento dos animais criados nessas condições de confinamento, e num sistema em que o que conta é a produtividade, é indizível. Vale tudo para aumentar um pouquinho mais a produção, não importando que esteja ali um ser que sente dor e terror, que tem um sistema nervoso tão desenvolvido quanto o nosso, que tem apego à sua prole. São criados em condições execráveis, totalmente artificiais, gerando muito estresse e doenças, combatidos com medidas ainda mais execráveis – como o corte do bico, do rabo, dos dentes, da genitália, dos nenês-bichos para minimizar um pouco o pandemônio que se instala nos galinheiros, chiqueiros e estrebarias onde são criados, submetidos a condições abomináveis.

Os animais só saem dessa situação para o abate, que, embora responsável por cenas hediondas, difíceis de descrever, e escondidas a sete chaves pelos capitães dessa indústria, talvez seja a redenção para esses pobres seres que se libertam dessa situação penosa. Ali serão abatidos, depenados, esfolados e escaldados, no mais das vezes com plena consciência.

Muita gente não faz a mínima idéia do que está por trás do bifinho que tem em seu prato todos os dias. Se soubesse, ficaria horrorizada – sobretudo as crianças, que, aliás, muitas vezes não querem comer carne e só o fazem e se acostumam com isso depois de muita insistência dos pais.

É difícil mudar hábitos e também é muito difícil combater uma noção falsa uma vez que ela se tenha tornado dominante. O mito de que a carne é primordial para se gozar uma boa saúde é uma destas falsas noções que se tornaram dominantes – a ponto de até médicos e nutricionistas afirmarem isso – muito embora o façam sem ter estudado o assunto como merece, tornando-se, como disse, perpetuadores de falsos mitos. De fato, a Associação Dietética Americana – por falta de uma posição da Associação Brasileira – que estudou o assunto de forma despreconcei-tuosa, afirma o seguinte sobre dietas vegetarianas:

"A posição da Associação Dietética Americana é que dietas vegetarianas apropriadamente planejadas são saudáveis, adequadas em termos nutricionais e apresentam benefícios para a saúde na prevenção e no tratamento de determinadas doenças".

É mister vencermos o preconceito, combatermos os mitos, adotarmos aquilo que é realmente o melhor para todos. A dieta vegetariana é o melhor regime alimentar e o futuro, se é que haverá futuro, sem dúvida, será vegetariano.

Quando paramos de comer carne, porém, temos de aprender a preparar as verduras, os cereais, as frutas. Ninguém merece comer mal e não é preciso abdicar dos prazeres do paladar – muito pelo contrário. Para o vegetariano se abre um novo mundo de sabores, cores, texturas.

As cozinhas étnicas, muitas delas milenares, são, na sua origem, vegetarianas: a culinária mediterrânea, basicamente vegetariana; a cozinha árabe, com tantas opções vegetarianas; a cozinha indiana, chinesa, japonesa, todas com vários pratos totalmente isentos de carne; os pratos italianos, tão apreciados pelos brasileiros, podem ser completamente vegetarianos e são muito saborosos... Enfim, as opções são tantas que é difícil numerá-las.

Caroline Bergerot tem feito um trabalho louvável no campo da culinária vegetariana. Seus livros se tornaram sinônimo de *best-seller*. Desta vez ela nos apresenta receitas de crepes, panquecas, *waffles*, tortilhas, *enchilladas*, tacos, beijus, pratos tão ao gosto do público brasileiro. Seja para os vegetarianos de carteirinha, que querem variar um pouco sua cozinha, seja para aqueles que estão na transição para uma dieta vegetariana ou até para aqueles que simplesmente querem incluir em seu leque de opções receitas saudáveis e saborosas, este livro por certo é de dar água na boca.

---

* **Marly Winckler** é socióloga e tradutora. Vegetariana desde 1982, criou o Sítio Vegetariano (www.vegetarianismo.com.br) e modera as listas de discussão sobre vegetarianismo veg-brasil e veg-latina. É coordenadora para a América Latina e o Caribe da União Vegetariana Internacional (IVU - www.ivu.org/latin-america.html, com sede na Inglaterra. Preside a Sociedade Vegetariana Brasileira (www.svb.org.br) e o 36º Congresso Vegetariano Mundial.

Ao Leitor

A alimentação é como uma orquestra, onde cada alimento tem seu papel e sua função. Podemos até gostar muito de um concerto, mas, se nos determos apenas em um instrumento, isolando-o do todo, deixaremos de ter o lindo concerto e passaremos a ouvir somente parte de um conjunto.

A natureza oferece aos seres humanos uma infinidade de alimentos que, como os instrumentos da orquestra, juntos se transformam num harmonioso conjunto, que é a alimentação.

Com relação à alimentação vegetariana são comuns diversos tipos de questionamentos, como, por exemplo, a ausência de alguns dos macro e micronutrientes (lipídios, carboidratos, sais minerais, vitaminas, etc.). Evidentemente que isto pode ocorrer devido a uma falta de equilíbrio. Assim, deve haver um balanceamento incluindo, sempre que necessário, um acompanhamento profissional – isso, porém, é válido sempre, para todo e qualquer tipo de dieta, não somente a vegetariana. É muito freqüente haver, principalmente entre os onívoros, um excesso de gorduras saturadas, colesterol e calorias na alimentação. As doenças cardíacas, obesidade, câncer, etc., estão à nossa volta provando que é necessário um controle e orientações básicas, para evitar problemas futuros de saúde. Quanto aos vegetarianos, também há essa necessidade, uma vez que é a correta disposição dos alimentos na refeição, que a tornará rica e saudável, suprindo as necessidades do organismo.

Em se tratando de saúde — geralmente entre aqueles que adotam o vegetarianismo — há também uma preocupação com outros hábitos, uma busca na tentativa de abraçar uma conduta mais saudável, tal como: não fumar, evitar excesso de álcool, levar uma vida ativa, evitando assim o sedentarismo, praticar exercícios físicos e mentais (como a leitura de bons livros).

Outra curiosidade é notarmos que os adeptos da alimentação tradicional, que inclui a ingestão de animais, ovos, leite e seus derivados, a consideram suculenta e gostosa, enquanto a alimentação vegetariana é encarada como "sem graça" e "sem gosto". Os vegetarianos são até caricaturados como "verdes por fora e amargos por dentro", pois há sempre a dedução de serem infelizes, pela opção que fizeram com relação à desprazerosa alimentação.

Analisando essas posturas impostas foi que escrevemos as receitas deste livro e de todas as nossas demais publicações (*Cozinha Vegetariana, Saúde e Bom Gosto em Mais de 670 Receitas, Coleção Cozinha Vegetariana, A Soja no seu Dia-a-dia – 1002 receitas*). Foi com o objetivo de quebrar preconceitos, passando a formar conceitos. Por isso, nossos livros contêm receitas para todas as ocasiões, desmitificando a falsa idéia de falta de sabor, satisfazendo diversos gostos, hábitos e idades. Não excluímos então as frituras, os bolos, o açúcar, a margarina e todos os temperos, suaves e fortes. Tendo sempre em mente oferecer muitas opções, pois os gostos variam, tanto que às vezes nem mesmo duas pessoas que moram juntas não têm a mesma forma de pensar e as mesmas preferências. É válido as pessoas não deixarem o bom gosto de lado, pois assim notarão que a culinária vegetariana poderá sutilizar bastante o paladar, a delicadeza e a apreciação. O fato de termos consciência de que estaremos retirando da alimentação o sangue, o sofrimento e as lágrimas dos animais abatidos, já faz com que algo dentro de nós se eleve.

Em se tratando da adoção de uma alimentação vegetariana, é muito importante colocarmos uma luz diante de cada caso, não visando apenas o que estamos querendo. Existem situações onde somos responsáveis pela alimentação de outras pessoas, (como filhos, cônjuges, amigos que moram conosco, pais, etc.) e a harmonia e o discernimento são sempre de extrema importância. As transições, portanto, devem ser criteriosas, observando-se constantemente o bom senso.

Aqui vão algumas constatações:

• Inegavelmente, o pão integral é mais saudável do que o pão branco. Porém, o pão branco feito em casa é muitas vezes mais saudável do que o pão comercializado! Logo, se queremos introduzir novos hábitos dentro da nossa casa ou local onde vivemos, por que não sermos razoáveis, não afugentando as pessoas com hábitos muito diferentes daqueles que estão acostumadas?

• Crianças gostam de bolos. Bolos com cobertura, com açúcar e, se possível, com chocolate. É o ideal ingerir açúcar? Não. Porém, não vamos nos esquecer que, se em casa elas não encontrarem o que gostam, certamente na padaria da esquina ou na casa do amiguinho, encontrarão. E este é um passo pequeno, mas às vezes decisivo, para fazer com que fujam de novas idéias. Lembremos que todas as receitas de bolos de nossos livros não contêm ovos e nem leite, o que faz com que o conceito de que bolo faz mal mude também.

O que apresento em meus livros é um vegetarianismo ético. Não utilizar produtos animais e ponto. É lógico que pessoas em transição ou as que não pretendem mudar seus hábitos, podem substituir os alimentos que lhes forem convenientes. A partir disso é que preparamos nossas receitas, que podem ser lidas e adaptadas de diversas maneiras, dependendo da proposta pessoal e do ponto em que cada um se encontre.

Um assunto que deve ser esclarecido é o da saciedade alimentar, e o fato daquele que é onívoro estar acostumado a sentir uma farta sensação de estar extremamente alimentado. São os lipídios os responsáveis por essa sensação, ou seja, a gordura ingerida, principalmente a gordura saturada. Sabemos que a composição da carne é rica em gorduras saturadas, e, por isso, sua digestão é bem lenta. Havendo a substituição deste hábito alimentar pelo vegetariano, o organismo pode sentir a falta dessa satisfação, e por isso é comum escutarmos que a pessoa se alimentou mal, pois não está com essa sensação. Por isso, sugerimos que, ao substituir a alimentação, haja frituras e alimentos vegetais com algum tipo de gordura. Embora não sejam saudáveis, entram no lugar das ainda menos saudáveis gorduras animais e fazem o papel de saciedade alimentar. Um detalhe curioso é que essa saciedade poderá ser prolongada quando houver a ingestão de um doce após a refeição, pois o açúcar tem a prioridade no processo digestivo e, com isso, o processo de digestão torna-se mais longo!

SACIEDADE ALIMENTAR

As gorduras na dieta dão paladar ao alimento, o que contribui para um sentimento de satisfação mais longo que o determinado pela ingestão de carboidratos.

Essa saciedade é conseguida pela textura e corporação que a gordura oferece às misturas de alimentos e pela lentificação do esvaziamento gástrico que ela determina.

Quanto mais saturada for a gordura, maior será o tempo de digestão.

(Williams Sue Rodwell – *Fundamento de nutrição e dietoterapia* – Editora Universitária)

Por esse motivo, muitos alimentos e processos são sugeridos nos livros que elaboramos, com a intenção de fazer uma ponte entre o onívoro e o vegetariano. A fritura de vegetais, por exemplo, batatas, berinjela, mandioca, pimentões, *tofu*, etc., poderá ser menos prejudicial à saúde do que um pedaço de carne frito, onde a pessoa, além de estar ingerindo a fritura, estará levando, também, sem perceber, colesterol e hormônios para seu organismo.

Para os que já são vegetarianos, o ideal é que, aos poucos, as frituras sejam substituídas por assados, grelhados e cozidos. Mas nunca esqueçamos que muitas pessoas, por motivos variados, ainda precisam de determinados alimentos. Cada um é um e nenhum organismo é igual ao outro.

Assim como o maestro tem consciência da importância de cada instrumento, de seus lugares específicos, da hora em que cada um entra, deveríamos nos concentrar no que temos disponível para fazer nosso alimento e também o que iremos fazer, qual concerto tocar! Com certeza, se tivermos bom senso, faremos um arranjo maravilhoso e delicioso!

A hora é agora de nos transformarmos abrindo nossa mente para o novo, para o melhor, para crescermos. Lá no fundo sabemos o que faz bem e o que faz mal. Lá no fundo sabemos o que é certo e o que é errado. Ficou ruim ou antes não gostava? Faça ser bom, gostoso e apreciado. Temos tudo para que isso aconteça!

Origem

Poderíamos dizer que um dos "marcos" que definiram a humanidade como civilização, foi o momento em que o homem misturou farinha com água e cozinhou. Assim nasceu o primeiro pão, ou melhor, a primeira panqueca.

Inicialmente o trigo era moído grosseiramente, misturado à água e cozido numa panela aberta, ou chapa, obtendo-se uma massa cozida, achatada e com uma crosta muito dura.

Atribui-se aos egípcios as primeiras produções de pão, existindo desenhos, nos templos, de pães em formato oval sendo oferecidos aos deuses. Fermento? Vinha da própria água do Nilo: análises foram feitas, tendo sido detectada a presença de leveduras em suas águas, semelhantes às utilizadas em panificação.

Os gregos também produziam seus pães desde aproximadamente 1000 anos a.C. Já utilizavam fornos para assá-los e empregavam vários tipos de farinha como, por exemplo, a cevada. Eventualmente acrescentavam leite e mel, e o gergelim também podia ser usado para ajudar a formar a casca crocante.

Passando para o século XV, vamos verificar que a região que hoje corresponde à França, Bélgica, Holanda e Grã-Bretanha era a que tinha a panificação mais adiantada no Ocidente. Chamamos de panificação a preparação não só de pães, mas de bolos, panquecas, biscoitos, etc.

Existem pinturas francesas dessa época que mostram a preparação de pães feita em panelas rasas – poderíamos chamar de frigideiras – que nada mais são do que grossas panquecas (bolo de panela). O pão produzido dessa forma simples foi levado para a América do Norte por intermédio da colonização inglesa e desde então personalizou-se, lá, naquilo que chamamos de panquecas.

Hoje podemos encontrar um pão característico para cada país, carregando histórias e tradições culturais, tornando-se quase um "ponto de honra", uma referência, a marca característica de cada região. Seu formato, sua consistência, o preparo... tudo é importante.

Cozinha Vegetariana

Redondos, compridos, ovais, achatados, fofos, crocantes, pequenos, de forno, de panela... não existe um limite claro e definido entre o que é um bolo, um pão, uma panqueca, um biscoito – e esse limite fica ainda mais confuso quando tratamos dos pães ou biscoitos indianos e sírios. Evidentemente, algumas características foram se delineando para pontuarem essas classificações, como por exemplo os tipos de fermento usados, os fornos e variedades no assar, etc., mas neste livro estaremos explorando esses limites sem preocupações, desfrutando de sua ampla variedade e enfocando o que contemporaneamente convencionou-se chamar de panquecas, crepes e *waffles*.

Conversa Inicial

Antes de mais nada vamos lembrar que o consumo de massas sempre leva algumas pessoas a pensar que elas não são benéficas à alimentação, colaborando apenas para o aumento de peso. Podemos dizer o contrário: elas alimentam e não necessariamente engordam.

É claro que esta afirmação está baseada na ingestão normal e equilibrada, dentro de uma dieta sadia e com uma receita composta de ingredientes adequados, tendo sempre em conta que um bom alimento deve fornecer os nutrientes e a energia necessários à manutenção saudável do nosso corpo. A massa, quando é bem preparada, usando ingredientes saudáveis e bem dosados, trará esses e muitos outros benefícios.

Não enxergue a alimentação como sendo a única forma de manter o seu corpo saudável. Exercite seu corpo, domine suas emoções, expanda sua mente, buscando sempre algo além dos limites conhecidos. Supere a tristeza e dê chance à alegria. Assim, a alimentação certamente desempenhará um papel importantíssimo, entrando em sintonia com seu modo de vida, ou seja, estará equilibrada. Anomalias tais como consumo desregrado de álcool, de fumo e outras drogas, como também a falta de ritmo biológico, certamente trarão dificuldades na implantação de uma boa alimentação.

Qualquer alimento, além de nutritivo deverá ser saboroso, ter bom aspecto e agradável aroma. Esse conjunto é importante na harmonização geral e poderíamos lembrar disso a cada prato que elaboramos. Essa preocupação está presente em todas as sugestões que aqui apresentamos e estaremos abordando as panquecas, *waffles* e crepes de uma forma bastante ampla e diversificada, existindo sugestões para desjejuns, sobremesas, lanches e refeições mais reforçadas.

Na cozinha vegetariana, como se sabe, as massas são preparadas com ingredientes bastante ricos como:

Farinhas integrais: – misturadas ou não à farinha de trigo branca, fornece carboidrato de boa qualidade, além de uma quantidade maior de proteínas. A farinha integral também é uma ótima fonte de fibras.

Óleos vegetais: – ao utilizarmos óleos vegetais tais como o de milho, de girassol, etc., estaremos suprindo o corpo com os ácidos graxos essenciais (ômega 3 e ômega 6) que só são encontrados nesse tipo de gordura.

Colesterol: – não existe, pois não são utilizados leite, ovos, manteiga e nenhum outro produto de origem animal. Sobre este assunto estaremos dedicando um capítulo especial.

Ao cozinhar, tente concentrar-se naquilo que está fazendo. Deixe de lado suas preocupações, animosidades, rancores e dúvidas. Exalte aquilo que você tem de melhor. Lembre-se de que você estará transferindo aos alimentos a qualidade de energia que você dispõe naquele momento, principalmente se estiver manipulando uma massa. Acredite que suas mãos são canais de energia.

Passe, àqueles que você ama, aquilo que você tem de melhor, o seu brilho, a sua alegria. Isso você pode transferir através do alimento que prepara. Pense nisso.

Em civilizações milenares, vê-se que a refeição é um momento importantíssimo, um verdadeiro ritual, onde não somente o corpo está sendo alimentado. Busque em seus momentos de refeição o equilíbrio, a paz e a alegria.

O que são Panqueca, Waffles e Crepes

De uma forma geral, podemos dizer que são massas constituídas basicamente de farinha e água, associadas a ingredientes complementares e que, colocadas sobre uma chapa quente, irão formar uma espécie de bolo achatado, ou então algo bem fino, parecido com uma folha, ou ainda um tipo de "biscoitão".

São receitas extremamente simples e rápidas de se preparar. Podem ser usados vários tipos de farinha, como a farinha de trigo integral e branca, farinha de sêmola de trigo, farinha de milho (fubá), farinha de soja, aveia, farinha de centeio, cevada, germe de trigo, etc., sem falar na grande variedade de farelos que aumentam o teor de fibras. Na maior parte das receitas apresentadas, a farinha de trigo branca estará quase sempre presente, associada às demais, por atuar diretamente na liga da massa.

Como as farinhas são básicas para as preparações dessas massas, é necessário e indispensável que sejam usadas as de melhor qualidade possível, pois interferem diretamente no resultado obtido. Opte sempre pelas melhores marcas.

Por serem estas preparações bem leves, informais e saborosas, as crianças, sem dúvida, irão colocá-las na lista de suas preferências. Nesse caso, é importante saber que além de gostosas são bastante nutritivas, e a rica variedade apresentada pode oferecer muitas opções diferentes, permitindo uma boa diversificação de nutrientes. Totalmente adaptados, neste livro, ao gosto e ingredientes brasileiros, vemos que as origens dos crepes, das panquecas e dos *waffles* vêm de outros locais do mundo e, para ilustrar, daremos aqui alguns exemplos, ou apenas como curiosidade:

Panquecas

Panqueca por princípio é um pão de panela, ou de frigideira (*pan cake*, que significa, em inglês, bolo de panela). Este prato foi trazido para a América pelos ingleses na época da colonização, pois, na Grã-Bretanha, esta era uma das formas mais simples de se produzir o pão.

São preparadas a partir de receitas simples e rápidas, podendo ter diferentes texturas, sabores, densidades e tamanhos. Podemos recheá-las tornando-as mais sofisticadas e nutritivas e, nesse caso, chamamos de recheio tudo aquilo que é incorporado à sua massa. Podemos ainda adicionar cobertura ou molho, e então compará-la, por seu formato, a uma pizza.

As panquecas consumidas nos Estados Unidos são geralmente mais fofas, e com freqüência contêm alguma quantidade de farinha de milho. Com isso, seu sabor pode até lembrar a nossa brasileira broa de fubá.

Recheios – Nos recheios de panquecas doces, ou seja, incorporadas à massa, poderão ser usadas frutas secas, frutas cristalizadas, nozes, amêndoas, castanhas ou serem usadas frutas frescas como banana, maçã, abacaxi, frutas silvestres, morango, etc.

As panquecas doces são ideais para desjejuns, lanches e sobremesas. Mesmo sem recheio, pode-se colocar sobre elas geléia, calda de chocolate quente, sorvete, etc.

Quando utilizamos recheios salgados, podemos dar asas à imaginação, utilizando *champignon*, ervilha, milho, temperos e especiarias, lascas de *tofu* defumado, etc., e sempre haverá um tipo adequado à situação desejada, compondo a entrada, ou como principal atração da refeição.

Dimensões – As panquecas podem variar de diâmetro e espessura, dependendo também da disponibilidade dos utensílios. Seu diâmetro pode variar desde 8 cm, que são os conhecidos medalhões, até 18 cm, que é o máximo que a elegância pode permitir. Sua espessura pode ser de 1 a 1,5 cm para panquecas sem recheio, e de 1,5 a 2 cm para panquecas recheadas. Certamente você poderá fazê-las mais grossas e com diâmetros maiores, mas se não tiver muita prática de cozinha haverá o risco da panqueca queimar exteriormente e ficar crua em seu interior.

Lembre-se: a panqueca não pode ser enrolada sobre o recheio, formando tubos ou rolos à semelhança do canelone, devido à sua espessura. Isto é uma prerrogativa dos crepes, que veremos adiante. Você pode até dizer que a vida toda conheceu panqueca como sendo aquela massa enroladinha com recheio dentro. Pois é, este livro pode servir para colocar uma ordem nas nomenclaturas, o que, em certas circunstâncias, poderá facilitar o entendimento, pois estamos lidando com nomenclaturas européias, americanas e brasileiras. É uma facilitação, mas não uma condição, portanto, chame-as como preferir!

Utensílios – O utensílio básico para a preparação de panquecas é, sem dúvida, a panquequeira, que são frigideiras com a lateral baixa (cerca de 1,8 cm de altura). Se você não tiver disponível uma panquequeira, utilize uma frigideira comum, com revestimento antiaderente. Use sempre espátulas de madeira ou plástico para virar as panquecas se ainda não tiver a prática de jogá-las para o alto... Bem, caso você nunca tenha tentado, tente: é divertido!

Uma dica importante é que de início você deve utilizar um só tamanho de panquequeira e sempre a mesma quantidade de massa, até que esteja com prática e consiga identificar, "a olho", todas as características de uma panqueca, mantendo sempre a mesma espessura e tamanho.

Convém observarmos que tanto as panquequeiras quanto as frigideiras possuem uma numeração que corresponde ao diâmetro medido na sua parte superior. Por exemplo: uma panquequeira nº 22, tem 22 cm de diâmetro na parte superior da lateral, porém seu fundo tem 17,5 cm. Esta última medida é a que terá a panqueca. O mesmo acontece com as frigideiras, onde essa diferença é ainda mais acentuada.

Intensidade do fogo – Use fogo moderado. Ao perceber que a panqueca já está cozida, mas ainda está branca, aumente o fogo, porém fique atento para não queimar a massa!

Nunca esqueça de untar a frigideira ou panquequeira com um pouco de margarina (ou óleo), apesar das mesmas serem revestidas com camada antiaderente. Para uma panqueca grande use uma colher de sobremesa rasa de margarina. A função disso é ajudar na maciez e flexibilidade da massa pronta.

Waffles

O *waffle* nada mais é do que uma panqueca prensada entre duas chapas metálicas, porém, apesar das massas serem semelhantes, o sabor e a textura são bem diferentes.

Segundo relatos da história, o *waffle* é um prato cuja origem é atribuída aos romanos, quando a massa era prensada entre duas chapas metálicas lisas e assadas sobre o fogo, constituindo-se numa forma rápida de preparação, uma vez que em campos de batalha não existiam fornos disponíveis para a confecção tradicional dos pães.

Por ocasião da invasão da Gália Celta (região da França e Bélgica) pelos romanos, o *waffle* foi lá introduzido pelo nome de *wafla* – que em francês arcaico, provavelmente dentro de algum dialeto, significava "favos de mel". Lá foi desenvolvido um outro tipo de chapa que apresentava alto relevo (semelhante ao que conhecemos hoje), permitindo um cozimento mais uniforme à massa.

Existem vários tipos de *waffles* para os quais se pode variar os ingredientes, a quantidade, o tempo de cozimento, a temperatura ao assar, o que confere, a cada um, texturas, sabores, aspectos e espessuras diferentes.

Cozinha Vegetariana

O tipo preferido, ou mais bem aceito por todos – com exceção dos Estados Unidos – é o tipo belga, que aparenta superfície ligeiramente crocante, dourado, com o seu interior macio, porém não esponjoso. Nos Estado Unidos é mais popular o *waffle* mais fofo, um pouco mais consistente e também mais adocicado.

O balanceamento dos ingredientes na receita é imprescindível. Portanto, é importante a atenção nas quantidades e ordem de preparo. Se você quer *waffles* mais grossos, é necessário reforçar a quantidade de farinha sugerida nas receitas.

A quantidade de massa colocada no aparelho também está diretamente ligada à sua densidade e à preferência pessoal.

Se você ainda não tem experiência com relação à quantidade a ser colocada no aparelho, coloque uma quantidade pequena de massa bem no centro do aparelho, que já deverá estar bem aquecido e ligeiramente untado; utilizando uma espátula de madeira espalhe sobre a chapa. Este processo tem que ser bem rápido pois a massa, ao entrar em contato com a chapa quente, iniciará imediatamente seu cozimento. Normalmente, não é necessário espalhar a massa por todo o aparelho, pois ao baixar a chapa de cima, ela automaticamente se espalhará.

Para untar a chapa, o ideal é o *spray* antiaderente próprio. No caso de não tê-lo disponível, utilize um pincel e espalhe ligeiramente óleo de milho sobre toda a superfície.

Waffle é uma palavra inglesa cuja pronúncia correta pode ser "uófol", segundo o dicionário Webster, e "uáfol", segundo o dicionário Oxford. É claro que você pode falar da forma que quiser, porém evite dizer "ueifol", pois se trata de uma mistura de *waffle* com *wafer.* *Wafer*, que se pronuncia "ueifer", segundo o dicionário Oxford, é um biscoito constituído por uma série de camadas de biscoitos finos e crocantes, intercalados com recheios variados como chocolate, creme de baunilha, etc., hoje produzido por quase todas as fábricas de biscoitos. *Wafer*, em inglês, quer dizer hóstia.

Waffles – aparelhos

Os aparelhos para a preparação do *waffle* se resumem basicamente em duas chapas metálicas, onde uma se sobrepõe à outra. A superfície das chapas é formada por pequenos ressaltos, que se assemelham a pequenos cubos, e que darão ao *waffle*, depois de pronto, um aspecto que eventualmente pode lembrar favos de mel.

Os aparelhos podem ser elétricos ou não.

Os elétricos têm regulagem de temperatura para suas resistências. Suas chapas são sempre revestidas por uma camada antiaderente.

O aparelho que não é elétrico assemelha-se a uma sanduicheira do tipo "tostex", e é a sua sensibilidade que regula o tempo e a temperatura (neste caso sobre a chama do fogo). Este equipamento também possui os mesmos alto-relevos do aparelho elétrico.

Não esqueça de ter sempre à mão espátulas finas de madeira para retirar o *waffle* do aparelho.

O formato e o tamanho das chapas de aparelhos elétricos podem variar. O formato pode ser quadrado, redondo, em forma de coração, trevo, etc. O tamanho, dependendo do aparelho, pode variar entre o grande, o médio ou o pequeno. Opte, quando possível, pelo grande, pois existirá sempre a possibilidade de utilizá-lo em parte (a chapa inteira, metade ou 1/4).

Crepes

Os crepes são preparados a partir de uma massa semelhante à das panquecas e dos *waffles*, só que um tanto mais fluida, para que possa atender a uma característica importante, que é a espessura final, e que será bem fina.

Essa característica é importante porque confere aos crepes a maleabilidade que permite enrolá-los com recheios, formando "rolos", dobrando-os em quatro, ou formando uma espécie de cone. Os recheios podem ser doces ou salgados.

O crepe é o irmão mais sutil das panquecas e *waffles*, e compõe os cardápios dos melhores restaurantes, na lista de sobremesas finas. Quem não conhece, ou não ouviu falar sobre o *"crêpe suzette"* que, servido flambado, encanta tanto os olhos quanto o paladar? Ou, então, sobre os crepes recheados com chocolate em calda ou pasta de castanhas, vendidos nas charmosas esquinas parisienses?

Os recheios do crepe não são incorporados à sua massa, como podemos fazer com as panquecas. Os crepes são preparados e posteriormente são adicionados o recheio ou a cobertura, permitindo ao degustador a oportunidade de exercitar seu discernimento de *gourmet*.

Recheio

Com os crepes, existe a opção de serem servidos dobrados ou enrolados, com recheios tanto doces quanto salgados.

Para os crepes salgados que serão enrolados, os recheios deverão ser um pouco mais consistentes, pois na maioria das vezes os rolos serão colocados em travessas, regados com algum molho ou creme, e gratinados ao forno. É importante que eles não se desmanchem, mas isso não quer dizer que eles devam ser excessivamente rígidos. Existe um meio-termo que permite ao crepe ser manuseado, mantendo sua peculiar delicadeza e textura.

Para os crepes dobrados, os recheios poderão ser preparados menos consistentes, pois sua própria apresentação final, que será uma espécie de "cone", "envelope"ou outro tipo de dobradura, já oferecerá uma estrutura mais resistente.

O preparo do crepe exige uma atenção especial. Aqueça uma frigideira e unte somente na primeira vez, com pouco óleo ou margarina. Coloque 1/2 concha de massa na frigideira e espalhe uniformemente, movimentando a frigideira sobre o fogo.

Após 2 minutos, em fogo alto, vire o crepe utilizando uma espátula de plástico. Ao retirar os crepes, empilhe-os em um prato um sobre o outro, para que o calor e a umidade mantenham sua maciez.

A dimensão do crepe que será enrolado será, no máximo, de 12 cm, e o crepe dobrado terá, no máximo, 20 cm. A espessura, nos dois casos, deverá ser em média de 3 mm.

Farinhas

Farinhas derivadas do trigo

A farinha de trigo branca é a base de quase todas as receitas. Em nosso país não temos ainda muitas opções de escolha, como ocorre em alguns outros países, nos quais encontramos, nas gôndolas dos supermercados, mais de vinte tipos de farinhas de trigo diferentes (tipos, não marcas) existindo praticamente um tipo de farinha (derivada do trigo) para cada finalidade. Por exemplo, na França é utilizado um tipo especial de farinha de trigo, muito mais fina que a farinha comum, chamada *farine fluid* que, juntamente com a farinha comum, é empregada para a preparação de suas famosas baguetes.

Outro exemplo é a disponibilidade da farinha orgânica, com a garantia e o compromisso de não utilização de adubos químicos e pesticidas no produto. Essas referências servem aqui apenas como curiosidades, pois cada local tem suas características e, segundo Jong Suk Yum (Filosofia Probiótica): "É preferível aproveitarmos bem o que temos, a sonharmos com o que não possuímos." Estaremos então explorando toda riqueza dos ingredientes disponíveis em nosso país para a elaboração das receitas que compõem este livro, que, além de variadas, possibilitam a quebra da rotina culinária, com idéias originais e de fácil execução.

Com relação às nossas farinhas de trigo, existem algumas variedades, e entre as mais comuns estão a farinha de trigo integral, a farinha de germe de trigo, a semolina, a farinha de glúten, a farinha de trigo branca, etc.

Entre as farinhas de trigo brancas, existe uma variação grande com relação à qualidade, e a experiência pessoal mostrará quais as melhores marcas disponíveis em cada região desse nosso grande país.

Outros tipos de farinha

Podemos citar as farinhas de aveia, cevada, milho, amido de milho, soja, etc., que serão utilizadas nas receitas deste livro, quando a massa a ser preparada precisar de características especiais.

Outros tipos de farinha também estarão presentes, enriquecendo ainda mais a massa, além de conferir novos sabores, colaborando, como já dissemos, para a diversificação da culinária, o que é muito importante nos dias atuais, pois vê-se que a alimentação está tendendo a tornar-se um ato mecanizado, repetitivo e sem criatividade.

Margarina
(gordura vegetal hidrogenada)

Estaremos abordando este assunto porque freqüentemente existem dúvidas sobre a utilização ou não da margarina no hábito vegetariano. Como tratamos neste livro de *waffles*, crepes, panquecas, etc., ela poderá ser usada como opção para ser espalhada sobre eles, juntamente com outros ingredientes, variando conforme cada receita.

Sendo a margarina, um produto essencialmente constituído por óleos vegetais, nada mais óbvio de que a sua utilização em receitas vegetarianas seja aceitável.

Como é produzida a margarina?

A margarina é um dos produtos obtidos por um processo chamado hidrogenação. É um processo industrial que converte óleos poliinsaturados (principalmente dos provenientes dos grãos de milho e soja) em gorduras cremosas ou sólidas pela adição de hidrogênio.

Os óleos podem ser hidrogenados em vários graus, dependendo da fluidez ou dureza que se deseja obter.

A margarina tem um uso caseiro, logo, o ponto de hidrogenação buscado é o que confere a ela uma textura semelhante à da manteiga, produzida com leite animal. À margarina são adicionados produtos para torná-la mais agradável ao paladar, tais como flavorizantes, colorantes, estabilizantes, etc., que a torna ainda mais próxima da manteiga animal.

Quando a hidrogenação do óleo vegetal é mais intensa, obtemos o que chamamos simplesmente de gordura vegetal. É sob esta designação que ela aparece nos rótulos dos produtos que a utilizam. Diga-se de passagem que é grande a quantidade de produtos que contêm gordura vegetal hidrogenada. Ela entra na composição da maioria dos produtos industrializados, como biscoitos, chocolates, sorvetes, sopas prontas, massa para bolos, salgadinhos de pacotes, etc. Se você tem dúvidas acerca da extensão de sua utilização pela indústria alimentícia, verifique alguma das embalagens de alimentos disponíveis em supermercados. Estas gorduras vegetais também são amplamente utilizadas em restaurantes, padarias, confeitarias, lanchonetes, etc.

A margarina faz bem ou faz mal?

Depende da utilização. E depende ainda muito mais, de qual ponto de vista a margarina está sendo observada e, mais ainda, em que ponto a pessoa se encontra.

Se a margarina entra na receita, a fim de substituir a manteiga animal, como por exemplo no pão, certamente a troca será vantajosa, sob muitos aspectos. Vejamos: estaremos ingerindo três vezes menos gorduras saturadas (cujo excesso aumenta o colesterol), oito vezes mais gorduras

Cozinha Vegetariana

poliinsaturadas (que são chamados de óleos essenciais) tais como o ômega 3 e o ômega 6, e quase o dobro de gorduras monoinsaturadas (são aquelas que não aumentam os níveis de colesterol no sangue e que faz famoso o azeite de oliva). Estaremos ainda evitando a ingestão de colesterol (219 mg em 100 g de manteiga), além de evitar os hormônios do animal que cedeu o leite para a preparação da manteiga.

TABELA COMPARATIVA ENTRE MARGARINA (GORDURA VEGETAL HIDROGENADA) E MANTEIGA DE LEITE ANIMAL:

	Gorduras saturadas (g)	Gorduras poliinsaturadas (g)	Gorduras monoinsaturadas (g)	Colesterol (mg)
Margarina de soja	16,7	20,9	39,3	zero*
Margarina de milho	14,0	24,1	38,8	zero*
Manteiga animal	50,4	3,0	23,4	219

Fonte: United Department of Agriculture (USDA)

* Nenhum vegetal contém colesterol

Se uma pessoa não consome colesterol algum, o organismo ainda assim sintetizará o suprimento necessário. A quantidade máxima de colesterol proveniente da alimentação é de 300 mg/dia, ainda assim, desde que a pessoa seja ativa, pratique exercícios e tenha uma alimentação balanceada.

Devemos estar atentos, entretanto, à qualidade da margarina que deve ser da melhor procedência possível, lembrando que algumas podem conter gelatinas, soro de leite e até gordura animal. (Lewis, Sara. *Veggie Foods for Kids*. Octopus Publishing Group Limited (2001))

Se você é onívoro, acreditamos ser boa a substituição da manteiga por margarina. Será uma quantidade a menos de gordura saturada e colesterol que não se somará à já extensa lista de gorduras que fazem parte do cardápio onívoro.

Se você é onívoro, mas está pensando em substituir alimentos cárneos por vegetais, evite buscar defeitos em produtos que comparativamente são mais sadios do que as gorduras animais. Devemos sempre nos lembrar que nenhum alimento é completo por si só, é necessário que ele faça parte de um todo, o qual deve ser balanceado. Deve-se também levar em conta que para cada um desses alimentos existe uma quantidade adequada.

Se você é vegetariano, sabe que existem melhores opções que a margarina e que na realidade ela não é tão necessária assim. Você poderá substituí-la por manteiga de gergelim (*tahine*), pasta de *tofu*, azeite de oliva, etc. Isto será fácil, se você já se libertou da idéia de que o desjejum só e unicamente pode ser constituído pelo famoso, estigmatizado e cristalizado café/leite/pão/manteiga.

Para cozinhar, você, vegetariano, sabe também que a margarina não é tão necessária. Ela poderá ser substituída pelos óleos vegetais que certamente são mais saudáveis. Mais uma vez, o que predominará será o bom senso.

Tortilha

É um dos pratos mais populares no México. Pode ser apreciada em quase todos os restaurantes e *fast-foods* mexicanos, bem como no sul dos EUA. Por ser extremamente fácil de preparar, hoje faz parte do dia-a-dia das cozinhas de quase todos os países.

Tortilha é o nome que se dá ao disco de massa, que, dependendo do tipo de ingredientes com que seja preparado, seu tamanho e espessura, definirá o prato. Poderemos considerar uma versão mexicana do crepe. É preparada basicamente com uma farinha de milho especial denominada "*Masa Harina*", obtendo-se uma massa pesada, ou com farinha de trigo integral, misturada eventualmente a outros ingredientes, formando-se então discos finos de massa, que depois de recheados resultarão no tipo de tortilha desejado.

Os recheios das tortilhas mais utilizados são tipicamente mexicanos e coincidem com o cardápio brasileiro, modificando-se apenas a forma de preparo. São feijões, milho, abacate, tomate, batata-doce, abóbora e *chillies*, que são tipos de pimentas. Estes ingredientes foram herdados da cultura maia e asteca.

Os espanhóis, na época da conquista, trouxeram da Europa em sua bagagem, o trigo, o arroz, o cravo, a canela, a pimenta-do-reino, o damasco, o pêssego, a laranja, etc., rapidamente incorporados também aos costumes locais.

Com as tortilhas, entre outros pratos, pode-se preparar o taco, o burrito e as *enchilladas*, cobertas ou não com "salsa", um molho característico à base de tomate. Existem disponíveis nos mercados três tipos de "salsa": os de ardor leve, médio ou forte. Os pratos mexicanos são famosos por seu caráter picante.

Nas receitas, estaremos sugerindo como opção a utilização de pimentas aromáticas tais como o "chapéu de bispo", ou as levemente ardidas como a pimenta "dedo-de-moça".

Os feijões que mais utilizaremos são o tipo preto, rajado, branco, azuki, guandu, moyashi.

O tipo de abacate mais indicado é o de casca grossa e polpa mais consistente.

Tradicionalmente, como já mencionamos, as tortilhas são preparadas com farinha de milho ou farinha de trigo integral.

Farinha de trigo integral é feita a partir dos grãos integrais do trigo, portanto não se trata de uma mistura de farinha de trigo branca com fibra ou farelo de trigo.

Em substituição à original farinha de milho especial, poderemos utilizar o fubá comum, ou a farinha de milho precozida, facilmente encontradas em mercados e padarias.

Chilli são pequenos frutos da mesma família das pimentas (*capsicum*). Os mais comuns são os de cores verde e vermelha, embora existam também em tons de amarelo-escuro, etc. Sua forma pode ser redonda, comprida, curta, além de variar também seu tamanho.

Existem mais de 200 tipos de pimentas, só na América do Sul. Podemos adquiri-las no mercado em sua forma fresca, seca ou em pó.

Relacionaremos a seguir alguns tipos de pimentas que poderão ser encontradas em pó, e o nível de ardor:

LEVE	MÉDIA	FORTE	MUITO FORTE
Ancho ou Poblano	Chilli Ahumado ou Chipotle	Cayenne ou Ginnie Pepper	Mulato
Chilli Bola ou Cascabel	Jalapeño	Thai	Habañero ou Jamaican Hot ou Rocotillo
Chilli Negro ou Pasilla	Mountain Chilli ou Serrano	Tabasco	
New Mexican ou Anaheim			Chilli Pequeño ou Bird's Eye
			Guajillo

Nas receitas, quando indicamos a utilização do *chilli*, estaremos subentendendo as mais leves. Caso não encontre os tipos sugeridos, substitua por outro, porém sempre misturando com páprica doce, para suavizar.

Burritos: são as próprias tortilhas com uma dobradura especial, formando uma espécie de envelope, que pode ser servido com uma das laterais abertas ou não.

Os discos de massa das tortilhas devem ter em torno de 15 a 18 cm de diâmetro e a espessura da massa deve assemelhar-se a um crepe comum razoavelmente maleável para que se possa dobrar.

Podem ser servidos com uma das laterais abertas e servidos sem o uso de talheres e pratos, como sanduíches, em guarnição.

Quando servidos em pratos, costuma-se fechar a lateral e dispor numa travessa, regando com um molho. Neste caso deve-se fritá-lo como se fosse um pastel. Nosso recheio básico para burrito será o feijão com proteína de soja, o glúten, o *tofu*, etc.

Como fazer os burritos:

1) Colocar o recheio no centro da tortilha;

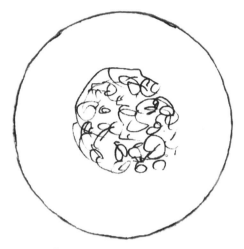

2) Dobrar a parte debaixo em direção ao centro;

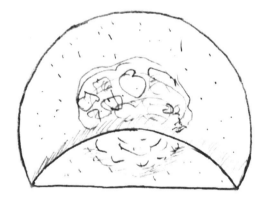

3) Dobrar as laterais, fechando o "envelope".

Cozinha Vegetariana

Tacos: no Brasil, é o tipo de tortilha mais conhecido. O disco de massa é dobrado ao meio, formando uma espécie de "U" ou uma meia-lua aberta, e deve medir no máximo 15 cm de diâmetro. A espessura deve ser fina e a massa crocante. Por isso, utiliza-se normalmente a farinha de milho pura.

Usualmente são servidos também sem guarnição e sem o auxílio de talheres, sendo a função da massa um singelo suporte para o recheio. Adequa-se em refeições ligeiras e informais.

O recheio usado normalmente é mais seco, sendo os ingredientes colocados no "suporte" de massa, separadamente. Em geral cada um monta seu próprio taco, servindo-se ao seu gosto.

Para a preparação do suporte do taco, as tortilhas são fritas juntas, aos pares, uma grudada à outra, pois individualmente podem se desmanchar. Caso a massa esteja mais grossa e não haja esse risco, poderá ser frita individualmente.

Em uma frigideira funda e com óleo quente, colocar o par de tortilhas cuidadosamente. Segurar uma das bordas com uma espátula grossa e forçar imediatamente contra o fundo ou lateral da frigideira, para que a massa dobre formando o "U" (ou meia-lua).

Assim que estiverem dobradas, separar enquanto fritam, retirando uma de dentro da outra. Assim que estiverem douradas, retirar com uma escumadeira e escorrer em papel absorvente.

Enchilladas: neste caso as tortilhas podem ser dobradas de várias formas. As mais tradicionais são aquelas que são semelhantes a crepes enrolados ou ainda com dobradura semelhante aos burritos, só que um pouco maiores.

O disco de massa para a *enchillada* enrolada deve ter 12 cm no máximo, e do tipo burrito, 18 cm de diâmetro.

As *enchilladas* são servidas geralmente em pratos, montadas em travessas, cobertas com molhos e aquecidas no forno.

Beiju

A cozinha baiana é internacionalmente conhecida como sendo alegre, colorida, saborosa, apimentada, festiva, criativa, descontraída, mulata, mística, exótica, forte, bem-vinda, hospitaleira e tantos quantos outros adjetivos que possam definir esse tipo de comida, e que também serve para definir o povo brasileiro.

Como neste livro estamos tratando de massas chatas, fritas ou assadas, nosso representante mais importante é o beiju (ou biju). Massa basicamente preparada com tapioca ou farinha de mandioca e água. É maleável enquanto está quente, permitindo a confecção de uma série de recheios que podem ser doces ou salgados.

Para os recheios, o aipim, o dendê, a fruta-pão, a banana frita, a banana cozida, a puba, o inhame, o feijão, a tapioca, o milho de canjica, a farinha disso, a farinha daquilo, todas as pimentas com seus nomes, sobrenomes e apelidos, as cebolas, as abóboras, o quiabo, o maxixe, o jiló, os louros, o urucum, o coco, o leite de coco, juntam-se aos pares ou em turmas para oferecer um belo espetáculo visual e degustativo, sem falar no perfume exalado juntamente com os temperos e especiarias.

Massa de Beiju

1 copo de polvilho azedo
1 colher de chá de sal
água à temperatura ambiente

Colocar o polvilho azedo numa tigela e misturar o sal.
Adicionar aos poucos a água e ir mexendo, até ficar toda úmida, porém sem deixar virar uma papa.
Aquecer bem uma frigideira em fogo alto.
Passar a massa por uma peneira, fazendo como uma "poeira" de massa sobre a frigideira.
Assim que dourar retirar com espátula, recheando-a em seguida.

Dicas de Culinária

• Coloque cravos-da-índia no liquidificador bem seco, triture-os e depois passe por peneira. Guarde num pote e use em massas doces ou em doces, em quantidades pequenas;

• Para colorir as massas de crepes, panquecas e *waffles*, deixando-as mais amareladas, coloque um pouco de açafrão em pó ou então algumas gotas de corante amarelo, próprio para culinária;

• Para que os crepes e os *waffles* fiquem iguais, podem ser cortados com a boca de um copo, deixando-os todos do mesmo tamanho;

• Para grandes quantidades, prepare os *waffles* com antecedência, arrume-os numa travessa refratária e aqueça-os ao forno, com um pouco de margarina por cima. Deixe para colocar a calda ou cobertura somente no momento de servir;

• Se sobrar massa no liquidificador, frite às colheradas em óleo quente, para formar bolinhos. Escorrer em papel absorvente quando dourarem. Se forem doces, polvilhe com açúcar mascavo e canela em pó. Para os salgados, polvilhe com sal e tempero a gosto;

• Ao utilizar o molho inglês comprado pronto (encontrado em empórios orientais), leia antes os ingredientes, pois quase todos contêm ingredientes de origem animal;

• Bata no liquidificador o iogurte de soja com frutas, principalmente com as mais ácidas como morango, maracujá, abacaxi, adicione um pouco de melado ou açúcar. Sirva acompanhando os crepes, as panquecas e os *waffles*. Além de gostoso, tornará a refeição bem nutritiva;

• Evite ao máximo panelas de alumínio, mas se utilizá-las, mexa sempre com colheres de pau ou bambu;

• Sempre que possível utilize sal marinho por ser mais saudável;

• Não são todas as margarinas que são fabricadas unicamente com produtos vegetais. Algumas utilizam gordura animal e às vezes gelatina. Ao comprar margarina, leia os ingredientes e certifique-se de que é 100% vegetal;

• Utilizamos aqui diversos tipos de temperos inclusive os mais fortes como pimenta, alho e cebola. Para os que apreciam um sabor mais suave, recomendamos que, a seu gosto, façam as substituições;

• Ao procurar uma receita, dê prioridade aos legumes e às verduras que já existem em sua cozinha;

• Observe a despensa e a geladeira e verifique o que há disponível, para então procurar uma receita interessante;

• Dê preferência aos ingredientes mais antigos, evitando assim sua perda e o desperdício;

• Antes de iniciar uma receita, deve-se sempre separar todos os ingredientes que serão utilizados;

• Armazene nozes, castanhas e sementes em geladeira (ou até *freezer*) para que possam ficar estocadas sem perder o frescor;

• Farinhas antigas, velhas, podem ser aproveitadas se forem levemente tostadas e peneiradas;

• Utilize vidros com tampas para armazenar farinhas;

• O fermento químico deve ser avaliado quanto à sua validade; se, quando colocado um pouquinho na água, não espumar, está velho. Desfaça-se dele pois não terá mais utilidade; recomendamos comprar latinhas pequenas, caso o uso do fermento seja pouco;

• Açúcar mascavo e, principalmente, o melado de cana, são muito ricos em ferro; sempre que possível opte por estes adoçantes.

As Massas na Alimentação

Dentro do que já foi dito sobre as massas alimentarem e não engordarem, cabe uma vista d'olhos de uma forma rápida, nos seguintes tópicos:

Carboidratos

Necessitamos do consumo de carboidratos pois eles são a principal fonte de energia para a maioria da população mundial.

Os carboidratos são digeridos pelo corpo, transformados em glicose, entrando dessa forma na corrente sangüínea.

Existem dois tipos de carboidratos: os simples e os complexos. Os carboidratos simples (mono e dissacarídeos) são os açúcares tais como frutose, sacarose, glucose, etc. Têm como característica a rápida digestão, fornecendo energia quase que imediata. Dentre os carboidratos complexos (polissacarídeos), o amido é o mais importante. Os polissacarídeos constituem-se em um fator significativo na nutrição e na saúde humana. As principais fontes são os cereais, as leguminosas, as batatas e outros vegetais. Nessa relação estão incluídas todas as farinhas, tais como as de trigo, cevada, arroz, centeio, aveia, etc.

Ainda estão nesta classificação as fibras, que são carboidratos não digeridos pelo organismo, e têm como característica absorver a água, causando um efeito laxante, arrastando consigo determinados tipos de gordura e colesterol. Cabe aqui lembrar que o excesso de ingestão de carboidratos (exceto fibras) não é eliminado pelo organismo e poderá ficar depositado sob a pele, na forma de camadas adiposas.

Em se tratando de excesso de açúcares (monossacarídeos e dissacarídeos), existe uma maior possibilidade disso acontecer.

A maior parte das fibras encontra-se nos polissacarídeos. Embora existam autores que tratem somente desse assunto, vamos sintetizar em poucas linhas e sem muitos detalhes, qual o funcionamento das fibras no nosso organismo.

As fibras, por serem não-digeríveis, passam através do estômago e do intestino. Sua ação resulta na característica de atrair e reter água em sua passagem pelo intestino, como já foi dito anteriormente. A fibra com a água dará um maior peso à massa formada, que, de certa forma, estimulará os músculos intestinais. Durante essa passagem, ela absorve muitas substâncias que, se eliminadas, poderão prevenir muitas doenças tais como câncer de cólon, diverticulites e hemorróidas, doenças coronarianas, melhor controle do açúcar para diabéticos, etc.[2]

As fibras são encontradas somente em vegetais.

As principais fontes de fibras são os cereais, a soja, os feijões – todos eles, sempre que possível, em sua forma integral – frutas com casca (obviamente as que permitam essa ingestão, tais como maçã, caqui, etc.), verduras (com seus talos, como brócolis, couve, couve-flor, etc.), nozes, castanhas, amêndoas, sementes (principalmente de abóbora), etc.

Para adoçar, dê sempre preferência aos açúcares derivados do milho ou ao melado de cana. As frutas secas, ou frescas, incorporadas às receitas, também naturalmente as adoçarão. Não há nenhum mal em ingerir-se quantidades moderadas de açúcar de mesa (sacarose) como adoçante ou na forma de doces. Porém, esteja sempre ciente da quantidade que lhe é permitida, pois seu excesso, entre outros problemas, facilitará a cárie dentária. Talvez o maior inconveniente do açúcar seja o vício. Por ter um sabor agradável à maioria das pessoas, vemos seu consumo ser mundialmente apreciado, tornando-se relativamente fácil acontecer um excesso em seu uso. A quantidade adequada estará ligada ao seu modo de vida, ou seja à sua atividade física. Aconselhe-se sempre com seu médico ou nutricionista.

Gordura

A gordura tem um papel importantíssimo no nosso organismo, como o fornecimento de energia, funcionando como combustível, sendo armazenada e queimada conforme a necessidade. A gordura é responsável também pelo transporte de vitaminas lipossolúveis (A, D, E, K) para as células.

Cada grama de gordura fornece 9 kcal, que é mais do dobro do que o carboidrato fornece, que é 4 kcal por grama.

O grande problema das gorduras é o excesso ingerido. Seu poder calórico é grande, o que pode facilitar o armazenamento no organismo, quando não for utilizado como combustível. Além do mais, o excesso de gordura é um dos fatores de perda de cálcio, pois no intestino, combinada com o cálcio, irá formar sabões insolúveis, os quais são eliminados com a conseqüente perda do cálcio incorporado.[1]

Existem basicamente três tipos de gorduras: as saturadas, as poliinsaturadas e as monoinsaturadas.

A incidência maior das saturadas está nos alimentos de origem animal (carne, leite, ovos), que contribuem para o aumento do nível de colesterol. Elas são sólidas à temperatura ambiente.

As poliinsaturadas, contêm os ácidos graxos essenciais, o ômega 3 e o ômega 6, cuja ingestão é necessária pelo fato do organismo não produzi-los. As gorduras poliinsaturadas estão sob a forma de óleo à temperatura ambiente. As maiores fontes vegetais dessa gordura são o óleo de milho, linhaça, soja, canola, etc. Esta gordura ajuda na eliminação do colesterol. As monoinsaturadas, como por exemplo o azeite de oliva, podem reduzir o risco de doenças coronárias.

Proteínas

As proteínas são constituídas de aminoácidos, que são unidades estruturais químicas específicas, que são liberadas no processo de digestão. As proteínas são essenciais à vida, sendo responsável pela construção e reconstrução de todos os tecidos do corpo e também responsável pelo fornecimento de nitrogênio e outras substâncias que necessitamos. Diferentes tecidos necessitam de combinações diferentes de aminoácidos. Dos 22 aminoácidos, 13 deles nosso organismo produz. Os outros 9 aminoácidos são chamados de essenciais, pois são obtidos somente através da alimentação.

A alimentação vegetariana pode fornecer uma adequada e equilibrada taxa de aminoácidos, se bem planejada, e principalmente se nela estiver incluída alguma proteína de soja.[4] As proteínas não são armazenadas no organismo quando ingeridas em excesso, tal como acontece com as gorduras e os carboidratos. Sua reposição deve ser diária. Assim como a deficiência de proteína causa danos à saúde, também seu excesso pode ser prejudicial.

Por exemplo, nos Estados Unidos, consome-se de duas a três vezes mais proteínas do que o necessário, devido ao alto consumo de carne, leite e ovos na alimentação.[5]

O excesso de ingestão de proteína pode criar alguns problemas, como:

1º – Ingestão excessiva de proteína animal – que traz junto a gordura animal – pode contribuir para a obesidade e problemas vasculares;

2º – A carga excessiva de nitrogênio pode sobrecarregar o rim na excreção do nitrogênio.[1]

O excesso de proteína pode absorver uma quantidade maior de cálcio. Entretanto, essa quantidade resulta numa excreção renal aumentada, com um equilíbrio negativo de cálcio.[6]

Colesterol

É uma vital substância para o metabolismo humano. Ele é um importante precursor de vários hormônios sexuais e corticóides. É encontrado no cérebro e tecido nervoso. É também um componente essencial das membranas celulares.

O colesterol é produzido principalmente pelo fígado, tanto dos animais quanto dos homens; assim sendo, ele ocorre naturalmente em TODOS os alimentos de origem animal.

Não existe colesterol em alimentos vegetais.

Como vimos, o colesterol é essencial e importantíssimo à manutenção do nosso organismo, porém, se uma pessoa não consumir colesterol algum, o organismo ainda assim sintetizará o suprimento necessário.[1]

Nosso corpo produz em média 800 mg de colesterol por dia.[2] Os especialistas recomendam uma ingestão de 300 mg por dia, como sendo o máximo aceitável, porém com um nível apropriado de exercícios físicos e peso corporal controlado.[3]

Um ovo contém cerca de 460 mg de colesterol, tendo, portanto, muito acima do recomendado.[7]

O Efeito Soja*

Estaremos neste livro utilizando a soja sob a forma de farinha, *tofu* e leite. Como sabemos, a soja é um vegetal equilibrado sob o ponto de vista nutricional. É milagroso? Não, a soja é um excelente alimento, que, em combinação com outros vegetais, faz a culinária vegetariana tornar-se completa, se bem balanceada.

A soja contém mais proteína que qualquer outra leguminosa e seus produtos são excelentes fontes de proteínas não-animal.

É uma boa fonte de fibra alimentar. A soja tem influência direta na retenção do cálcio no organismo.[8]

Quando consumida com outros vegetais, pode fornecer uma boa quantidade de aminoácidos, equivalente à dos alimentos de origem animal.[1]

Seu óleo (óleo é uma gordura em forma fluida) possui baixos teores de gorduras saturadas, que são essenciais ao organismo. São o ômega 3 e ômega 6. Não contém colesterol, assim como nenhum outro vegetal, e é uma boa fonte de micronutrientes.

Sob o aspecto biológico, verificamos que ela tem um desempenho altamente positivo, pois aliado ao que foi dito anteriormente, é rica em fitoestrógenos, substâncias semelhantes ao estrogênio (hormônio). Os fitoestrógenos estão associados à redução do risco de câncer, auxiliam em tratamentos de osteoporose causada por deficiência hormonal, doenças cardiovasculares, diabetes, proporcionam alívio nos desconfortos da menopausa, etc.

Leite de Soja:

O leite preparado a partir da soja é um ótimo substituto do leite de vaca. Contém baixos teores de gorduras saturadas e alto teor de óleos essenciais. Não contém colesterol, possui elevado teor de proteína, contendo dez vezes mais ferro do que o leite de vaca.

O leite de soja é uma ótima opção aos que possuem intolerância à lactose e também aos que não consomem produtos de origem animal.

Na cozinha, o leite de soja pode participar de todas as receitas em substituição ao leite de origem animal.

A título de ilustração, daremos a seguir uma tabela de comparação entre o leite de vaca e o leite de soja.

Tipo de Leite (100g)	Kcal	Glicídeos (g)	Proteínas (g)	Lipídeos (g)	Colesterol (mg)	Cálcio (mg)	Fósforo (mg)	Ferro (mg)
Leite de vaca *in natura*	63,0	5,0	3,10	3,50	12	114	102	0,10
Leite de soja industrializado	114	14,4	6,20	4,10	0	40	105	1,20

*fonte: Tabela de Composição Química dos Alimentos – Guilherme Franco, Ed. Atheneu

Este leite pode ser facilmente preparado* ou comprado, nas formas líquida ou em pó, em supermercados e mercearias. Atualmente já se encontram disponíveis ótimas opções de marcas.

Nas receitas que virão a seguir, de crepes, panquecas e *waffles*, quando o utilizarmos, chamaremos simplesmente de "leite".

(*vide A Soja no seu Dia-a-dia, da mesma autora, Editora Cultrix)

Tofu:

O *tofu* é um produto extremamente versátil e, na cozinha vegetariana, pode substituir o ovo, quando for necessário dar liga e leveza aos pratos, além de poder servir de base para deliciosas sobremesas, tortas, molhos, etc.

Notaremos na tabela abaixo grandes vantagens no que diz respeito às proteínas, aos lipídeos (gorduras) e ao colesterol, que nele não existe.

Tabela Comparativa entre Tofu, Queijo e Ovo				
Substância alimentar (100g)	Kcal	Proteínas (g)	Lipídeos (g)	Colesterol (mg)
Tofu (queijo de soja)	200,4	26,7	10,4 (insaturados)	0
Queijo de minas	299,0	17,5	27,8	101
Ovo de galinha inteiro cru	150,9	12,3	11,3	463

fonte: Tabela de Composição Química dos Alimentos – págs. 138,145,163,164 – Guilherme Franco, Ed. Atheneu

Assim como o leite de soja, o *tofu* é muito fácil de ser preparado, mas existem também ótimas opções no mercado, marcas nacionais e importadas.

Se você precisa colocar a soja em sua dieta, seja por motivo de saúde ou simplesmente por desejar uma alimentação mais rica, em todas as receitas de crepes, panquecas e *waffles*, adicione uma colher de sopa de *tofu* à massa, se na composição da receita já não houver.

Farinha de soja:

A farinha de soja atua muito bem na confecção dos crepes, das panquecas e dos *waffles*, pois confere à massa ótima maciez e umidade. Pelo fato de ser mais densa e úmida que a farinha de trigo, deve sempre ser observada a quantidade recomendada, para que haja um perfeito equilíbrio entre ela e as demais farinhas.

A farinha de soja tem um alto valor protéico e é sempre citada como um bom ingrediente, substituindo o ovo nas receitas, assim como o *tofu*.

É importante ressaltar que a farinha de soja é também muito utilizada para pessoas alérgicas a glúten (uma das proteínas do trigo).

Pelas observações da tabela abaixo, notamos o enorme valor nutricional dos derivados da soja.

Assim como o leite de soja e o *tofu*, a farinha de soja já é facilmente encontrada em supermercados. Porém, caso queira preparar sua própria farinha, certamente não encontrará nenhuma dificuldade por ser seu preparo bem simples.*

	CALORIAS	GLICÍDEOS	PROTEÍNA	LIPÍDEOS	CA	P	FE
Soja-gordura	339	224	54,60	2,4	324	914	22
Soja+gordura	380	12	37	20	262	725	20
Trigo 70% ext	358	75	12	1	20	97	1,40
Trigo integral	354	74	11,20	1,20	29	245	2,96

fonte: Tabela de Composição Química dos Alimentos. Guilherme Franco, Editora Atheneu, pág.37

* Trechos deste capítulo foram extraídos parcialmente do livro A SOJA NO SEU DIA-A-DIA da mesma autora, Editora Cultrix.

Um pouco de filosofia

Assim como a humanidade foi criada recebendo cada pessoa características individuais e únicas, com o intuito de um ajudar ao outro em suas necessidades, partilhando seus potenciais e assim complementando-se, na alimentação o processo é o mesmo. Nenhum alimento sozinho é suficiente para suprir o organismo humano, face às necessidades múltiplas. A natureza nos oferece, portanto, uma variedade imensa de alimentos tais como frutas, raízes, bulbos, cereais, frutos, folhas, rizomas, brotos, sementes, ervas, especiarias, etc. As combinações e associações possíveis são quase que infinitas, permitindo-nos fantásticas variações e proporcionando, além de tudo, um potente efeito energético formado pelo conjunto de qualidades particulares existentes em cada elemento.

Para a sobrevivência do homem, não muito mais é necessário do que a água, a luz do sol, a ingestão de alimentos.

Para uma sobrevivência sadia, acrescentaríamos a necessidade da boa qualidade de cada um dos itens colocados, e mais alguns como exercício físico e higiene.

Para uma vida sadia e feliz, no entanto, alguns outros valores precisam estar sendo associados aos anteriores, como a beleza, a alegria, o relacionamento harmonioso, o bom senso, a fé...

Evidentemente todos buscamos viver sadiamente e felizes, e como este trabalho dedica-se a um dos pontos mais importantes para a manutenção da vida, que é a alimentação, a proposta é fazermos dela um suporte para que todos os demais elementos e valores possam se manifestar.

A refeição preparada com carinho, buscando nutrir o físico, agradar aos olhos, satisfazer ao paladar, sensibilizar pelo aroma, servida com alegria, degustada com calma, apreciada com sabedoria... irá reunir muitos dos elementos que compõem nossos momentos felizes... e podemos aqui lembrar a cidade ideal, imaginada por Sócrates:

"Alimentar-se-ão com farinha preparada, uma com cevada, outra com trigo, esta cozida, e aquela amassada; com isso farão uma boa massa e pães, que serão servidos em juncos ou folhas limpas, reclinar-se-ão em leitos de folhagem de alegra-campo e mirto; banquetear-se-ão, eles e os filhos, bebendo por cima vinho, coroados de flores, e cantando hinos aos deuses, num agradável convívio uns com os outros, sem terem filhos acima da proporção dos seus deveres, com receio da penúria ou da guerra."

Conclusão

Tudo o que foi escrito corresponde a uma idéia geral e um tanto superficial, onde foram mostrados poucos exemplos, sem fins didáticos, pois o assunto sobre carboidratos, gorduras, proteínas e colesterol é muito vasto e as dietas, quando específicas, devem ser orientadas individualmente, por profissionais da área da saúde como médicos e nutricionistas.

Buscamos trazer aqui receitas e algumas dicas. Queremos mostrar que a alimentação é uma questão de bom senso, de equilíbrio e ponderação.

Com os dados fornecidos, vamos perceber que a gordura é necessária, aliás imprescindível, não devendo ser totalmente abolida, porém, temos que saber diferenciar a boa qualidade. O mesmo comentário podemos fazer com relação aos carboidratos.

Em contrapartida, a maior parte das pessoas não ligadas à área da saúde, acha que a proteína deve ser consumida na maior quantidade possível, quando, na realidade, seu consumo deve ser moderado, como já vimos, e compatível com cada modo de vida. E, lembrando novamente, o colesterol é necessário para o organismo, mas não precisamos ingeri-lo na dieta.

Usando de discernimento e sinceramente procurando optar por uma alimentação equilibrada, não será muito difícil perceber seus limites e necessidades. No entanto, aos que gostam de explorar os limites entre o permitido e o proibido, sem dúvida é importante uma orientação individual.

Neste livro estaremos buscando oferecer oportunidades de encontrar o equilíbrio alimentar de forma simples e agradável, no que diz respeito à nutrição, ao paladar, ao aroma e à apresentação.

Bom Apetite!

Receitas Básicas

As receitas básicas, aqui apresentadas, são boas para se ter sempre na geladeira, para o uso diário e não somente para a preparação de crepes, panquecas e *waffles*. São de fácil preparação e servem de base para muitos outros pratos.

Catchup Básico

21 tomates médios, bem maduros
7 colheres de sopa de açúcar
1 colher de sobremesa de sal
1 colher de sopa de vinagre
temperos a gosto

Colocar os tomates, o sal e o açúcar numa panela e deixar em fogo alto, semitampada, por aproximadamente 25 minutos.

Adicionar a colher de vinagre e deixar mais 5 minutos.

Depois de frio bater tudo no liquidificador e, em seguida, passar por uma peneira.

Conservar em geladeira.

Iogurte de soja

6 xícaras de soja em grão
30 xícaras de água quente

Deixar a soja de molho por uma noite, em bastante água à temperatura ambiente. Jogar fora a água e bater cada xícara de soja com duas de água quente.

Passar por uma peneira e em seguida por um pano de prato ou saco de tule.

Levar todo o leite de soja batido ao fogo baixo e cozinhar por 20 minutos, após levantar fervura.

Tampar a panela e deixá-la agasalhada até o dia seguinte, onde o leite deverá estar talhado.

Manter o iogurte em geladeira para não continuar o processo de fermentação.

Leite de Coco

2 cocos maduros
água quente

Abrir o coco, retirar toda a polpa e cortar em pedaços.

Bater no liquidificador com a água quente suficiente para cobrir os pedaços de coco.

Passar o leite obtido por uma peneira e em seguida por um saco de pano.

O coco que fica na peneira e no saco de pano pode ser aproveitado para biscoitos e granolas.

O leite de coco substitui, muitas vezes, o leite comum nas receitas, dando um agradável e delicado toque aos pratos, inclusive aos salgados!

Leite de Soja

7 xícaras de soja em grão
35 xícaras de água quente
1 colher de sopa de açúcar
1 colher de chá rasa de sal
1 gota de essência de baunilha (opcional)

Deixar a soja de molho por uma noite, em bastante água.

Bater cada xícara de soja com duas de água quente.

Passar por uma peneira e em seguida por um pano de prato ou saco de tule.

Leve o leite obtido ao fogo alto, misturando o açúcar, o sal e a essência. Quando iniciar fervura, reduzir o fogo e contar 20 minutos.

Conservar o leite em geladeira depois de frio.

Crepes, Panquecas e Waffles

Maionese de Soja

2 copos de leite de soja
3 colheres de sopa de caldo de limão ou vinagre
1 colher de chá de sal
temperos a gosto
óleo de soja gelado

Colocar o leite de soja no liquidificador, junto com o sal e os temperos. Ligar o aparelho e ir adicionando o óleo gelado até obter consistência cremosa. Manter a maionese em geladeira, em recipiente tampado.

Maionese de Tofu

450 g de _tofu_
1/2 copo de leite de soja gelado
2 copos de leite de soja
5 colheres de sopa de caldo de limão ou vinagre
1 colher de sobremesa rasa de sal
temperos a gosto
azeite de oliva gelado

Colocar o _tofu_ picado e o leite de soja no liquidificador, junto com o vinagre, o sal e os temperos. Ligar o aparelho e ir adicionando o azeite de oliva gelado até obter consistência cremosa. Manter a maionese em geladeira, em recipiente tampado.

Glúten

1 kg de farinha de trigo integral
3 e 1/4 copos de água

Misturar numa tigela a farinha de trigo com a água e mexer bem. Virar a massa em superfície lisa e enfarinhada e trabalhar com as mãos até obter uma massa lisa e macia. Formar uma bola com a massa e deixá-la de molho em água por pelo menos 2 horas.

Após esse período, lavar a massa em água corrente até sair todo o amido, ou seja, até a água da lavagem não estar mais branca.

Tofu

5 xícaras de grãos crus de soja
26 xícaras de água quente
2 colheres de sobremesa de sal
Tipos de coalhos:
1/2 xícara de sumo de limão diluído em 1/2 xícara de água ou 1/2 xícara de vinagre comum diluído em 1/2 xícara de água ou 8 colheres de sopa de sal amargo também diluído em 1/2 xícara de água

Deixar a soja de molho por oito horas.

Bater a soja inchada no liquidificador: para cada xícara de soja inchada colocar duas de água quente.

Passar tudo por uma peneira e depois por um saco de tule (ou pano de prato limpo ou outro pano ralo).

Ferver o leite de soja e cozinhar em fogo baixo por 15 minutos, contando a partir do início da fervura.

Retirar a panela do fogo e colocar o sal e um dos coalhos (já diluído em água).

Esperar 15 minutos e passar o leite (que deverá estar talhado) pelo mesmo saco de tule usado anteriormente.

Pendurar o saquinho e deixar escorrer. Para um *tofu* mais firme, basta utilizar uma forma própria para fabricação de queijos.

Tortilha de Milho

2 copos de farinha de milho ou fubá
1 colher de chá de sal
1 copo de água morna aproximadamente

Numa vasilha misturar a farinha de milho, ou o fubá, com o sal.

Ir colocando a água morna aos poucos, mexendo com uma colher de pau fina.

Não deixar a massa ficar muito molhada, mole ou pegajosa.

Dividir a massa em aproximadamente 15 porções iguais.

Com as mãos, fazer uma bola com cada parte da massa.

Cortar papel-manteiga do tamanho aproximado da Tortilha. Alternar uma camada de papel, colocar uma massa dentro, depois de achatar, dando o formato arredondado. Colocar outro papel-manteiga e outra massa, trabalhando delicadamente.

Aquecer bem uma frigideira grossa (de ferro, por exemplo) em fogo alto.

Colocar a tortilha na frigideira, com a parte do papel para cima. Após 1 minuto, retirar o papel da massa.

Virar a tortilha, deixar mais um minuto e então retirar com uma espátula.

Colocar as tortilhas numa grelha e cobri-las com um pano de prato.

Tortilha de Trigo

3 copos de farinha de trigo integral
2 colheres de sopa de margarina
1 colher de chá de sal
1 copo de água quente (temperatura suportável aos dedos) aproximadamente

Numa vasilha misturar a farinha de trigo integral com o sal. Colocar a margarina e, com os dedos, formar uma espécie de farofa.

Ir colocando a água quente aos poucos, mexendo com uma colher de pau fina.

Não deixar a massa ficar muito molhada, mole ou pegajosa. Trabalhar em superfície lisa e enfarinhada até obter uma massa lisa e macia.

Cobrir a massa com um pano de prato umedecido com água quente, por 10 minutos.

Dividir a massa em aproximadamente 15 porções iguais.

Com as mãos, fazer uma bola com cada parte da massa.

Abrir as massas com rolo de madeira, deixando-as redondas e o mais fina possível.

Arrumar as massas, uma sobre a outra, com farinha de trigo entre elas.

Aquecer uma frigideira em fogo alto.

Colocar a tortilha na frigideira por 30 segundos. Virar a tortilha, deixar mais uns 15 segundos e então retirar com uma espátula.

Colocar as tortilhas numa grelha e cobri-las com um pano grosso. Ao preparar, rechear sempre a parte mais clara.

Crepes Salgados

CREPES SALGADOS

Crepe colorido 69

Crepe com abóbora 70

Crepe com abóbora e soja 70

Crepe com abobrinha e berinjela 71

Crepe com abobrinha italiana 72

Crepe com arroz branco 73

Crepe com batata 73

Crepe com berinjela 74

Crepe com beterraba 75

Crepe com brócolis 75

Crepe com carne de soja moída 76

Crepe com cogumelo-paris 77

Crepe com couve-flor 78

Crepe com ervilhas frescas 78

Crepe com escarola 79

Crepe com fundo de alcachofra 79

Crepe com grão-de-bico 80

Crepe com mandioquinha 81

Crepe com milho 81

Crepe com nozes e milho 82

Crepe com palmito 83

Crepe com repolho roxo 83

Crepe com salsicha 84

Crepe com shiitake 84

Crepe com *tofu* e rúcula 85

Crepe de cogumelo 85

Crepe de cogumelo com molho de tomate 86

Crepe de feijão com champignon 87

Crepe de pimentões 87

Crepe laranja com aspargos frescos 88

Crepe rápido com espinafre e *tofu* 89

Crepe recheado com glúten 90

Crepe verde e amarelo 91

Crepe de palmito e cenoura 91

Crepe de glúten e tomate seco 92

Crepe enrolado de PVT, abobrinha e chuchu 93

Crepe de espinafre, tofu e palmito 94

Crepe de cogumelo e aspargo 95

Crepe de batata e pleurotus 96

Crepe de tofu e alcaparrone 97

Crepe de aspargos e tofu 98

Crepe de palmito e azeitona 98

Crepe de shiitake, PVT e berinjela 99

Crepe de aspargo 100

Crepe de pleurotus 101

Crepe com tofu e tomate seco 102

Crepe Colorido

Para a massa:
1 xícara de farinha de trigo
1 xícara de leite
1/2 colher de sobremesa de sal
1 colher de sopa de fermento químico em pó
2 colheres de sopa de óleo
1 colher de sobremesa de semente de endro

Para o recheio:
1 colher de sopa de óleo de milho
1 colher de sopa de óleo de gergelim
2 cebolas cortadas em palitinhos
1/2 copo de vagem cortada em tiras finas
1/2 copo de cenoura cortada em tiras iguais às da vagem
1/2 copo de abobrinha cortada em tiras iguais as da vagem
1/2 copo de cogumelo fresco cortado em tiras
3 colheres de sopa de *shoyo*
1 xícara de água quente
1 colher de sobremesa rasa de caldo de vegetais em pó
1/2 colher de sobremesa rasa de sal

Bater os ingredientes da massa no liquidificador e deixar para o fim o fermento químico.

Virar a massa numa tigela ou num jarro de plástico para facilitar o manuseio. Aquecer uma frigideira (se possível com *teflon*) e untar, somente na primeira panqueca, com pouco óleo.

Colocar 1/2 concha de massa na frigideira e espalhar uniformemente.

Após 5 minutos em fogo alto, virar a panqueca utilizando uma espátula. Ao retirar as panquecas, empilhá-las em um prato, para que o calor entre elas deixe-as mais macias devido à umidade. Reservar.

Para o recheio, aquecer o óleo de milho e o de gergelim numa *wok* (panela oriental), fritar os palitinhos de cebola e, quando amolecerem, adicionar a vagem, a cenoura, a abobrinha, o cogumelo e o *shoyo*. Tampar a panela e deixar por 10 minutos. Adicionar a água, o caldo de vegetais e o sal. Manter em fogo alto por mais 15 minutos.

Retirar a panela do fogo, rechear os crepes e servi-los quentes.

Cozinha Vegetariana

Crepe com Abóbora

Para a massa:
1 xícara de farinha de trigo integral
3 colheres de sopa de fubá
1 xícara de leite
1/2 colher de sobremesa de sal
1 colher de sopa de fermento químico em pó
2 colheres de sopa de óleo

Para o recheio:
2 colheres de sopa de margarina
3 dentes de alho
5 folhas de manjericão roxo picadas
1 colher de sopa de salsa fresca picada
2 copos de abóbora descascada e ralada
3 xícaras de tomate pelado e sem sementes, picadinho
1/2 xícara de coco ralado
1 colher de sobremesa rasa de sal

Bater os ingredientes da massa no liquidificador e deixar para o fim o fermento químico.

Virar a massa numa tigela ou num jarro de plástico para facilitar o manuseio.

Aquecer uma frigideira (se possível com *teflon*) e untar, somente na primeira panqueca, com pouco óleo. Colocar 1/2 concha de massa na frigideira e espalhar uniformemente.

Após 5 minutos em fogo alto, virar a panqueca utilizando uma espátula. Ao retirar as panquecas, empilhá-las em um prato, para que o calor entre elas deixe-as mais macias devido à umidade. Reservar.

Para o recheio, derreter a margarina, dourar o alho e adicionar as folhas de manjericão e a salsa, mantendo em fogo alto por 5 minutos.

Adicionar a abóbora ralada, o tomate, o coco e o sal. Manter em fogo baixo, com a panela semitampada, por 25 minutos.

Rechear os crepes e servi-los quentes.

Crepe com Abóbora e Soja

Para a massa:
2 copos de farinha de trigo branca
2 copos de água
1/2 colher de sobremesa de fermento químico
1 colher de sobremesa rasa de margarina

Para o recheio:
2 copos de abóbora do tipo moranga descascada e ralada
1 xícara de grãos de soja cozidos
1 xícara de cenoura ralada
1 cebola picada em tiras finas
1 pimentão verde picadinho
4 dentes de alho espremidos
1 colher de chá de caldo de pimenta malagueta
3 colheres de sopa de polvilho azedo
1 e 1/2 copo de leite
1 colher de sobremesa rasa de sal

Para o Molho:
2 copos de leite
4 colheres de sopa cheias de molho *catchup*
4 colheres de sopa cheias de molho de mostarda amarela
1 colher de sopa de maisena diluída em 1/2 xícara de leite

Bater os ingredientes da massa no liquidificador e deixar para o fim o fermento químico.

Virar a massa numa tigela ou num jarro de plástico para facilitar o manuseio.

Aquecer uma frigideira (se possível com *teflon*) e untar, somente na primeira panqueca, com pouco óleo.

Colocar 1/2 concha de massa na frigideira e espalhar uniformemente.

Após 5 minutos em fogo alto, virar a panqueca utilizando uma espátula. Ao retirar as panquecas, empilhá-las em um prato, para que o calor entre elas deixe-as mais macias devido à umidade. Reservar.

Passar a abóbora e a cenoura num processador de alimentos. Colocar tudo numa vasilha, adicionar a soja cozida, o polvilho azedo e o sal, e novamente passar tudo pelo processador de alimentos. Reservar.

Aquecer o óleo numa panela larga, dourar o alho espremido e em seguida colocar a cebola até estar macia.

Adicionar o pimentão picadinho, fritar por 10 minutos e adicionar a mistura do recheio.

Adicionar o leite e a pimenta e manter a panela tampada em fogo baixo por 15 minutos.

Destampar a panela e manter por mais 10 minutos, mexendo de vez em quando.

Retirar a panela do fogo e aguardar o recheio ficar morno.

Colocar uma colher de recheio dentro de cada crepe e dobrá-los em quatro. Reservar.

Levar ao fogo uma panela tipo *wok*, para fazer o molho. Adicionar o leite, o molho *catchup*, o molho de mostarda e levar ao fogo, deixando ferver por 5 minutos. Adicionar a maisena diluída e mexer por mais 10 minutos. Adicionar os crepes dentro do molho e tampar a panela por 10 minutos. Servir em seguida.

Crepe com Abobrinha e Berinjela

Para a massa:
1 xícara de farinha de trigo
1 xícara de farinha de trigo integral
2 xícaras de leite
1 colher de sobremesa rasa de sal
1 colher de sopa de fermento químico em pó
2 colheres de sopa de óleo

Para o recheio:
1 xícara de abobrinha em rodelas finas
1 xícara de miniberinjela em rodelas finas
4 colheres de azeite de oliva
4 dentes de alho cortados em rodelas finas
1 cebola grande ralada
1 xícara de tomate e sem sementes, picadinho
1 colher de sobremesa de caldo de vegetais
1 colher de sobremesa rasa de sal

Bater os ingredientes da massa no liquidificador e deixar para o fim o fermento químico.

Virar a massa numa tigela ou num jarro de plástico para facilitar o manuseio.

Aquecer uma frigideira (se possível com *teflon*) e untar, somente na primeira panqueca, com pouco óleo. Colocar 1/2 concha de massa na frigideira e espalhar uniformemente.

Após 5 minutos em fogo alto, virar a panqueca utilizando uma espátula. Ao retirar as panquecas, empilhá-las em um prato, para que o calor entre elas deixe-as mais macias devido à umidade. Reservar.

Para o recheio, grelhar as rodelas de abobrinha e de berinjela. Numa panela colocar o azeite de oliva, dourar o alho, adicionar a cebola e fritar até tornar-se macia. Juntar a abobrinha e a berinjela grelhadas, o tomate, o caldo de vegetais, o sal e o tomate picado. Manter a panela semitampada, em fogo baixo, por 15 minutos. Rechear os crepes e servi-los quentes.

Crepe com Abobrinha Italiana

Para a massa:
1 copo de farinha de trigo
1 copo de leite
1/2 copo de *tofu* amassado
1 colher de sopa de salsa picada
1 colher de sobremesa de sal
2 colheres de sopa de óleo
1 colher de sobremesa rasa de fermento químico em pó

Para o recheio:
1 colher de sopa de óleo de milho
1 colher de sobremesa de óleo de gergelim
1 cebola roxa picadinha
1 pimentão vermelho picadinho
2 copos de abobrinha italiana ralada
1/2 copo de água quente
1 colher de chá de sal
1 colher de café de *chilli* em pó

Para o molho
1 xícara de PVT do tipo miúda
3 e 1/2 xícaras de água quente
3 colheres de sopa de óleo
3 dentes de alho espremidos
1 cebola grande cortada em tiras finas
3 tomates maduros picados
1 colher de sobremesa de sal
1 colher de sopa de caldo de vegetais em pó
1/2 xícara de extrato de tomate

Bater os ingredientes da massa no liquidificador e deixar para o fim o fermento químico. Virar a massa numa tigela ou num jarro de plástico para facilitar o manuseio.

Aquecer uma frigideira (se possível com *teflon*) e untar, somente na primeira panqueca, com pouco óleo. Colocar 1/2 concha de massa na frigideira e espalhar uniformemente.

Após 5 minutos em fogo alto, virar a panqueca utilizando uma espátula. Ao retirar as panquecas, empilhá-las em um prato, para que o calor entre elas deixe-as mais macias devido à umidade. Reservar.

Para o recheio, aquecer o óleo de milho junto com o óleo de gergelim e fritar a cebola até estar macia. Juntar o pimentão e quando estiver macio acrescentar a abobrinha, a água, o sal, o *chilli*. Misturar bem, tampar a panela e manter em fogo brando por 25 minutos. Retirar a panela do fogo e reservar.

Para o molho, deixar a PVT de molho em 1 e 1/2 xícara de água quente por 10 minutos.

Aquecer o óleo, dourar o alho, adicionar a cebola e deixar até amaciar. Colocar a PVT, sem escorrer a água, o tomate, o sal, o caldo de vegetais em pó, o extrato de tomate e o restante da água quente.

Manter o molho em fogo brando, mexendo de vez em quando, por 35 minutos.

Rechear os crepes, dobrá-los em quatro e dispor harmoniosamente numa travessa refratária. Regar com o molho e aquecer em forno quente por 20 minutos. Servir quente.

Crepes, Panquecas e Waffles

Crepe com Arroz Branco

Para a massa:
2 xícaras de farinha de trigo branca
2 xícaras de água
1/2 colher de sobremesa de sal
1 colher de sopa de fermento químico em pó
2 colheres de sopa de óleo
1 colher de chá de páprica doce em pó
Para o recheio:
2 colheres de sopa azeite de oliva
1/2 xícara de azeitonas verdes picadas
1/2 xícara de pimentão amarelo
1/2 xícara de pimentão vermelho
1 xícara de abacaxi picado em quadradinhos
3 minicebolas cortadas em quadradinhos
2 xícaras de arroz branco cozido
1 colher de sobremesa rasa de sal
Molho rosê:
1/2 xícara de maionese de soja
5 colheres de sopa de molho tipo *catchup*
1 colher de sopa de molho de mostarda
1 pitada de sal
1 colher de sopa de azeite de oliva

Para o molho, misturar todos os ingredientes numa tigela e manter na geladeira até o momento de servir.

Bater os ingredientes da massa no liquidificador e deixar para o fim o fermento químico.

Virar a massa numa tigela ou num jarro de plástico para facilitar o manuseio.

Aquecer uma frigideira e untar, somente na primeira panqueca, com pouco óleo. Colocar 1/2 concha de massa na frigideira e espalhar.

Após 5 minutos em fogo alto, virar a panqueca utilizando uma espátula. Empilhar as panquecas num prato. Reservar.

Para o recheio, misturar os ingredientes numa tigela e rechear os crepes. Dobrá-los, aquecê-los por 20 minutos em forno bem quente e servi-los com o molho rosê frio.

Crepe com Batata

Para a massa:
1 xícara de farinha de trigo
1 colher de sopa de farinha de soja
1 xícara de água
1 colher de sobremesa de extrato de tomate
1/2 colher de sobremesa de sal
1 colher de sopa de fermento químico em pó
2 colheres de sopa de óleo
Para o recheio:
4 colheres de sopa de margarina
3 cebolas cortadas em rodelas
1 copo de batata descascada e ralada
1/2 xícara de leite quente
1 colher de sobremesa de caldo de vegetais
1 colher de sobremesa rasa de sal
1 colher de sobremesa de pimenta-do-reino moída

Bater os ingredientes da massa no liquidificador e deixar para o fim o fermento químico.

Virar a massa numa tigela ou num jarro de plástico para facilitar o manuseio.

Aquecer uma frigideira (se possível com *teflon*) e untar, somente na primeira panqueca, com pouco óleo. Colocar 1/2 concha de massa na frigideira e espalhar uniformemente.

Após 5 minutos em fogo alto, virar a panqueca utilizando uma espátula. Ao retirar as panquecas, empilhá-las em um prato, para que o calor entre elas deixe-as mais macias devido à umidade. Reservar.

Para o recheio, derreter a margarina, refogar as cebolas e quando estiverem macias adicionar a batata ralada, o leite, o caldo de vegetais, a pimenta-do-reino e o sal.

Manter a panela semitampada, em fogo baixo, até a batata estar macia e o recheio consistente. Rechear os crepes e servi-los ainda quentes.

Crepe com Berinjela

Massa para crepe de sementes e ervas:
1 e 1/2 xícara de farinha de trigo branca
1 e 1/2 xícara de água em temperatura ambiente
1 colher de sobremesa de fermento químico em pó
1 colher de sobremesa de semente de papoula
1 colher de chá de sal
1 colher de sobremesa de ervas finas desidratadas
1 colher de sopa de gergelim preto
3 colheres de sopa de óleo de milho

Recheio para panqueca de berinjela:
3 colheres de sopa de óleo
1 pimentão vermelho picadinho
1 talo de salsão picadinho
1/2 xícara de salsa fresca picada
1 colher de sopa de alho desidratado
2 berinjelas grandes lavadas e picadinhas
1 colher de sopa de alcaparras picadas
1 colher de chá de sal

Molho de tahine para acompanhar crepe:
4 colheres de sopa de *tahine* concentrado
1/2 xícara de água filtrada
1 pitada de sal
1 pitada de pimenta síria
4 colheres de sopa de sumo de limão

Para o molho, misturar todos os ingredientes numa tigela até se obter um creme homogêneo. Manter na geladeira até o momento de servir.

Bater os ingredientes da massa no liquidificador e deixar para o fim o fermento químico.

Virar a massa numa tigela ou num jarro de plástico para facilitar o manuseio.

Aquecer uma frigideira (se possível com *teflon*) grande e untar, somente na primeira panqueca, com pouco óleo.

Colocar 1/2 concha de massa na frigideira grande e espalhar uniformemente.

Após 5 minutos em fogo alto, virar a panqueca utilizando uma espátula. Ao retirar as panquecas, empilhá-las em um prato, para que o calor entre elas deixe-as mais macias devido à umidade. Reservar.

Aquecer o óleo, refogar o pimentão por 10 minutos, adicionar o salsão, a salsa e o alho, refogando por mais 5 minutos. Adicionar a berinjela picada, a alcaparra e o sal. Mexer, tampar a panela e deixar por 10 minutos, aproximadamente, ou até a berinjela estar macia.

Formar cones com a massa do crepe e recheá-los com a berinjela. Servi-los ainda quentes, com o molho de *tahine* a gosto.

Crepes, Panquecas e Waffles

Crepe com Beterraba

Para a massa:
1 xícara de farinha de trigo
1 xícara de leite de coco
1 colher de sobremesa rasa de sal
1 colher de sopa de fermento químico em pó
2 colheres de sopa de óleo
1 colher de sopa de linhaça

Para o recheio:
2 colheres de sopa de margarina
1 colher de sobremesa de azeite de dendê
4 cebolas picadinhas
3 xícaras de beterraba ralada
5 colheres de sopa de coentro fresco picado
4 colheres de sopa de leite de coco
4 colheres de sopa de água
1 colher de sobremesa de caldo de vegetais
1 colher de sobremesa rasa de sal

Bater os ingredientes da massa no liquidificador e deixar para o fim o fermento químico.

Virar a massa numa tigela ou num jarro de plástico para facilitar o manuseio.

Aquecer uma frigideira (se possível com *teflon*) e untar, somente na primeira panqueca, com pouco óleo. Colocar 1/2 concha de massa na frigideira e espalhar uniformemente.

Após 5 minutos em fogo alto, virar a panqueca utilizando uma espátula. Ao retirar as panquecas, empilhá-las em um prato, para que o calor entre elas deixe-as mais macias devido à umidade. Reservar.

Para o recheio, derreter a margarina, adicionar o azeite de dendê e dourar a cebola. Adicionar a beterraba, o coentro e refogar por mais 5 minutos.

Adicionar o leite de coco, a água, o caldo de vegetais e o sal. Manter em fogo baixo, com a panela semitampada, por 20 minutos.

Rechear os crepes e servi-los quentes.

Crepe com Brócolis

Para a massa:
2 xícaras de leite
2 xícaras de farinha de trigo branca
6 colheres de sopa de castanha-do-pará moída
3 colheres de sopa de farinha de centeio
1 colher de chá de sal
4 colheres de sopa de óleo de milho
1 colher de sobremesa de fermento químico em pó

Para o recheio:
5 copos de brócolis picado
2 copos de cará ou inhame ralados
1/2 copo de temperos verdes picados
4 colheres de sopa de óleo
1 colher de chá de sal
2 xícaras de leite
1 colher de sopa rasa de maisena

Molho com alcaparras:
3 colheres de sopa de margarina
4 colheres de sopa de farinha de trigo
3 copos de leite quente
2 copos de água quente
1 colher de sopa cheia de alcaparras picadas

Bater os ingredientes da massa no liquidificador, deixando para o fim o fermento químico.

Virar a massa numa tigela ou num jarro de plástico para facilitar o manuseio.

Aquecer uma frigideira (se possível com *teflon*) e untar, somente na primeira panqueca, com pouco óleo.

Colocar 1 concha rasa de massa na frigideira e espalhar uniformemente.

Após 5 minutos em fogo alto, virar a panqueca utilizando uma espátula. Ao retirar as panquecas, empilhá-las em um prato, para que o calor entre elas deixe-as mais macias devido à umidade. Reservar.

Para o recheio, aquecer o óleo numa panela larga e fritar os temperos verdes por 10 minutos. Colocar o brócolis picado, o cará ou inhame ralado e mexer por 5 minutos. Adicionar 1 xícara de leite e o sal, misturar bem e manter em fogo baixo, com a panela tampada, por 10 minutos.

Diluir a maisena na outra xícara de leite e juntar à panela. Mexer bem até estar encorpado. Retirar a panela do fogo e reservar.

Para o molho, derreter a margarina e em seguida adicionar a farinha de trigo e a alcaparra. Mexer sempre com colher de pau até dourar. Adicionar a água quente e bater no liquidificador junto com o leite. Voltar ao fogo e deixar em fogo baixo por 25 minutos.

Rechear os crepes, dobrá-los e arrumar numa travessa refratária. Regar com o molho e deixar em forno quente por 15 minutos antes de servir.

Crepe com Carne de Soja Moída

Para a massa:
1 xícara de farinha de trigo branca
1 xícara de farinha de glúten
2 xícaras de leite
1 colher de chá de sal
1 colher de sobremesa de fermento químico
1/2 xícara de *tofu* amassado
1 colher de sobremesa de alho desidratado
1 colher de sopa de margarina
1 colher de chá de pimenta-do-reino moída

Para o recheio:
1 xícara de PVT do tipo miúda
água quente para deixar a PVT de molho
4 colheres de sopa de margarina
4 dentes de alho espremidos
3 cebolas picadinhas
3 rodelas de erva-doce fresca cortadas em tiras finas
4 colheres de sopa de extrato de tomate
1 colher de sobremesa de sal
1 colher de sobremesa de caldo de vegetais
1 e 1/2 copo de água quente

Bater os ingredientes da massa no liquidificador e deixar para o fim o fermento químico.

Virar a massa numa tigela ou num jarro de plástico para facilitar o manuseio.

Aquecer uma frigideira (se possível com *teflon*) e untar, somente na primeira panqueca, com pouco óleo.

Colocar 1/2 concha de massa na frigideira e espalhar uniformemente.

Após 5 minutos em fogo alto, virar a panqueca utilizando uma espátula. Ao retirar as panquecas, empilhá-las em um prato, para que o calor entre elas deixe-as mais macias devido à umidade. Reservar.

Para o recheio, deixar a PVT de molho por 15 minutos, em água quente suficiente para cobrir seu volume.

Derreter a margarina, dourar o alho, adicionar a cebola e deixar em fogo alto até estar macia. Adicionar a erva-doce e a PVT, com a água escorrida.

Colocar o extrato de tomate, mexer bem e adicionar o sal, o caldo de vegetais e a água quente. Manter em fogo baixo por 20 minutos.

Rechear os crepes com o recheio de PVT e servi-los em seguida, bem quentinhos.

Crepe com Cogumelo-paris

Para a massa:
2 xícaras de farinha de trigo branca
2 xícaras de leite
1 colher de sobremesa rasa de sal
1 colher de sopa de fermento químico em pó
2 colheres de sopa de óleo
5 colheres de sopa de castanha-de-caju picada

Para o recheio:
2 colheres de sopa de margarina
4 dentes de alho picadinhos
3 copos de cogumelo-paris fresco, picado
6 minicebolas picadinhas
3 xícaras de tomate pelado e sem sementes, picadinho
1 colher de sobremesa rasa de sal

Bater os ingredientes da massa no liquidificador e deixar para o fim o fermento químico.

Virar a massa numa tigela ou num jarro de plástico para facilitar o manuseio.

Aquecer uma frigideira (se possível com *teflon*) e untar, somente na primeira panqueca, com pouco óleo.

Colocar 1/2 concha de massa na frigideira e espalhar uniformemente.

Após 5 minutos em fogo alto, virar a panqueca utilizando uma espátula. Ao retirar as panquecas, empilhá-las em um prato, para que o calor entre elas deixe-as mais macias devido à umidade. Reservar.

Para o recheio, derreter a margarina, dourar o alho e adicionar a cebola e o cogumelo. Abafar por 15 minutos, em fogo alto.

Adicionar o tomate e o sal e deixar em fogo médio por mais 20 minutos.

Rechear os crepes e servi-los quentes.

Crepe com Couve-flor

Para a massa:
1 xícara de farinha de trigo
1/2 xícara de farinha de soja
1/2 xícara de farinha de glúten
2 xícaras de leite
1/2 colher de sobremesa de sal
1 colher de sopa de fermento químico em pó
2 colheres de sopa de margarina
1 colher de chá de pimenta-do-reino verde

Para o recheio:
2 colheres de sopa de óleo
5 colheres de sopa de coentro fresco picado
2 colheres de sopa de aneto fresco picado
4 minicebolas picadinhas
3 copos de raminhos de couve-flor
1 xícara de água
1 colher de chá de caldo de vegetais em pó
1 colher de sobremesa rasa de sal
1 colher de sobremesa rasa de maisena
1/2 xícara de água à temperatura ambiente

Bater os ingredientes da massa no liquidificador e deixar para o fim o fermento químico.

Virar a massa numa tigela ou num jarro de plástico para facilitar o manuseio.

Aquecer uma frigideira e untar, somente na primeira panqueca, com pouco óleo. Colocar 1/2 concha de massa na frigideira e espalhar.

Após 5 minutos em fogo alto, virar a panqueca utilizando uma espátula. Empilhar as panquecas num prato. Reservar.

Para o recheio, aquecer o óleo, refogar o coentro, o aneto e as cebolas, mantendo em fogo alto até estarem macias. Adicionar os raminhos de couve-flor, a água, o caldo de vegetais e o sal. Manter em fogo baixo, com a panela semitampada, por 25 minutos. Diluir a maisena na água e acrescentar, mexendo até se obter uma mistura cremosa.

Rechear os crepes e servi-los quentes.

Crepe com Ervilhas Frescas

Para a massa:
2 xícaras de farinha de trigo branca
1 pitada de pimenta malagueta
1 tomate sem pele
1 e 1/2 xícara de água
1 colher de sobremesa rasa de sal
1 colher de chá de fermento químico em pó
1 colher de sopa rasa de margarina

Para o recheio:
4 colheres de azeite de oliva
1/2 copo de cebolinha
4 colheres de sopa de coentro fresco picado
1 copo de ervilhas frescas
1/2 xícara de cenoura "desfiada" (com um cortador de legumes)
1 colher de chá de caldo de vegetais em pó
1 xícara de purê de tomate quente
1/2 xícara de água quente
250 g de *tofu* amassado com garfo

Bater os ingredientes da massa no liquidificador e deixar para o fim o fermento químico.

Aquecer uma frigideira (se possível com *teflon*) e untar, somente na primeira panqueca, com pouco óleo. Colocar 1/2 concha de massa na frigideira e espalhar uniformemente.

Após 5 minutos em fogo alto, virar a panqueca utilizando uma espátula. Empilhar as panquecas num prato. Reservar.

Aquecer o azeite de oliva, refogar a cebolinha, adicionar o coentro e fritar por 5 minutos. Adicionar as ervilhas e a cenoura. Abafar por 10 minutos. Adicionar o caldo, o purê e a água quentes, misturar bem com colher de pau e manter a panela tampada, em fogo baixo, por 15 minutos.

Adicionar o *tofu* amassado e mexer, em fogo alto, até se obter uma consistência firme.

Rechear os crepes e servi-los quentes.

Crepe com Escarola

Para a massa:
1 xícara de farinha de trigo integral
1 xícara de água
1/2 colher de sobremesa de sal
1 colher de chá de cominho em pó
1 colher de sopa de fermento químico em pó
1 colher de sopa de óleo
Para o recheio:
2 colheres de sopa de óleo
3 dentes de alho
1 colher de sopa de gengibre ralado
5 colheres de sopa de cebolinha picada
10 copos de escarola cortada em tiras finas
1/2 xícara de azeitona chilena picada
1/2 xícara de pimentão picado
1/2 colher de sobremesa de sal

Bater os ingredientes da massa no liquidificador e deixar para o fim o fermento químico.

Virar a massa numa tigela ou num jarro de plástico para facilitar o manuseio.

Aquecer uma frigideira (se possível com *teflon*) e untar, somente na primeira panqueca, com pouco óleo. Colocar 1/2 concha de massa na frigideira e espalhar uniformemente.

Após 5 minutos em fogo alto, virar a panqueca utilizando uma espátula. Ao retirar as panquecas, empilhá-las em um prato, para que o calor entre elas deixe-as mais macias devido à umidade. Reservar.

Para o recheio, aquecer o óleo, dourar o alho, adicionar em seguida o gengibre, a cebolinha e manter em fogo alto por 5 minutos; acrescentar a escarola, a azeitona, o pimentão e o sal.

Manter em fogo brando por 20 minutos. Escorrer o excesso de líquido da panela e rechear os crepes, servindo-os em seguida.

Crepe com Fundo de Alcachofra

Para a massa:
1 xícara de farinha de trigo
1 colher de sopa de germe de trigo
1 xícara de leite
1/2 colher de sobremesa de sal
1 colher de sopa de fermento químico em pó
2 colheres de sopa de óleo
5 azeitonas pretas picadas
Para o recheio:
2 colheres de sopa de margarina
3 dentes de alho
4 minicebolas picadinhas
2 xícaras de fundo de alcachofra picadinho
2 xícaras de tomate e sem sementes, picadinho
1 xícara de leite
1 colher de sobremesa de caldo de vegetais
1 colher de sobremesa rasa de sal
1 colher de sobremesa rasa de maisena
1/2 xícara de água à temperatura ambiente

Bater os ingredientes da massa no liquidificador e deixar para o fim o fermento químico.

Aquecer uma frigideira e untar, somente na primeira panqueca, com pouco óleo.

Colocar 1/2 concha de massa na frigideira e espalhar uniformemente. Após 5 minutos em fogo alto, virar a panqueca utilizando uma espátula. Empilhar as panquecas num prato. Reservar.

Para o recheio, derreter a margarina, dourar o alho e adicionar as cebolas, mantendo em fogo alto até estarem macias.

Adicionar a alcachofra picada, o tomate, o leite, o caldo de vegetais e o sal. Manter em fogo baixo, com a panela semitampada, por 25 minutos. Diluir a maisena na água e acrescentar, mexendo até se obter uma mistura cremosa.

Rechear os crepes e servi-los quentes.

Crepe com Grão-de-bico

Para a massa:
1 xícara de farinha de trigo
1 xícara de farinha de trigo integral
3 colheres de sopa de flocos de centeio
2 xícaras de leite
1 colher de sobremesa de sal
1 colher de sopa de fermento químico em pó
1 colher de sopa de margarina

Para o recheio:
2 colheres de azeite de oliva
1 colher de café de alecrim desidratado
3 dentes de alho
4 cebolas roxas cortadas em tiras finas
5 colheres de sopa de coentro fresco picado
2 copos de grão-de-bico cozido em panela de pressão
1 xícara da água quente que cozinhou o grão-de-bico
1 colher de sobremesa rasa de caldo de vegetais em pó
1 colher de sobremesa rasa de sal
1/2 xícara de castanha-do-pará picada

Bater os ingredientes da massa no liquidificador e deixar para o fim o fermento químico.

Virar a massa numa tigela ou num jarro de plástico para facilitar o manuseio.

Aquecer uma frigideira (se possível com *teflon*) e untar, somente na primeira panqueca, com pouco óleo.

Colocar 1/2 concha de massa na frigideira e espalhar uniformemente.

Após 5 minutos em fogo alto, virar a panqueca utilizando uma espátula. Ao retirar as panquecas, empilhá-las em um prato, para que o calor entre elas deixe-as mais macias devido à umidade. Reservar.

Para o recheio, aquecer o azeite, fritar o alecrim por 3 minutos, dourar o alho e adicionar as cebolas, mantendo em fogo alto até estarem macias. Colocar o coentro e o grão-de-bico cozido e mexer por mais 5 minutos.

Adicionar a água quente, o caldo de vegetais e o sal. Manter em fogo baixo, com a panela semitampada, por 25 minutos.

Acrescentar a castanha-do-pará picada e retirar do fogo.

Rechear os crepes e servi-los quentes.

Crepes, Panquecas e Waffles

Crepe com Mandioquinha

Para a massa:
1 xícara de farinha de trigo
4 colheres de sopa de fubá
1 xícara de leite
1/2 colher de sobremesa de sal
1 colher de sopa de fermento químico em pó
2 colheres de sopa de óleo
1 colher de sopa de gergelim escuro
Para o recheio:
3 colheres de sopa de margarina
5 minicebolas cortadas em rodelas finas
1 pimentão vermelho picadinho
5 colheres de sopa de cebolinha verde picada
2 xícaras de mandioquinha picadinha
4 xícaras de tomate sem sementes, picadinho
1 colher de sopa de caldo de vegetais em pó
1 colher de sobremesa rasa de sal
1/2 xícara de água quente

Bater os ingredientes da massa no liquidificador e deixar para o fim o fermento químico.

Virar a massa numa tigela ou num jarro de plástico para facilitar o manuseio.

Aquecer uma frigideira (se possível com *teflon*) e untar, somente na primeira panqueca, com pouco óleo. Colocar 1/2 concha de massa na frigideira e espalhar uniformemente.

Após 5 minutos em fogo alto, virar a panqueca utilizando uma espátula. Empilhar as panquecas num prato. Reservar.

Para o recheio, derreter a margarina, fritar as cebolas até estarem macias. Adicionar o pimentão e assim que estiverem macios colocar a cebolinha. Refogar por 5 minutos e então adicionar a mandioquinha, o tomate, o caldo de vegetais, o sal e a água quente. Manter a panela semitampada, em fogo brando, por 25 minutos, aproximadamente.

Rechear os crepes e servi-los quentes.

Crepe com Milho

Massa para crepe de milho:
2 xícaras de farinha de trigo branca
1 colher de sobremesa de fermento químico em pó
1 colher de chá de sal
1/3 de xícara de óleo de milho
2 xícaras de água em temperatura ambiente
Recheio de milho para crepe:
5 espigas de milho
2 colheres de sopa de margarina
1 cebola picadinha
1 dente de alho grande picadinho
1 colher de chá de sal
3 colheres de sopa de farinha de trigo
1 xícara de leite
1 colher de sopa de caldo de vegetais em pó
2 colheres de sopa de *tahine*

Bater os ingredientes da massa no liquidificador e deixar para o fim o fermento químico. Virar a massa numa tigela ou num jarro de plástico para facilitar o manuseio.

Aquecer uma frigideira (se possível com *teflon*) e untar, somente na primeira panqueca, com pouco óleo. Colocar 1/2 concha de massa na frigideira e espalhar uniformemente.

Após 5 minutos em fogo alto, virar a panqueca utilizando uma espátula. Ao retirar as panquecas, empilhá-las em um prato, para que o calor entre elas deixe-as mais macias devido à umidade. Reservar.

Para o recheio, retirar os grãos de milho da espiga, colocar numa vasilha e reservar.

Derreter a margarina, dourar o alho e em seguida colocar a cebola. Assim que estiver macia, adicionar os grãos de milho e o sal. Tampar a panela e deixar refogar por 10 minutos. Retirar metade do milho e deixar reservado. Adicionar a farinha de trigo, manter o fogo alto e mexer por 5 minutos.

Virar todo o conteúdo da panela no liquidificador e adicionar o leite quente e o *tahine*. Bater e voltar à panela, juntando os grão de milho reservados, o caldo de vegetais. Manter em fogo baixo por 15 minutos, mexendo de vez em quando.

Retirar a panela do fogo e aguardar o recheio ficar morno.

Colocar uma colher cheia de recheio dentro de cada crepe e dobrá-los em quatro.

Aquecer levemente em forno alto e servir em seguida.

Crepe com Nozes e Milho

Para a massa:
1 xícara de farinha de trigo
1 xícara de leite
1/2 xícara de nozes frescas
1/2 colher de sobremesa de sal
1 colher de sopa de fermento químico em pó
2 colheres de sopa de óleo
1 pitada de manjerona desidratada

Para o recheio:
2 colheres de sopa de margarina
1/2 xícara de cebolinha verde picada
1/2 xícara de coentro fresco picado
1/2 xícara de salsa fresca picada
2 copos de grãos de milho verde cru
1/2 xícara de maçã descascada e picada
1 colher de chá de sal
1/2 xícara de nozes frescas picadas

Bater os ingredientes da massa no liquidificador e deixar para o fim o fermento químico.

Virar a massa numa tigela ou num jarro de plástico para facilitar o manuseio.

Aquecer uma frigideira (se possível com *teflon*) e untar, somente na primeira panqueca, com pouco óleo.

Colocar 1/2 concha de massa na frigideira e espalhar uniformemente.

Após 5 minutos em fogo alto, virar a panqueca utilizando uma espátula. Ao retirar as panquecas, empilhá-las em um prato, para que o calor entre elas deixe-as mais macias devido à umidade. Reservar.

Para o recheio, derreter a margarina, refogar os temperos frescos por 15 minutos, adicionar o milho, a maçã, o sal e a água e deixar a panela tampada por 15 minutos.

Retirar a panela do fogo, misturar as nozes e rechear os crepes. Servi-los quentes.

Crepe com Palmito

Massa fácil para crepe:
2 copos de farinha de trigo
2 copos de água
1 colher de chá de sal
2 colheres de sopa de óleo

Recheio de palmito para crepe:
2 colheres de sopa cheias de margarina
1 cebola média picada
1 pimentão vermelho picadinho
4 colheres de sopa de cebolinha verde picada
1 copo de palmito picado
1/2 copo de molho de tomate
1 colher de chá de caldo de vegetais em pó
1 colher de sobremesa rasa de sal
1 copo de leite
1 colher de sopa cheia de maisena
1 pitada de pimenta-do-reino moída

Bater os ingredientes da massa no liquidificador e deixar para o fim o fermento químico. Virar a massa numa tigela ou num jarro de plástico para facilitar o manuseio.

Aquecer uma frigideira e untar, somente na primeira panqueca, com pouco óleo. Colocar 1/2 concha de massa na frigideira e espalhar uniformemente.

Após 5 minutos em fogo alto, virar a panqueca utilizando uma espátula. Empilhar as panquecas num prato. Reservar.

Para o recheio, derreter a margarina, dourar a cebola e adicionar o pimentão; quando estiver macio colocar a cebolinha, mexer por 5 minutos, e colocar o palmito, o molho de tomate, o caldo de vegetais e o sal. Deixar ferver por 15 minutos e então diluir a maisena no leite e adicionar, mexendo bem até se obter um recheio consistente.

Rechear os crepes, dobrá-los em quatro e dispor harmoniosamente numa travessa refratária. Aquecer em forno quente por 20 minutos e servir os crepes ainda quentes.

Crepe com Repolho Roxo

Massa para crepe com aveia e tofu:
1 xícara de farinha de trigo
1/2 xícara de *tofu*
4 colheres de sopa de aveia em flocos finos
1 xícara de leite
1/2 colher de sobremesa de sal
1 colher de sopa de fermento químico em pó
1 colher de sopa rasa de margarina

Recheio de repolho roxo para crepe:
2 colheres de sopa de azeite de oliva
3 dentes de alho
4 cebolas picadinhas
1 pimentão verde picadinho
3 copos de repolho roxo cortado em tiras finas
1 xícara de água quente
1 colher de chá rasa de caldo de vegetais
1 colher de sobremesa rasa de sal
1 colher de chá de açúcar mascavo
1 colher de sopa de molho de mostarda
3 colheres de sopa de uva-passa clara

Bater os ingredientes da massa no liquidificador e deixar para o fim o fermento químico. Virar a massa numa tigela ou num jarro de plástico para facilitar o manuseio.

Aquecer uma frigideira e untar, somente na primeira panqueca, com pouco óleo. Colocar 1/2 concha de massa na frigideira e espalhar.

Após 5 minutos em fogo alto, virar a panqueca utilizando uma espátula. Empilhar as panquecas num prato. Reservar.

Para o recheio, aquecer o azeite, dourar o alho e adicionar as cebolas e o pimentão, mantendo em fogo alto até estarem macios.

Adicionar o repolho, a água, o caldo de vegetais, o sal e o açúcar e o molho de mostarda. Manter em fogo baixo, com a panela semitampada, por 25 minutos. Manter em fogo alto por 15 minutos, adicionar as passas, mexer bem e rechear os crepes. Servi-los quentes.

Crepe com Salsicha

Massa para crepe com fibra de trigo:
1 copo de farinha de trigo branca
1/2 copo de fibra de trigo
1 copo de leite de soja
1/2 copo de água
1 colher de sobremesa rasa de sal
1 colher de sobremesa de semente de gergelim
1 colher de chá cheia de fermento químico
2 colheres de sopa de óleo de girassol

Recheio de salsicha para crepe:
3 colheres de sopa de margarina
1 cebola roxa ralada
4 dentes de alho espremidos
1/2 xícara de salsa fresca picada
1 colher de sobremesa de casca de limão ralada
2 copos de salsicha vegetal picadinha
1 xícara de repolho roxo ralado
1 colher de chá de caldo de vegetais em pó
1 copo de leite
4 colheres de sobremesa de mostarda

Bater os ingredientes da massa no liquidificador e deixar para o fim o fermento químico.

Virar a massa numa tigela ou num jarro de plástico para facilitar o manuseio.

Aquecer uma frigideira e untar, somente na primeira panqueca. Colocar 1/2 concha de massa na frigideira e espalhar uniformemente.

Após 5 minutos em fogo alto, virar a panqueca utilizando uma espátula. Empilhar as panquecas num prato. Reservar.

Para o recheio, derreter a margarina, dourar o alho e adicionar a cebola ralada. Manter em fogo alto até a cebola estar macia. Adicionar a salsa, a casca do limão e a salsicha.

Refogar por 10 minutos e adicionar o repolho, mexendo por mais 5 minutos. Adicionar o caldo de vegetais, o leite e a mostarda. Manter em fogo baixo por 10 minutos. Rechear os crepes e servi-los em seguida, bem quentinhos.

Crepe com Shiitake

Para a massa:
1 xícara de farinha de trigo branca
1 xícara de leite
1/2 colher de sobremesa de sal
1 colher de sopa de fermento químico em pó
1 colher de sopa de margarina

Recheio de shiitake para crepe:
2 colheres de sopa de margarina
5 dentes de alho
2 cebolas roxas cortadas em rodelas superfinas
3 copos de *shiitake* fresco cortado em tiras
2 xícaras de tomate pelado e sem sementes, amassados com garfo
1 xícara de água quente
1 colher de chá rasa de caldo de vegetais
1 colher de sopa de *shoyo*
1 colher de sopa de molho inglês

Bater os ingredientes da massa no liquidificador e deixar para o fim o fermento químico.

Virar a massa numa tigela ou num jarro de plástico para facilitar o manuseio.

Aquecer uma frigideira e untar, somente na primeira panqueca, com pouco óleo. Colocar 1/2 concha de massa na frigideira e espalhar uniformemente.

Após 5 minutos em fogo alto, virar a panqueca utilizando uma espátula. Empilhar as panquecas num prato. Reservar.

Para o recheio, derreter a margarina, dourar o alho e adicionar as cebolas, mantendo em fogo alto até estarem macias.

Adicionar o *shiitake* em tiras, o tomate, a água quente, o caldo de vegetais, o *shoyo* e o molho inglês.

Manter em fogo baixo, com a panela semitampada, por 25 minutos. Rechear os crepes e servi-los quentes.

Crepe com Tofu e Rúcula

Massa amarela para crepe:
1 xícara de farinha de trigo
1 xícara de leite
2 colheres de sopa de *tofu* extrafirme
1/2 colher de sobremesa de sal
1 colher de sopa de fermento químico em pó
2 colheres de sopa de óleo
1 colher de café de açafrão

Recheio para crepe de tofu e rúcula:
1 colher de sobremesa de alho desidratado
2 copos de *tofu* amassado com garfo
2 copos de rúcula cortada bem fina
1/2 xícara de abobrinha italiana ralada
4 minicebolas picadinhas
1 colher de sobremesa rasa de sal

Molho basílico para crepe:
5 tomates sem pele e sem sementes
5 folhas frescas de manjericão
1 colher de chá de sal
1 colher de chá de açúcar mascavo
1 colher de chá de casca de limão ralada

Para o molho, levar todos os ingredientes ao fogo baixo com a panela semitampada. Deixar por 25 minutos, retirar do fogo e reservar.

Para o recheio, misturar todos os ingredientes numa tigela e reservar.

Bater os ingredientes da massa no liquidificador e deixar para o fim o fermento.

Aquecer uma frigideira (se possível com *teflon*) e untar, somente na primeira panqueca, com pouco óleo. Colocar 1/2 concha de massa na frigideira e espalhar uniformemente.

Após 5 minutos em fogo alto, virar a panqueca utilizando uma espátula. Empilhar as panquecas num prato. Reservar.

Rechear os crepes e dispor um a um numa travessa refratária.

Regar com o molho e levar ao forno alto por 20 minutos. Servir em seguida.

Crepe de Cogumelo

Massa para crepe com germe de trigo:
1 copo de farinha de trigo branca
1 copo de água ou leite de soja
1 colher de sobremesa de fermento químico
2 colheres de sopa de óleo
1 colher de sobremesa de germe de trigo
1 colher de fibra de soja

Recheio para crepe de shiitake:
2 copos de *shiitake* seco em tirinhas deixado de molho em água filtrada por 10 minutos
1/2 copo de cará ralado
1/2 pimentão verde bem picadinho
1 cebola roxa picadinha
1 colher de sopa de alho desidratado
2 colheres de sobremesa de óleo
1/2 colher de sobremesa de sal
1/2 copo de água quente

Bater os ingredientes da massa no liquidificador e deixar o fermento químico para o fim. Virar a massa numa tigela para facilitar o manuseio.

Aquecer uma frigideira e untar com pouco óleo. Colocar 1 concha de massa na frigideira e espalhar uniformemente.

Após 5 minutos em fogo alto, virar o crepe utilizando uma espátula. Empilhá-los num prato.

Após o término da massa, reservar.

Escorrer a água do *shiitake* e espremer com as mãos para retirar o excesso de água.

Numa panela larga aquecer o óleo e fritar a cebola e o alho até dourar. Juntar o pimentão picadinho e o *shiitake*, o cará e o sal. Mexer com colher de pau, adicionar a água quente, tampar a panela e manter o fogo alto. Assim que o *shiitake* estiver macio, retirar a panela do fogo e reservar.

Rechear os crepes, enrolar e arrumar numa forma refratária. Levar ao forno para aquecer por 15 minutos.

Crepe de Cogumelo com Molho de Tomate

Massa levemente integral para crepe:
1 e 1/2 xícara de farinha de trigo branca
1/2 xícara de farinha de trigo integral
1 colher de chá de sal
3 colheres de sopa de óleo de milho
2 xícaras de leite em temperatura ambiente
1 colher de sobremesa de fermento químico em pó
Molho forte de tomate para crepe:
3 colheres de sopa de óleo
3 dentes de alho espremidos
1 cebola cortada em tiras finas
6 tomates grandes e bem maduros
3 colheres de sopa de extrato de tomate
1 xícara de água
1 colher de chá de sal
Recheio de cogumelo para crepe:
1 colher de sopa de margarina
1 colher de sopa de alho desidratado
1/2 xícara de coentro fresco picado
1 colher de sopa de aneto fresco picado
2 copos de cogumelo fresco cortado em tiras
1 copo de cará descascado e ralado
1 xícara de água quente
1 colher de sobremesa de caldo de vegetais em pó
1 colher de sobremesa de sal

Bater os ingredientes da massa no liquidificador e deixar para o fim o fermento químico. Virar a massa numa tigela ou num jarro de plástico para facilitar o manuseio.

Aquecer uma frigideira (se possível com *teflon*) e untar, somente na primeira panqueca, com pouco óleo. Colocar 1/2 concha de massa na frigideira e espalhar uniformemente.

Após 5 minutos em fogo alto, virar a panqueca utilizando uma espátula. Ao retirar as panquecas, empilhá-las em um prato, para que o calor entre elas deixe-as mais macias devido à umidade. Reservar.

Para o molho, aquecer o óleo, dourar o alho, em seguida adicionar a cebola e, quando estiver macia, adicionar o tomate, o extrato, a água e o sal. Manter a panela tampada, em fogo brando, por 25 minutos. Retirar a panela do fogo e reservar.

Para o recheio, derreter a margarina, dourar o alho, adicionar o coentro, o aneto e fritar por 5 minutos. Adicionar o cogumelo e fritar por mais 5 minutos. Colocar então o cará, a água quente, o caldo de vegetais e o sal. Mexer bem, tampar a panela e deixar em fogo brando por 20 minutos, mexendo de vez em quando. Deixar a panela destampada por 5 minutos e então retirar do fogo. Assim que o recheio estiver morno, colocar uma colher cheia dentro de cada crepe e dobrá-los em quatro.

Arrumar os crepes numa forma refratária untada, cobrir com o molho e levar ao forno quente por 10 minutos. Servir quente.

Crepe de Feijão com Champignon

Massa básica para crepe:
2 copos de farinha de trigo branca
2 copos de leite
2 colheres de chá de fermento químico
1/2 colher de sobremesa de sal
2 colheres de sopa de óleo
Recheio de feijão com champignon para crepe:
1 xícara de margarina
1 cebola picada em tiras finas
1 xícara de feijão cozido
1/2 xícara de *champignon*
1 colher de chá de caldo de vegetais em pó
3 colheres de sopa de *shoyo* sabor *champignon*
1 colher de sopa de salsa fresca picada
1/2 xícara de *tofu* firme
1 colher de sobremesa rasa de sal
1 colher de chá de pimenta-do-reino moída
2 colheres de sopa de amêndoas laminadas

Bater os ingredientes da massa no liquidificador e deixar para o fim o fermento químico. Aquecer uma frigideira e untar, somente na primeira panqueca. Colocar 1/2 concha de massa na frigideira e espalhar.

Após 5 minutos em fogo alto, virar a panqueca utilizando uma espátula. Empilhar as panquecas num prato. Reservar.

Numa panela em fogo médio, aquecer 1/2 xícara de margarina e fritar a cebola por 5 minutos. Adicionar o *champignon* e fritar por mais 5 minutos.

Adicionar o feijão cozido, o *shoyo*, a salsinha, o *tofu*, o caldo de vegetais, mexer por mais 5 minutos. Retirar do fogo, rechear os crepes e acondicioná-los numa fôrma refratária.

Derreter o restante da margarina, regar os crepes e sobre eles espalhar as amêndoas e a pimenta-do-reino. Aquecer por 5 minutos em forno com temperatura alta e em seguida servir.

Crepe de Pimentões

Massa para crepe com três farinhas:
1 copo de farinha de trigo branca
1/2 copo de farinha de glúten
1/2 copo de farinha de trigo integral
2 colheres de sopa de fibra de trigo
2 copos de água
1 colher de sopa de margarina em temperatura ambiente
1 colher de sobremesa de sal
1 colher de sobremesa de fermento químico em pó
Recheio de pimentões para crepe:
4 colheres de sopa de óleo
2 pimentões verdes cortados em tiras finas
2 pimentões vermelhos cortados em tiras finas
1 colher de sobremesa de pimenta-do-reino verde espremida com garfo
1/2 xícara de cebolinha verde picada
350 g de *tofu*
1/2 xícara de água
1 colher de sobremesa cheia de caldo de vegetais em pó
1 colher de chá de sal
Molho de azeitona e cogumelos para crepe:
2 colheres de sopa de óleo
2 copos de cogumelo fresco do tipo *shiimeji*
1 colher de sopa de alho espremido
1/2 xícara de azeitona preta do tipo *azapa* picada
1 copo de água
1/2 xícara de *shoyo*
1 colher de café de alecrim desidratado
1 colher de sobremesa de araruta ou maisena
1/2 xícara de água

Bater os ingredientes da massa no liquidificador e deixar para o fim o fermento químico. Virar a massa numa tigela ou num jarro de plástico para facilitar o manuseio.

Aquecer uma frigideira (se possível com *teflon*) e untar, somente na primeira panqueca, com pouco óleo. Coloque 1/2 concha de massa na frigideira e espalhar uniformemente.

Após 5 minutos em fogo alto, virar a panqueca utilizando uma espátula. Ao retirar as panquecas, empilhá-las em um prato, para que o calor entre elas deixe-as mais macias devido à umidade. Reservar.

Para o recheio, aquecer o óleo numa panela larga e fritar os pimentões até estarem macios. Adicionar a pimenta-do-reino, a cebolinha e mexer por 5 minutos. Bater o *tofu* no liquidificador com a água, o caldo de vegetais e o sal e juntar à panela. Misturar bem, tampar a panela e deixar em fogo brando por 30 minutos. Retirar do fogo e reservar.

Para o molho, aquecer o óleo, fritar o alho até dourar. Juntar o cogumelo e dourá-lo. Adicionar a azeitona, o copo de água, o *shoyo* e o alecrim desidratado. Deixar ferver por 20 minutos em fogo alto. Diluir a araruta na 1/2 xícara de água, juntar à panela e mexer até o molho encorpar.

Rechear os crepes, dobrá-los em quatro e dispor harmoniosamente numa travessa refratária. Regar com o molho e aquecer em forno quente por 20 minutos. Servir quente.

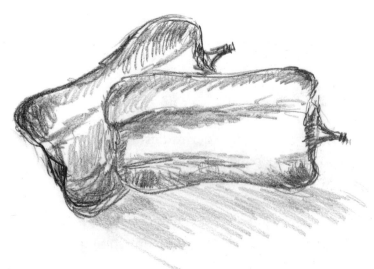

Crepe Laranja com Aspargos Frescos

Massa laranja para crepe:
2 xícaras de farinha de trigo
1/2 xícara de farinha de glúten
2 xícaras de leite
1/2 xícara de suco de cenoura (passar 2 cenouras grandes por uma centrífuga ou bater com um mínimo de água no liquidificador e depois coar)
2 colheres de sopa de óleo
1 colher de chá de sal
1 colher de sobremesa de fermento químico

Recheio de aspargos para crepe:
12 aspargos frescos descascados, sem as partes fibrosas e picados
1 copo de água quente
5 colheres de sopa de salsa fresca picada
4 colheres de sopa de coentro fresco picado
2 copos de *tofu* picado
1/2 copo de leite
1 colher de sobremesa de caldo de vegetais em pó
1 colher de chá de sal
3 colheres de sopa de azeite de oliva

Bater os ingredientes da massa no liquidificador e deixar para o fim o fermento químico.

Virar a massa numa tigela ou num jarro de plástico para facilitar o manuseio.

Aquecer uma frigideira (se possível com *teflon*) e untar, somente na primeira panqueca, com pouco óleo.

Colocar 1/2 concha de massa na frigideira e espalhar uniformemente.

Após 5 minutos em fogo alto, virar a panqueca utilizando uma espátula. Ao retirar as panquecas, empilhá-las em um prato, para que o calor entre elas deixe-as mais macias devido à umidade. Reservar.

Para o recheio, colocar os aspargos picados numa panela, juntamente com a água quente. Assim que o aspargo estiver macio e a água secado, adicionar a salsa e o coentro.

Bater no liquidificador o *tofu* com o leite, o caldo de vegetais, o sal e o azeite, e juntar à panela.

Mexer em fogo brando por 20 minutos. Retirar do fogo e esperar estar morno para rechear os crepes e servi-los.

Crepe Rápido com Espinafre e Tofu

Massa para crepe com alcaparra:
1 xícara de farinha de trigo branca
1 xícara de leite
1 colher de chá de açafrão em pó
1 colher de sopa de alcaparras
1 colher de sopa de margarina
1 colher de sopa de fermento químico em pó
1 colher de sobremesa rasa de sal

Recheio de espinafre e tofu para crepe:
3 maços de espinafre sem as partes duras e escaldados
450 g de *tofu*
2 colheres de sopa de alho desidratado
1 colher de sobremesa de sal
1/2 xícara de cenoura ralada
2 colheres de sopa de azeite de oliva

Bater os ingredientes da massa no liquidificador e deixar para o fim o fermento químico.

Virar a massa numa tigela ou num jarro de plástico para facilitar o manuseio.

Aquecer uma frigideira (se possível com *teflon*) e untar, somente na primeira panqueca, com pouco óleo.

Colocar 1/2 concha de massa na frigideira e espalhar uniformemente.

Após 5 minutos em fogo alto, virar a panqueca utilizando uma espátula. Ao retirar as panquecas, empilhá-las em um prato, para que o calor entre elas deixe-as mais macias devido à umidade. Reservar.

Para o recheio, picar o espinafre escaldado em pedaços bem pequenos, misturar numa tigela com os demais ingredientes. Rechear os crepes e aquecer em forno com temperatura alta por 20 minutos antes de servir.

Crepe Recheado com Glúten

Massa com papoula para crepe:
1 e 1/2 xícara de farinha de trigo branca
1 e 1/2 xícara de água em temperatura ambiente
1 colher de sobremesa de fermento químico em pó
1 colher de sobremesa de semente de papoula
1 colher de chá de sal
3 colheres de sopa de óleo de milho

Recheio de glúten para crepe:
1 colher de sopa de óleo de gergelim
4 colheres de sopa de óleo de soja
4 minicebolas picadinhas
1 pimentão amarelo picadinho
1 prato de glúten picadinho
3 colheres de sopa de *shoyo*
4 colheres de sopa de água
1 colher de sobremesa de caldo de vegetais em pó
1 colher de chá de sal
3 colheres de sopa de molho inglês (optar por uma marca que não contenha produtos derivados de animais na composição)

Molho de tomate com manjericão para crepe:
2 colheres de sopa de azeite de oliva
3 dentes de alho espremidos
6 tomates vermelhos, descascados e picados
5 folhas frescas de manjericão roxo
1 colher de chá de sal
1 copo de água quente
1 colher de sobremesa de caldo de vegetais em pó

Bater os ingredientes da massa no liquidificador e deixar para o fim o fermento químico.

Virar a massa numa tigela ou num jarro de plástico para facilitar o manuseio.

Aquecer uma frigideira (se possível com *teflon*) e untar, somente na primeira panqueca, com pouco óleo.

Colocar 1/2 concha de massa na frigideira e espalhar uniformemente.

Após 5 minutos em fogo alto, virar a panqueca utilizando uma espátula. Ao retirar as panquecas, empilhá-las em um prato, para que o calor entre elas deixe-as mais macias devido à umidade. Reservar.

Para o recheio, aquecer numa *wok*, o óleo de gergelim e o óleo de soja. Fritar a cebola até estar macia, adicionar o pimentão e deixar fritar por 15 minutos.

Adicionar o glúten, mexer por 5 minutos, em seguida colocar o *shoyo*, a água, o caldo de vegetais e o sal. Tampar a *wok* e deixar por 15 minutos. Mexer, adicionar o molho inglês, tampar novamente e retirar do fogo. Reservar.

Para o molho, aquecer o óleo, dourar o alho, adicionar o tomate e mexer por 5 minutos. Adicionar o manjericão, a água, o sal e o caldo de vegetais. Manter a panela em fogo branco, semitampada, por 20 minutos e em seguida retirar do fogo.

Rechear os crepes, regar com o molho e aquecer por 20 minutos em forno com temperatura alta.

Crepe Verde e Amarelo

Massa verde para crepe:
1 xícara de farinha de glúten
1 xícara de leite de soja
1/2 xícara de coentro fresco picado
1 colher de chá de espinafre seco
1 colher de chá de óleo
1 colher de chá de sal
1 colher de sobremesa de fermento químico em pó

Recheio amarelo para crepe:
4 colheres de sopa de azeite de oliva
1/2 xícara de azeitona preta picada
1 colher de café de *curry* ou açafrão em pó
1 bloco de *tofu* de 450 g picado em cubinhos
1 colher de sopa de semente de papoula

Bater os ingredientes da massa no liquidificador e deixar para o fim o fermento químico.

Virar a massa numa tigela ou num jarro de plástico para facilitar o manuseio.

Aquecer uma frigideira (se possível com *teflon*) e untar, somente na primeira panqueca, com pouco óleo.

Colocar 1/2 concha de massa na frigideira e espalhar uniformemente.

Após 5 minutos em fogo alto, virar a panqueca utilizando uma espátula. Empilhar as panquecas num prato. Reservar.

Para o recheio, aquecer o azeite de oliva, fritar as azeitonas por 5 minutos, adicionar o *curry* ou o açafrão e em seguida os cubinhos de *tofu*. Fritá-los até estarem dourados, sem mexer muito para que permaneçam inteiros.

Adicionar a semente de papoula e rechear os crepes, servindo-os em seguida, bem quentinhos.

Crepe de Palmito e Cenoura

Massa para crepe com urucum:
1 xícara de farinha de trigo branca
1 colher de sopa de farinha de trigo integral
1 xícara de leite
1 colher de sopa de margarina à temperatura ambiente
1 colher de chá de sal
1 colher de café de urucum em pó
1 colher de sobremesa de orégano desidratado
1 colher de sopa de *tahine*
1 colher de sobremesa de fermento químico em pó

Recheio para crepe de palmito e cenoura:
3 colheres de sopa de azeite de oliva
3 dentes de alho picados
1 cebola grande picada
2 cenouras grandes picadas
2 tomates grandes e maduros, picados
1 colher de sobremesa de caldo de vegetais
1 colher de sobremesa rasa de sal
2 xícaras de palmito picadinho
1 pimentão vermelho picadinho
1 pimentão verde picadinho
1 xícara mal cheia de azeitona verde picada
1 colher de sopa rasa de farinha de trigo
1 copo de leite

Para o recheio, aquecer o azeite numa panela larga. Dourar o alho e em seguida adicionar a cebola, deixando em fogo alto até estar macia. Colocar os tomates picados, o caldo de vegetais e o sal.

Mexer com colher de pau, tampar a panela e deixa 15 minutos.

Adicionar a cenoura picada e manter a panela tampada até começar a amaciar.

Colocar na panela o palmito, os pimentões picados e a azeitona. Misturar delicadamente e em seguida colocar a farinha diluída no leite. Mexer com colher de pau até obter um recheio cremoso.

Retirar a panela do fogo e reservar.

Bater os ingredientes da massa no liquidificador e deixar para adicionar por último o fermento químico.

Virar a massa numa tigela ou num jarro de plástico para facilitar o manuseio.

Aquecer uma frigideira e untar, somente na primeira panqueca, com pouco óleo.

Colocar 1/2 concha de massa na frigideira e espalhar uniformemente.

Após 5 minutos em fogo alto, virar a panqueca utilizando uma espátula. Ao retirar as panquecas, empilhá-las num prato, para que o calor entre elas deixe-as mais macias devido à umidade.

Rechear os crepes e servi-los em seguida, bem quentes.

Crepe de Glúten e Tomate Seco

Massa:
1 xícara de farinha de trigo branca
1 xícara de leite
1 colher de sopa de margarina à temperatura ambiente
1 colher de chá de sal
1 colher de sobremesa de manjericão desidratado
1 colher de sopa de *tahine*
1 colher de sopa de gergelim
1 colher de sobremesa de fermento químico em pó

Recheio para crepe de glúten e tomate seco:
1 colher de sopa de óleo de milho
1 colher de sopa de óleo de gergelim
4 dentes de alho espremidos
3 copos de glúten picadinho
1 copo de tomate seco temperado, picado
1/2 xícara de salsa fresca picada
1 colher de sobremesa rasa de sal

Creme gelado para acompanhar crepe:
1 copo de *tofu* firme
1 colher de sobremesa de mostarda de Dijon
3 colheres de sopa de vinagre de maçã
1 colher de chá de sal

Para o creme gelado, bater todos os ingredientes no liquidificador até obter consistência cremosa. Colocar o creme num pote e levar à geladeira até o momento de servir.

Bater os ingredientes da massa no liquidificador e deixar para adicionar por último o fermento químico.

Virar a massa numa tigela ou num jarro de plástico para facilitar o manuseio.

Aquecer uma frigideira e untar, somente na primeira panqueca, com pouco óleo.

Colocar 1/2 concha de massa na frigideira e espalhar uniformemente.

Após 5 minutos em fogo alto, virar a panqueca utilizando uma espátula. Ao retirar as panquecas, empilhá-las num prato, para que o calor entre elas deixe-as mais macias devido à umidade. Reservar.

Para o recheio, aquecer o óleo de milho junto com o óleo de gergelim.

Dourar o alho e em seguida colocar o glúten picadinho, mexendo com colher de pau por 5 minutos em fogo alto.

Colocar por cima do glúten o tomate seco picado, a salsa e o sal. Mexer delicadamente e deixar a panela tampada, em fogo brando, por 15 minutos.

Rechear os crepes e aquecê-los em forno quente por 15 minutos.

Servir os crepes bem quentes, com o creme gelado.

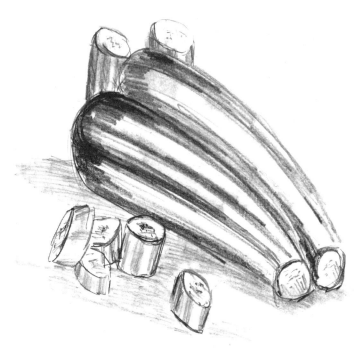

Crepe enrolado de PVT, Abobrinha e Chuchu

Massa para crepe com fibra e endro:
1 xícara de farinha de trigo branca
1 colher de sopa de farinha de germe de trigo
1 xícara de leite
1 colher de sopa de margarina à temperatura ambiente
1 colher de chá de sal
1 colher de sobremesa de semente de endro
1 colher de sopa de *tahine*
1 colher de sobremesa de fermento químico em pó

Recheio para crepe de PVT e abobrinha e chuchu:
1 copo de PVT do tipo miúda
1/2 copo de abobrinha verde ralada
1/2 copo de chuchu descascado e ralado
2 cebolas raladas
1/2 xícara de azeitonas picadas
1 colher de sobremesa de *zattar*
4 colheres de sopa de azeite de oliva
2 colheres de sopa de sumo de limão
1 colher de sobremesa rasa de sal

Molho de maionese de tofu com alcaparras:
1/2 xícara de maionese de *tofu*
1 colher de sopa de mostarda de Dijon
1 colher de sopa de alcaparras

Para o molho de maionese, bater todos os ingredientes no liquidificador até obter um creme homogêneo. Colocar o molho num pote e manter na geladeira até o momento de servir.

Para a massa, bater todos os ingredientes no liquidificador e deixar para adicionar por último o fermento químico.

Virar a massa numa tigela ou num jarro de plástico para facilitar o manuseio.

Aquecer uma frigideira e untar, somente na primeira panqueca, com pouco óleo.

Colocar 1/2 concha de massa na frigideira e espalhar uniformemente.

Após 5 minutos em fogo alto, virar a panqueca utilizando uma espátula. Ao retirar as panquecas, empilhá-las num prato, para que o calor entre elas deixe-as mais macias devido à umidade. Reservar.

Para o recheio, colocar a PVT numa tigela e cobri-la com água quente, deixando de molho por 15 minutos. Escorrer em uma peneira e retirar a água ao máximo.

Numa panela tipo *wok*, colocar o azeite de oliva e levar ao fogo alto. Quando estiver quente colocar a cebola e dourá-la.

Adicionar a PVT, mexer 5 minutos, e em seguida adicionar a abobrinha, o chuchu, a azeitona, o *zattar* e o sal.

Misturar bem com colher de pau, tampar a panela e deixar em fogo brando por 30 minutos, mexendo de vez em quando.

Rechear os crepes com o recheio de PVT, enrolando-os.

Arrumar os crepes recheados numa fôrma refratária e aquecer por 15 minutos em forno quente.

Servir os crepes quentes, com o molho de maionese.

Crepe de Espinafre, Tofu e Palmito

Massa:
1 xícara de farinha de trigo branca
1 xícara de leite
1 colher de sopa de margarina
1 colher de chá de sal
1 colher de sobremesa de fermento químico

Recheio para crepe de espinafre, tofu e palmito:
4 colheres de sopa de azeite de oliva
3 cebolas picadas
450 g de *tofu* amassado
2 copos de palmito picado
1 xícara de espinafre sem as partes duras, afervantado e picado
1/2 copo de salsão picado
1 colher de chá de cominho
1 colher de chá de *curry*
1 colher de sobremesa de sal
chutney de manga para acompanhar

Bater os ingredientes da massa no liquidificador e deixar para adicionar por último o fermento químico.

Aquecer uma frigideira e colocar 1/2 concha de massa, espalhar uniformemente.

Após 5 minutos em fogo alto, virar a panqueca utilizando uma espátula. Empilhar as panquecas num prato. Reservar.

Para o recheio, aquecer o azeite de oliva numa panela larga, dourar a cebola e em seguida adicionar o *tofu*, misturar bem e colocar o palmito, o espinafre, o salsão picado, o cominho, o *curry* e o sal.

Deixar em fogo baixo por 25 minutos e então retirar a panela do fogo.

Rechear os crepes e servi-los com *chutney* de manga a gosto.

Crepe de Cogumelo e Aspargo

Massa:
1 xícara de farinha de trigo branca
1 xícara de leite
1 colher de sopa de margarina à temperatura ambiente
1 colher de chá de sal
1 colher de café de açafrão em pó
1 colher de sobremesa de fermento químico em pó

Recheio para crepe de cogumelo e aspargo:
3 copos de cogumelo fresco cru, cortado em quadrados médios
12 aspargos frescos sem as partes fibrosas e descascado
1 colher de sopa de alho espremido
3 colheres de sopa de azeite de oliva
1 colher de chá de sal
1/2 xícara de pimentão picado
1/2 xícara de pepino japonês picado

Molho branco para crepe:
3 colheres de sopa de margarina
3 colheres de sopa de farinha de trigo
1/2 colher de sobremesa de sal
3 copos de leite fervendo
1 colher de café de noz-moscada moída
1 colher de sobremesa de caldo de vegetais

Para o molho branco, derreter a margarina e dourar a farinha de trigo com o sal, mexendo sempre.

Adicionar o leite fervendo aos poucos e mexer bem.

Bater o molho branco no liquidificador, adicionando a noz-moscada e o caldo de vegetais.

Voltar o creme ao fogo baixo e deixar ferver 10 minutos. Retirar a panela do fogo e reservar.

Bater os ingredientes da massa no liquidificador e deixar para adicionar por último o fermento químico.

Virar a massa numa tigela ou num jarro de plástico para facilitar o manuseio.

Aquecer uma frigideira e untar, somente na primeira panqueca, com pouco óleo.

Colocar 1/2 concha de massa na frigideira e espalhar uniformemente.

Após 5 minutos em fogo alto, virar a panqueca utilizando uma espátula. Ao retirar as panquecas empilhá-las num prato, para que o calor entre elas deixe-as mais macias devido à umidade. Reservar.

Para o recheio, grelhar os pedaços de cogumelo e aspargos, até estarem macios. Colocá-los numa vasilha e misturar com o alho, o azeite, o sal, o pimentão e o pepino picado, mexendo delicadamente. Rechear os crepes e servi-los com o molho branco bem quente.

Crepe de Batata e Pleurotus

Massa:
1 xícara de farinha de trigo branca
1 xícara de leite
1 colher de sopa de margarina à temperatura ambiente
1 colher de chá de sal
1 colher de sobremesa de fermento químico em pó

Recheio para crepe de batata e pleurotus:
3 copos de cogumelo fresco do tipo *pleurotus*
3 dentes de alho espremidos
2 colheres de sopa rasas de margarina
3 batatas grandes descascadas e cozidas
1 xícara de café de leite
1 colher de sobremesa de sal
2 colheres de sopa de margarina
1 colher de chá de caldo de vegetais
1 pimentão vermelho picadinho

Molho para crepe de tomate e mostarda:
2 colheres de sopa de azeite de oliva
1/2 xícara de cebolinha verde picada
4 colheres de sopa de salsa fresca picada
2 copos de tomate vermelho, bem maduro, pelado e sem sementes, picado
1 colher de sopa de molho de mostarda
1 colher de sopa de sementes de mostarda
1 colher de sopa de extrato de tomate
1 colher de sobremesa de açúcar
1 colher de sobremesa rasa de sal

Bater os ingredientes da massa no liquidificador e deixar para adicionar por último o fermento químico.

Virar a massa numa tigela ou num jarro de plástico para facilitar o manuseio.

Aquecer uma frigideira e untar, somente na primeira panqueca, com pouco óleo.

Colocar 1/2 concha de massa na frigideira e espalhar uniformemente.

Após 5 minutos em fogo alto, virar a panqueca utilizando uma espátula. Ao retirar as panquecas empilhá-las num prato, para que o calor entre elas deixe-as mais macias devido à umidade. Reservar.

Para o molho, aquecer o azeite numa panela larga tipo uma *wok* grande, fritar a cebolinha por 5 minutos e então juntar a salsa, o tomate, o molho de mostarda, as sementes de mostarda, o extrato de tomates, o açúcar e o sal.

Mexer delicadamente e manter em fogo brando por 30 minutos. Retirar a panela do fogo e reservar.

Para o recheio, derreter 2 colheres de sopa de margarina, dourar o alho e adicionar os cogumelos. Manter a panela semitampada até os cogumelos estarem macios. Retirar do fogo e reservar.

Espremer as batatas cozidas ainda quentes e colocar numa vasilha. Bater com uma batedeira, adicionando o leite, o sal, a margarina e o caldo de vegetais. Assim que estiver fofo, adicionar os cogumelos e o pimentão picado.

Rechear os crepes, dobrando-os em quatro partes. Colocar harmoniosamente os crepes recheados na panela com o molho, levando-a ao fogo alto. Deixar ferver por 5 minutos e servir em seguida.

Crepe de Tofu e Alcaparrone

Massa para crepe com cebola e espinafre:
1 xícara de farinha de trigo branca
1 xícara de leite
1 colher de sopa de margarina à temperatura ambiente
1 colher de chá de sal
1 colher de sobremesa de cebola desidratada
1 colher de chá de espinafre em pó
1 colher de sobremesa de fermento químico em pó

Recheio para crepe de tofu e alcaparrone:
4 colheres de sopa de óleo
1 dente de alho espremido
1 cebola picadinha
1 xícara de café de *alcaparrone* picado
1 pitada de pimenta calabresa
1/2 xícara de ervilha fresca cozida em água
1 colher de sobremesa rasa de caldo de vegetais em pó
1 colher de chá de sal
350 g de *tofu* extrafirme cortado em cubinhos

Molho de tomate andaluz:
4 tomates maduros, pelados e sem sementes
2 colheres de sopa de extrato de tomate
1 colher de chá de caldo de vegetais em pó
1 colher de chá de sal
1 colher de sopa de azeite de oliva
1 pitada de manjerona
1 xícara rasa de uvas brancas, sem caroço, cortadas ao meio

Para o molho *andaluz*, bater todos os ingredientes no liquidificador, exceto as uvas. Levar ao fogo e deixar ferver por 5 minutos, adicionando as uvas em seguida. Reservar.

Para a massa, bater todos os ingredientes no liquidificador e deixar para adicionar por último o fermento químico.

Virar a massa numa tigela ou num jarro de plástico para facilitar o manuseio.

Aquecer uma frigideira e untar, somente no primeiro crepe, com pouco óleo.

Colocar 1/2 concha de massa na frigideira e espalhar uniformemente.

Após 5 minutos em fogo alto, virar o crepe utilizando uma espátula. Ao retirar os crepes empilhá-los num prato, para que o calor entre eles deixe-os mais macios devido à umidade. Reservar.

Para o recheio, aquecer o óleo numa frigideira grande e dourar o alho e a cebola, o *alcaparrone*, a pimenta, a ervilha, o caldo de vegetais e o sal. Adicionar o *tofu* e dourá-lo em fogo alto, junto com os temperos. Mexer delicadamente para que o *tofu* fique levemente desmanchado. Retirar a panela do fogo e reservar.

Rechear os crepes e arrumá-los numa travessa refratária. Cobrir com o molho de tomate e levar ao forno por 15 minutos.

Servir em seguida.

Cozinha Vegetariana

Crepe de Aspargos e Tofu

Massa:
1 xícara de farinha de trigo branca
1 xícara de leite
1 colher de sobremesa de semente de mostarda preta
1 colher de sopa de azeite de oliva
1 colher de chá de sal
1 pitada de *curry*
2 colheres de chá de fermento químico

Recheio:
4 colheres de sopa de azeite de oliva
1/2 xícara de cebolinha verde picada
450 g de *tofu* amassado
2 copos de aspargos cozidos e picados
1/2 copo de alho-porró picado
1 colher de chá de louro em pó
1 colher de sobremesa de sal

Bater os ingredientes da massa no liquidificador e deixar para adicionar por último o fermento químico.

Aquecer uma frigideira e untar, somente no primeiro crepe, com pouco óleo.

Colocar 1/2 concha de massa na frigideira e espalhar uniformemente.

Após 5 minutos em fogo alto, virar o crepe utilizando uma espátula. Empilhar os crepes num prato. Reservar.

Para o recheio, aquecer o azeite de oliva numa panela larga, dourar a cebolinha e em seguida adicionar o *tofu*, misturar bem e colocar o aspargo, o alho-porró, o louro e o sal.

Deixar em fogo baixo por 25 minutos e então retirar a panela do fogo. Rechear os crepes e servi-los em seguida.

Crepe de Palmito e Azeitona

Massa com azeite para crepe:
1 xícara de farinha de trigo branca
1 xícara de água
1 colher de sopa de azeite de oliva
1 colher de chá de sal
2 colheres de chá de fermento químico

Recheio para crepe de palmito e azeitona:
1 colher de sopa de azeite de oliva
2 dentes de alho espremidos
1/2 xícara de cebolinha verde picadinha
1/2 xícara de azeitona picada
1 copo de tomate maduro, pelado e sem sementes, picadinho
1 e 1/2 copo de palmito picadinho
1 colher de chá de sal
1 colher de sobremesa de maisena
1/2 xícara de leite

Para o recheio, aquecer o azeite de oliva, dourar o alho, fritar a cebolinha. Adicionar a azeitona, o tomate, o palmito e o sal. Mexer por 5 minutos em fogo alto e em seguida adicionar a maisena diluída no leite. Mexer com colher de pau até obter um recheio cremoso. Retirar do fogo e reservar.

Bater os ingredientes da massa no liquidificador e deixar para adicionar por último o fermento químico.

Aquecer uma frigideira e untar, somente no primeiro crepe, com pouco óleo.

Colocar 1/2 concha de massa na frigideira e espalhar uniformemente.

Após 5 minutos em fogo alto, virar o crepe utilizando uma espátula. Ao retirar os crepes, empilhá-los num prato, para que o calor entre eles deixe-os mais macios devido à umidade. Rechear os crepes e servi-los em seguida.

Crepe de Shiitake, PVT e Berinjela

Massa:
1 xícara de farinha de trigo branca
1 xícara de leite
1 colher de sopa de margarina à temperatura ambiente
1 colher de chá de sal
1 colher de sobremesa de fermento químico em pó

Recheio para crepe de shiitake, PVT e berinjela:
1/2 xícara de PVT do tipo miúda
2 berinjelas médias, cortadas em cubinhos
1 xícara de cogumelo fresco do tipo *shiitake*, cortado em tiras
2 cebolas picadas
2 dentes de alho espremidos
4 colheres de sopa de azeite de oliva
1 colher de chá de sal
2 colheres de sopa de *shoyo* sabor *champignon*
1 colher de chá de casca de limão ralada

Cobertura tailandesa para crepe:
1 xícara de abacaxi descascado e sem a parte central, cortado em cubinhos
2 colheres de sopa de açúcar mascavo
1 xícara de café de água
1 colher de chá de vinagre
1 colher de chá de alcaparras

Para a cobertura, colocar o abacaxi, o açúcar e a água em uma panela e levar ao fogo, deixando até o abacaxi estar macio.

Adicionar o vinagre e as alcaparras, retirar do fogo e reservar por pelo menos 15 minutos.

Bater os ingredientes da massa no liquidificador e deixar para adicionar por último o fermento químico.

Virar a massa numa tigela ou num jarro de plástico para facilitar o manuseio.

Aquecer uma frigideira e untar, somente no primeiro crepe, com pouco óleo.

Colocar 1/2 concha de massa na frigideira e espalhar uniformemente.

Após 5 minutos em fogo alto, virar o crepe utilizando uma espátula. Ao retirar os crepes, empilhá-los num prato, para que o calor entre eles deixe-os mais macios devido à umidade. Reservar.

Para o recheio, deixar a PVT de molho por 15 minutos em água quente. Escorrer bem a água, espremendo bem a PVT. Reservar.

Aquecer o azeite de oliva numa panela larga, dourar o alho e a cebola e em seguida adicionar a berinjela. Fritar por 5 minutos e então colocar a PVT, o *shiitake*, o sal, o shoyo e a casca de limão, misturando-os bem. Tampar a panela e deixar por 15 minutos, mexendo de vez em quando.

Rechear os crepes, arrumá-los numa travessa refratária, regar com a cobertura tailandesa e levar ao forno quente por 5 minutos. Servir em seguida.

Crepe de Aspargo

Massa:
1 xícara de farinha de trigo branca
1 xícara de leite
2 colheres de sopa de óleo de milho
1 colher de chá de sal
1 colher de sobremesa de fermento químico em pó

Recheio de aspargo para crepe:
12 aspargos frescos sem as partes fibrosas e descascados
1 colher de sopa de coentro fresco
3 colheres de sopa de azeite de oliva
1 colher de chá de sal
1 colher de sobremesa de semente de papoula
1 colher de sobremesa de ervas finas desidratadas

Molho vermelho para crepe:
3 colheres de sopa de azeite de oliva
3 colheres de sopa de coentro fresco picado
1 colher de sopa de cebolinha verde picada
1/2 colher de sobremesa de sal
3 tomates maduros
3 colheres de sopa de extrato de tomate
1 copo de água fervente

Para o molho, aquecer o azeite de oliva, fritar por 5 minutos o coentro e a cebolinha verde e então adicionar o sal, o tomate, o extrato e a água. Mexer com colher de pau e deixar em fogo brando por 25 minutos.

Retirar a panela do fogo e reservar.

Bater os ingredientes da massa no liquidificador e deixar para adicionar por último o fermento químico.

Virar a massa numa tigela ou num jarro de plástico para facilitar o manuseio.

Aquecer uma frigideira e untar, somente no primeiro crepe, com pouco óleo.

Colocar 1/2 concha de massa na frigideira e espalhar uniformemente.

Após 5 minutos em fogo alto, virar o crepe utilizando uma espátula. Ao retirar os crepes, empilhá-los num prato, para que o calor entre eles deixe-os mais macios devido à umidade. Reservar.

Para o recheio, cozinhar os aspargos, até estarem macios. Colocá-los numa vasilha e misturar com o azeite, o sal, o coentro, a semente de papoula e as ervas finas desidratadas. Mexer delicadamente.

Rechear os crepes com os aspargos temperados e arrumá-los numa travessa.

Aquecer o molho e regar os crepes, servindo-os em seguida.

Crepe de Pleurotus

Massa:
1 xícara de farinha de trigo branca
1 xícara de leite
1 colher de sopa de azeite de oliva
1 colher de chá de sal
1 colher de sobremesa de fermento químico em pó
1 colher de sobremesa de gergelim preto

Recheio para crepe de batata e pleurotus:
4 copos de cogumelo fresco do tipo *pleurotus*
1 colher de sopa de alho desidratado
1 colher de sopa de alcaparra
2 colheres de sopa rasas de azeite de oliva

Molho de tomate-rubi:
2 colheres de sopa de azeite de oliva
1/2 xícara de cebolinha verde picada
1/2 xícara de alho-porró picado
3 copos de tomate-rubi vermelho, bem maduro
1 colher de sobremesa de açúcar
1 colher de sobremesa de gengibre ralado
1 colher de sobremesa rasa de sal
pimenta-do-reino moída na hora a gosto

Bater os ingredientes da massa no liquidificador e deixar para adicionar por último o fermento químico.

Virar a massa numa tigela ou num jarro de plástico para facilitar o manuseio.

Aquecer uma frigideira e untar, somente no primeiro crepe, com pouco óleo.

Colocar 1/2 concha de massa na frigideira e espalhar uniformemente.

Após 5 minutos em fogo alto, virar o crepe utilizando uma espátula. Ao retirar os crepes, empilhá-los num prato, para que o calor entre eles deixe-os mais macios devido à umidade. Reservar.

Para o molho, aquecer o azeite numa panela larga tipo uma *wok* grande, fritar a cebolinha, o alho-porró por 5 minutos e então juntar o tomate, açúcar, o gengibre ralado e o sal.

Mexer delicadamente e manter em fogo brando por 40 minutos. Retirar a panela do fogo e reservar.

Para o recheio, aquecer o azeite de oliva, refogar o alho, a alcaparra e adicionar os cogumelos. Manter a panela semitampada, até os cogumelos estarem macios. Retirar do fogo e reservar.

Rechear os crepes com o cogumelo e dobrá-los. Arrumar numa travessa. Reservar.

Aquecer o molho e quando ferver regar os crepes da travessa.

Polvilhar pimenta-do-reino a gosto e levar ao forno por 15 minutos, em temperatura alta.

Servir em seguida, ainda quente.

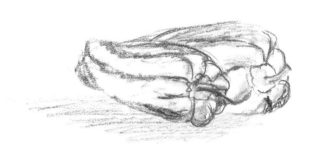

Crepe com Tofu e Tomate Seco

Massa para crepe com salsa e centeio:
1 xícara de farinha de trigo branca
1 colher de farinha de centeio
1 xícara de leite
1 colher de sopa de margarina à temperatura ambiente
1 colher de chá de sal
1 colher de sobremesa de salsa desidratada
1 colher de sobremesa de fermento químico em pó

Recheio para crepe de tofu e tomate seco:
400 g de *tofu* amassado com garfo
1 copo de tomate seco picado
2 dentes de alho espremidos
2 colheres de sopa rasas de azeite de oliva
1 colher de sobremesa de sal
1 pimentão vermelho picadinho
1 colher de café de noz-moscada ralada
3 colheres de sopa de vinho branco seco

Molho rosé quente para crepe:
1 colher de sopa de margarina
4 colheres de sopa de cebolinha verde picada
4 colheres de sopa de salsa fresca picada
1/2 xícara de leite de soja
1/2 xícara de leite de coco
1/2 xícara de purê de tomate
3 colheres de sopa de molho tipo *catchup*
2 colheres de sopa de molho tipo mostarda
1 colher de chá de sal

Bater os ingredientes da massa no liquidificador e deixar para adicionar por último o fermento químico.

Virar a massa numa tigela ou num jarro de plástico para facilitar o manuseio.

Aquecer uma frigideira e untar, somente no primeiro crepe, com pouco óleo.

Colocar 1/2 concha de massa na frigideira e espalhar uniformemente.

Após 5 minutos em fogo alto, virar o crepe utilizando uma espátula. Ao retirar os crepes, empilhá-los num prato, para que o calor entre eles deixe-os mais macios devido à umidade. Reservar.

Para o recheio, misturar todos os ingredientes, colocar numa panela e levar ao fogo alto até ferver. Manter em fogo baixo por 30 minutos. Retirar a panela do fogo.

Rechear os crepes e dobrá-los em quatro. Arrumá-los num prato e reservar.

Para o molho, derreter a margarina numa panela larga tipo *wok* grande, fritar a cebolinha e a salsa por 5 minutos. Colocar o leite de soja, o purê de tomate, o *catchup*, a mostarda e o sal. Mexer delicadamente com colher de pau e manter em fogo alto até iniciar fervura. Manter em fogo baixo por 15 minutos.

Adicionar o leite de coco à panela, misturar rapidamente para dar o contraste de cor (rosa e branco) e mergulhar os crepes, arrumando-os harmoniosamente. Deixar ferver por 5 minutos e servir em seguida, na própria *wok*.

Crepes Doces

CREPES DOCES

Crepe com figo e nozes 105

Crepe com morango coco e chocolate 105

Crepe com papaia 106

Crepe com pêssego 106

Crepe de abacaxi e maçã 107

Crepe de abóbora e coco 108

Crepe de ameixa e chocolate 108

Crepe de amora 109

Crepe de aveia com coco e chocolate 109

Crepe de cenoura e amêndoa 110

Crepe de chocolate e cereja 111

Crepe de framboesa 111

Crepe de maçã-verde 112

Crepe de nozes e frutas secas 113

Crepe de uva 114

Crepe especial de maçã 114

Crepe fácil recheado com doce de banana 115

Crepe integral com banana 115

Crepe integral com damasco e calda de chocolate 116

Crepe com maçã e uva 117

Crepe de batata-doce e abacaxi com calda de chocolate 118

Crepe com banana, maçã e nozes 119

Crepe de banana e chocolate 120

Crepe com laranja 121

Crepe de mamão verde com calda de ameixa 122

Crepe de goiaba e banana 123

Crepe com Figo e Nozes

Massa para crepe com romã:
1 copo de farinha de trigo
1/2 copo de água
1/2 copo de leite de coco
1 colher de sopa rasa de margarina em temperatura ambiente
1 colher de chá de sal
1 colher de sobremesa de fermento químico em pó
1/2 colher de café de xarope de romã
Recheio para crepe com figo e nozes:
3 copos de figo desidratado, cortado em tiras finas
1/2 xícara de mel de uvas
1/2 xícara de açúcar
1 colher de sobremesa de margarina
1/2 xícara de nozes descascadas e picadas

Bater os ingredientes da massa no liquidificador e deixar para o fim o fermento químico.

Virar a massa numa tigela ou num jarro de plástico para facilitar o manuseio.

Aquecer uma frigideira (se possível com *teflon*) e untar, somente na primeira panqueca, com pouco óleo.

Colocar 1/2 concha de massa na frigideira e espalhar uniformemente.

Após 5 minutos em fogo alto, virar a panqueca utilizando uma espátula. Ao retirar as panquecas, empilhá-las em um prato, para que o calor entre elas deixe-as mais macias devido à umidade. Reservar.

Para o recheio, colocar os figos numa panela com o mel de uvas, o açúcar e a margarina. Levar ao fogo alto, com a panela tampada. Assim que iniciar fervura, reduzir o fogo e deixar por 20 minutos, mexendo de vez em quando.

Retirar a panela do fogo, adicionar as nozes e rechear os crepes. Servi-los em seguida.

Crepe com Morango, Coco e Chocolate

Massa com coco e baunilha:
1 xícara de farinha de trigo branca
1/2 xícara de leite de coco
1/2 xícara de água
1 pitada de sal
1/2 colher de café de essência de baunilha
1 colher de sopa de óleo
1 colher de sopa de fermento químico em pó
Recheio para crepe de morango:
4 xícaras de morango cortado em cubos
1 xícara de açúcar
1/2 xícara de leite de coco
1 colher de sobremesa de maisena
1/2 xícara de flocos adocicados de coco
Cobertura para crepe de chocolate:
1/2 barra de chocolate amargo
5 colheres de sopa de leite de coco

Para o recheio, colocar os morangos picados numa panela, adicionar o açúcar, tampar e levar ao fogo alto até iniciar fervura. Manter então a panela destampada, em fogo brando. Mexer de vez em quando, por 15 minutos.

Diluir a maisena no leite de coco e juntar ao doce de morango. Mexer continuamente, até se obter um recheio cremoso. Adicionar os flocos de coco e reservar.

Bater os ingredientes da massa no liquidificador e deixar para o fim o fermento químico.

Aquecer uma frigideira, colocar 1/2 concha de massa e espalhar uniformemente. Após 5 minutos em fogo alto, virar a panqueca utilizando uma espátula. Reservar.

Derreter o chocolate em banho-maria, adicionando o leite de coco aos poucos, sempre mexendo. Assim que obter uma cobertura cremosa retirar do fogo. Rechear os crepes com o doce de morango e, ao servir, dispor um pouco de calda de chocolate.

Crepe com Papaia

Massa para crepe com glúten:
1 copo de farinha de glúten
1 copo de farinha de trigo integral
1 copo de leite
1 copo de água
1 colher de sopa de margarina
1 colher de chá de sal
1 pitada de açúcar
1 colher de sobremesa de fermento químico em pó
Recheio de papaia para crepe:
6 papaias maduros
1 xícara de açúcar mascavo
1 cravo
Para cobertura:
1/2 xícara de glicose de milho

Bater os ingredientes da massa no liquidificador e deixar para o fim o fermento químico. Virar a massa numa tigela ou num jarro de plástico para facilitar o manuseio.

Aquecer uma frigideira (se possível com *teflon*) e untar, somente na primeira panqueca, com pouco óleo.

Colocar 1/2 concha de massa na frigideira e espalhar uniformemente. Após 5 minutos em fogo alto, virar a panqueca utilizando uma espátula. Ao retirar as panquecas, empilhá-las em um prato, para que o calor entre elas deixe-as mais macias devido à umidade. Reservar.

Abrir os papaias ao meio, retirar-lhes as sementes e, com uma colher, retirar toda a polpa, colocando numa panela de pressão. Adicione o açúcar e leve ao fogo, deixando em pressão por 30 minutos. Retirar a panela do fogo, retirar a pressão. Bater tudo no liquidificador e voltar ao fogo, com o cravo, deixando ferver por 20 minutos em fogo alto. Retirar do fogo e reservar.

Derreter a glicose de milho em fogo alto, deixar ferver por 10 minutos e retirar do fogo. Rechear os crepes em forma de copo com o doce de papaia, regar com uns "fios" de glicose e servir.

Crepe com Pêssego

Massa amarela para crepe:
1/2 xícara de farinha de trigo branca
1/2 xícara de água em temperatura ambiente
1 colher de sobremesa rasa de margarina
1 pitada sal
1 pitadinha de açafrão
1 colher de sobremesa de fermento químico em pó
Recheio para crepe de pêssego:
4 copos de pêssego fresco cortado em quadrados médios
1 copo de suco de laranja
1 colher de sopa rasa de casca de laranja ralada
1 copo de açúcar
1/2 copo de coco adocicado e queimado (crocante)
margarina a gosto
xarope de *maple* a gosto

Bater os ingredientes da massa no liquidificador e deixar para o fim o fermento químico.

Virar a massa numa tigela ou num jarro de plástico para facilitar o manuseio.

Aquecer uma frigideira (se possível com *teflon*) e untar, somente na primeira panqueca, com pouco óleo.

Colocar 1/2 concha de massa na frigideira e espalhar uniformemente.

Após 5 minutos em fogo alto, virar a panqueca utilizando uma espátula. Ao retirar as panquecas, empilhá-las em um prato, para que o calor entre elas deixe-as mais macias devido à umidade. Reservar.

Para o recheio, colocar os quadradinhos de pêssego numa panela e, junto, o suco, a casca de laranja, o açúcar e levar ao fogo alto. Assim que levantar fervura, manter o fogo brando e mexer de vez em quando. Assim que o recheio obtiver uma consistência cremosa, retirar a panela do fogo. Dar uma aquecida ligeira nos crepes preparados anteriormente.

Adicionar o coco queimado e rechear os crepes. Servi-los em seguida com margarina e xarope de *maple* a gosto.

Crepe de Abacaxi e Maçã

Massa integral para crepe:
2 copos de farinha de trigo integral
2 copos de água
1 colher de sopa de óleo
1 colher de chá de sal
1 colher de sobremesa de fermento químico em pó

Recheio para crepe de abacaxi e maçã:
2 copos de abacaxi maduro e doce cortado em quadradinhos
2 copos de maçã descascada e cortada em quadradinhos
1 xícara de açúcar mascavo
1/2 colher de café de cravo-da-índia em pó
1/2 xícara de suco de laranja doce

Bater os ingredientes da massa no liquidificador e deixar para o fim o fermento químico.

Virar a massa numa tigela ou num jarro de plástico para facilitar o manuseio.

Aquecer uma frigideira (se possível com *teflon*) e untar, somente na primeira panqueca, com pouco óleo.

Colocar 1/2 concha de massa na frigideira e espalhar uniformemente.

Após 5 minutos em fogo alto, virar a panqueca utilizando uma espátula. Ao retirar as panquecas empilhá-las em um prato, para que o calor entre elas deixe-as mais macias devido à umidade. Reservar.

Para o recheio, misturar todos os ingredientes numa tigela refratária, cobrir com papel-alumínio e levá-la ao forno quente por 40 minutos aproximadamente, ou até o abacaxi e a maçã estarem macios.

Rechear os crepes e servi-los em seguida.

Cozinha Vegetariana

Crepe de Abóbora e Coco

Massa para crepe com noz-moscada
1 copos de farinha de trigo branca
1/2 copo de *tofu* amassado
1/2 copo de leite
1 colher de sopa de óleo
1 colher de chá de sal
1 colher de café de noz-moscada
1 colher de sobremesa de fermento
químico em pó
Para o recheio:
2 copos de abóbora do tipo de pescoço,
descascada e ralada
1 colher de sobremesa de gengibre fresco
ralado
1 xícara de açúcar mascavo
1 copo de coco ralado
6 colheres de sopa de uva-passa
4 colheres de sopa de suco de laranja

Bater os ingredientes da massa no liquidificador e deixar para o fim o fermento químico.

Virar a massa numa tigela ou num jarro de plástico para facilitar o manuseio.

Aquecer uma frigideira (se possível com *teflon*) e untar, somente na primeira panqueca, com pouco óleo.

Colocar 1/2 concha de massa na frigideira e espalhar uniformemente.

Após 5 minutos em fogo alto, virar a panqueca utilizando uma espátula. Ao retirar as panquecas, empilhá-las em um prato, para que o calor entre elas deixe-as mais macias devido à umidade. Reservar.

Para o recheio, levar todos os ingredientes ao fogo baixo, com a panela tampada. Mexer de vez enquando, até obter consistência cremosa. Rechear os crepes e servi-los em seguida.

Crepe de Ameixa e Chocolate

Massa escura para crepe:
1 copo de farinha de trigo branca
4 colheres de sopa de fibra de trigo
1 copo de chá preto não muito forte e já frio
1 colher de sopa de margarina
1 colher de chá de sal
1 colher de sobremesa de fermento químico
Recheio para crepe de ameixa e chocolate:
3 copos de ameixa seca, cortada em tiras
1 copo de chá preto forte
1/2 xícara de leite de coco
1 xícara de açúcar mascavo
3 colheres de sopa de chocolate em pó
1 colher de sobremesa de maisena
1/2 xícara de água

Bater os ingredientes da massa no liquidificador e deixar para o fim o fermento químico.

Aquecer uma frigideira (se possível com *teflon*) e untar, somente na primeira panqueca, com pouco óleo.

Colocar 1/2 concha de massa na frigideira e espalhar uniformemente.

Após 5 minutos em fogo alto, virar a panqueca utilizando uma espátula. Empilhar as panquecas num prato. Reservar.

Para o recheio, cozinhar as ameixas no chá preto coado, mexendo de vez em quando, até estarem cozidas. Retirar a panela do fogo e reservar.

Em outra panela, levar ao fogo brando o leite de coco, o chocolate, o açúcar, mexendo sempre, por 25 minutos. Diluir a maisena na água e adicionar à panela. Mexer até aparecer o fundo da panela. Acrescentar a ameixa cozida, misturar bem e rechear os crepes, servindo-os em seguida.

Crepes, Panquecas e Waffles

Crepe de Amora

Massa para crepe com tofu:
1 copo de farinha de trigo
1 copo de leite de soja
1 colher de sopa de margarina à
temperatura ambiente
1 colher de chá de sal
3 colheres de sopa de *tofu* extrafirme
1 colher de sobremesa de fermento
químico em pó
Recheio de amora para crepe:
4 copos de amoras frescas lavadas
1 copo de açúcar
licor de anis para flambar

Bater os ingredientes da massa no liquidificador e deixar para o fim o fermento químico.

Virar a massa numa tigela ou num jarro de plástico para facilitar o manuseio.

Aquecer uma frigideira (se possível com *teflon*) e untar, somente na primeira panqueca, com pouco óleo.

Colocar 1/2 concha de massa na frigideira e espalhar uniformemente.

Após 5 minutos em fogo alto, virar a panqueca utilizando uma espátula. Ao retirar as panquecas, empilhá-las em um prato, para que o calor entre elas deixe-as mais macias devido à umidade. Reservar.

Colocar as amoras numa panela, cobrir com o açúcar e levar ao fogo alto, com a panela tampada até iniciar fervura. Manter a panela semitampada, mexendo de vez em quando, por 15 minutos.

Retirar a panela do fogo e colocar o recheio numa vasilha.

Rechear os crepes e dobrá-los.

Arrumar os crepes numa frigideira larga e grande. Regá-los com o licor de anis e colocar fogo. Não levar a frigideira ao fogo, apenas colocar o fogo no licor para flambar os crepes. Servi-los em seguida.

Crepe de Aveia com Coco e Chocolate

Massa de aveia para crepe:
1 copo de farinha de aveia
1 copo de farinha de trigo
1 copo de leite de coco
1 copo de água
1 colher de sopa rasa de margarina
1 colher de chá de sal
1 colher de sobremesa de fermento químico
Recheio para crepe de coco:
1 copo de coco ralado
1 copo de leite de coco
1/2 copo de açúcar
1 colher de sopa de maisena
1 xícara de leite
Calda de chocolate para crepe:
3 colheres de sopa de cacau em pó
1/2 xícara de açúcar mascavo
4 colheres de sopa de margarina
1 xícara de leite de coco

Bater os ingredientes da massa no liquidificador e deixar para o fim o fermento químico.

Virar a massa numa tigela ou num jarro de plástico para facilitar o manuseio.

Aquecer uma frigideira (se possível com *teflon*) e untar, somente na primeira panqueca, com pouco óleo.

Colocar 1/2 concha de massa na frigideira e espalhar uniformemente.

Após 5 minutos em fogo alto, virar a panqueca utilizando uma espátula. Ao retirar as panquecas, empilhá-las em um prato, para que o calor entre elas deixe-as mais macias devido à umidade. Reservar.

Levar ao fogo o leite de coco misturado com o coco ralado e o açúcar. Manter em fogo moderado e ferver por 25 minutos. Diluir a maisena no leite e juntar à panela. Mexer sempre até obter um recheio bem cremoso. Retirar a panela do fogo e reservar.

Para a calda de chocolate, misturar todos os ingredientes numa panela e levar ao fogo baixo, mexendo até aparecer o fundo da panela.

Rechear os crepes com o doce de coco e regar com a calda de chocolate quente. Servir em seguida.

Crepe de Cenoura e Amêndoa

Massa fácil para crepe:
2 copos de farinha de trigo branca
2 copos de água
2 colheres de sopa de óleo
1 colher de chá de sal
1 colher de sobremesa de fermento químico em pó

Doce de cenoura para crepe:
4 copos de cenoura ralada
1 colher de café de cravo em pó
1 colher de café de noz-moscada em pó
1 colher de café de canela em pó
2 colheres de sopa de margarina
1 copo de rum
1 copo de leite
1 xícara de amêndoas laminadas
1 xícara de glicose de milho

Bater os ingredientes da massa no liquidificador e deixar para o fim o fermento químico.

Virar a massa numa tigela ou num jarro de plástico para facilitar o manuseio.

Aquecer uma frigideira (se possível com *teflon*) e untar, somente na primeira panqueca, com pouco óleo.

Colocar 1/2 concha de massa na frigideira e espalhar uniformemente.

Após 5 minutos em fogo alto, virar a panqueca utilizando uma espátula. Empilhar as panquecas num prato. Reservar.

Para o recheio, misturar todos os ingredientes numa panela, exceto a amêndoa. Levar ao fogo alto até iniciar fervura. Manter em fogo brando por aproximadamente 25 minutos, ou até se obter uma consistência cremosa. Adicionar as amêndoas e rechear os crepes, servindo-os em seguida

Crepes, Panquecas e Waffles

Crepe de Chocolate e Cereja

Para a massa:
2 copos de farinha de trigo branca
1 colher de sopa de flocos de milho
1 pitada de noz-moscada ralada
2 copos de água
1 colher de sopa de óleo
1 colher de chá de sal
1 colher de sobremesa de fermento químico

Para o recheio:
1 copo de leite de coco
1 copo de leite
1 copo de chocolate amargo ralado
1 colher de chá de canela em pó
1 colher de sobremesa de margarina
2 colheres de sopa rasas de maisena
1/2 xícara de marrasquino
1 copo de cerejas ao marrasquino
(escorridas), picadinhas
1 xícara de pistache picado

Bater os ingredientes da massa no liquidificador e deixar para o fim o fermento químico.

Aquecer uma frigideira (se possível com *teflon*) e untar, somente na primeira panqueca, com pouco óleo.

Colocar 1/2 concha de massa na frigideira e espalhar uniformemente.

Após 5 minutos em fogo alto, virar a panqueca utilizando uma espátula. Empilhar as panquecas num prato. Reservar.

Para o recheio, adicionar ao leite de coco, o leite, o chocolate, a canela, a margarina e levar ao fogo alto. Deixar ferver por 15 minutos. Diluir a maisena no marrasquino e adicionar à panela. Mexer e, quando o recheio começar a encorpar, colocar as cerejas picadas e o pistache.

Retirar a panela do fogo e rechear os crepes, servindo-os em seguida.

Crepe de Framboesa

Massa para crepe com fubá:
2 copos de farinha de trigo branca
2 xícaras de farinha de glúten
1 colher de sopa de fubá do tipo mimoso
4 copos de água
3 colheres de sopa rasas de margarina na temperatura ambiente
1 colher de chá de sal
1 colher de sopa de fermento químico em pó

Recheio de framboesa para crepe:
5 copos de framboesas grandes, frescas
1 copo de vinho branco seco
2 copos de açúcar
3 copos de *tofu* amassado com garfo

Bater os ingredientes da massa no liquidificador e deixar para o fim o fermento químico.

Virar a massa numa tigela ou num jarro de plástico para facilitar o manuseio.

Aquecer uma frigideira (se possível com *teflon*) e untar, somente na primeira panqueca, com pouco óleo.

Colocar 1/2 concha de massa na frigideira e espalhar uniformemente.

Após 5 minutos em fogo alto, virar a panqueca utilizando uma espátula. Ao retirar as panquecas, empilhá-las em um prato, para que o calor entre elas deixe-as mais macias devido à umidade. Reservar.

Para o recheio, colocar as framboesas numa panela, regar com o vinho e adicionar o açúcar. Levar ao fogo alto até iniciar fervura. Manter o fogo baixo, com a panela semitampada, por 30 minutos, mexendo de vez em quando. Retirar a panela do fogo, virar o recheio numa vasilha e misturar bem com o *tofu* amassado.

Rechear os crepes e servi-los em seguida.

Crepe de Maçã-verde

Massa para crepe com gergelim e baunilha:
2 copos de farinha de trigo branca
2 copos de leite
1 colher de sopa de óleo
1 pitada de sal
1 colher de sobremesa de fermento químico em pó
1 colher de sopa de gergelim
1 gota de essência de baunilha
Para o recheio:
5 maçãs-verdes descascadas e picadas
1 copo de vinho tinto
1 xícara de açúcar
2 colheres de sopa de mel de uva
Calda de melado e castanha de caju:
1/2 xícara de melado de cana
5 colheres de sopa de castanha de caju picadinha

Para o recheio, colocar a maçã picada numa panela, adicionar o vinho e o açúcar e levar ao fogo alto até ferver. Manter o fogo brando, mexendo de vez em quando e, assim que estiver formado uma calda, adicionar o mel de uvas e misturar bem. Retirar a panela do fogo e reservar.

Para a calda, colocar o melado de cana numa panela e levar ao fogo alto. Deixar ferver por 7 minutos e então adicionar a castanha de caju.

Bater os ingredientes da massa no liquidificador e deixar para o fim o fermento químico.

Virar a massa numa tigela ou num jarro de plástico para facilitar o manuseio.

Aquecer uma frigideira (se possível com *teflon*) e untar, somente na primeira panqueca, com pouco óleo.

Colocar 1/2 concha de massa na frigideira e espalhar uniformemente.

Após 5 minutos em fogo alto, virar a panqueca utilizando uma espátula. Ao retirar as panquecas, empilhá-las em um prato, para que o calor entre elas deixe-as mais macias devido à umidade. Reservar.

Rechear os crepes com o doce de maçã e, ao servir, regar com a calda de melado e castanha de caju.

Crepe de Nozes e Frutas Secas

Massa doce para crepe:
1 e 1/2 xícara de farinha de trigo branca
4 colheres de sopa de maisena
2 colheres de sopa de fibra de trigo ou fibra de soja
1/2 xícara de leite
1/2 xícara de água
2 colheres de sopa de óleo
1 pitada de sal
1 pitada de açúcar mascavo
1 colher de sobremesa de fermento químico em pó

Recheio para crepe com frutas desidratadas:
1/2 xícara de damasco desidratado, picadinho
1/2 xícara de tâmara desidratada, picadinha
1/2 xícara de banana desidratada picadinha
1/2 xícara de figo desidratado, picadinho
1/2 xícara de maçã desidratada, picadinha
1/2 xícara de ameixa desidratada, picadinha
1/2 xícara de açúcar
1/2 xícara de glicose de milho
1 copo de chá preto bem forte
1 xícara de nozes picadas

Bater os ingredientes da massa no liquidificador e deixar para o fim o fermento químico.

Virar a massa numa tigela ou num jarro de plástico para facilitar o manuseio.

Aquecer uma frigideira (se possível com *teflon*) e untar, somente na primeira panqueca, com pouco óleo.

Colocar 1/2 concha de massa na frigideira e espalhar uniformemente.

Após 5 minutos em fogo alto, virar a panqueca utilizando uma espátula. Ao retirar as panquecas, empilhá-las em um prato, para que o calor entre elas deixe-as mais macias devido à umidade. Reservar.

Para o recheio, preparar o chá preto e coar. Colocar as frutas desidratadas numa panela, juntar o chá preto, o açúcar e a glicose de milho e levar ao fogo alto.

Assim que levantar fervura manter a panela semitampada, em fogo brando, mexendo de vez em quando. Assim que todo o líquido tiver acabado, retirar a panela do fogo e adicionar as nozes.

Rechear os crepes e servi-los em seguida.

Crepe de Uva

Massa para crepe com glúten e tofu:
1 copo de farinha de glúten
1 copo de leite
1 colher de sopa rasa de margarina
4 colheres de sopa de *tofu* extrafirme
1 colher de chá de sal
1 colher de sobremesa de fermento químico em pó
Para o recheio:
2 copos de uva roxa cortada ao meio e sem sementes
2 copos de uva verde cortada ao meio e sem sementes
2 copos de açúcar
1/2 xícara de leite de coco
1 colher de sobremesa de maisena
1 colher de café de essência de baunilha

Bater os ingredientes da massa no liquidificador e deixar para o fim o fermento químico.

Virar a massa numa tigela ou num jarro de plástico para facilitar o manuseio.

Aquecer uma frigideira (se possível com *teflon*) e untar, somente na primeira panqueca, com pouco óleo.

Colocar 1/2 concha de massa na frigideira e espalhar uniformemente.

Após 5 minutos em fogo alto, virar a panqueca utilizando uma espátula. Empilhar as panquecas num prato. Reservar.

Para o recheio, colocar as uvas numa panela, junto com o açúcar, tampar e deixar em fogo alto até iniciar fervura. Reduzir o fogo e manter a panela semitampada, por 25 minutos, ou até as uvas estarem cozidas.

Diluir a maisena no leite de coco e na essência de baunilha. Juntar à panela e mexer, sempre com colher de pau, até começar a aparecer o fundo da panela. Rechear os crepes e servi-los.

Crepe Especial de Maçã

Massa para crepe com farinha de trigo e glúten:
1 copo de farinha de trigo branca
1 copo de farinha de glúten
1 colher de sopa de açúcar
1 colher de sobremesa de fermento químico
1/2 colher de sobremesa de sal
1/4 de copo de óleo
2 copos de leite de soja ou água
Recheio para crepe de maçã-verde:
2 e 1/2 copos de maçãs-verdes descascadas, sem o miolo e os cabinhos
casca de 1 laranja
1/2 copo de glicose de mandioca
1/2 copo de nozes moídas
1/2 copo de cerejas ao marrasquino picadas
1/2 copo de chocolate amargo ralado

Bater os ingredientes da massa no liquidificador, deixando para o fim o fermento em pó.

Aquecer uma frigideira de *teflon* e colocar 1 concha de massa. Espalhar a massa virando a própria frigideira para formar uma camada bem fininha. Empilhar as panquecas prontas uma sobre a outra para que, com o calor, tornem-se mais macias.

Cortar as maçãs em fatias bem finas. Colocá-las numa panela, junto com a casca da laranja e colocar água suficiente para cobri-las.

Levar ao fogo alto e assim que a água secar adicionar a glicose de mandioca. Manter o fogo alto e mexer com colher de pau por 5 minutos.

Retirar a panela do fogo, adicionar as nozes moídas e a cereja picada e misturar bem com a colher de pau. Rechear os crepes e arrumá-los numa travessa.

Derreter o chocolate amargo em banho-maria, mexendo de vez em quando com colher de pau. Regar os crepes e servi-los quentinhos.

Crepe Fácil Recheado com Doce de Banana

Massa básica para crepe:
1 copo de farinha de trigo branca
1/2 colher de sopa de fermento químico
1/2 colher de sobremesa de sal
5 colheres de sopa de óleo
1 copo de água
Doce fácil de banana-nanica:
10 bananas-nanicas maduras
1/2 copo de açúcar
4 colheres de sopa de caldo de limão
1 colher de café de bicarbonato de sódio

Bater no liquidificador todos os ingredientes da massa.

Esquentar uma frigideira pequena, untada, e colocar nela uma concha de massa por vez.

Manter em fogo baixo e, com uma espátula, virar quando a parte de baixo estiver dourada. Proceder assim sucessivamente.

Não é preciso untar a frigideira todas as vezes que for colocar a massa, basta a primeira vez, pois a massa já contém óleo.

Empilhar os crepes para que fiquem macios com o calor e a umidade.

Descascar as bananas, cortá-las em pedaços e colocá-las numa panela, de preferência de fundo grosso (como a de cobre por exemplo). Levá-la ao fogo alto e juntar o açúcar. Deixar a panela semitampada.

Quando as bananas se desmancharem, mexer com colher de pau para desfazer os pedaços.

Adicionar o limão e depois o bicarbonato, sempre mexendo. Manter o fogo alto até o doce estar bem apurado e bem vermelho.

Colocar o doce num pote bonito e os crepes num prato bem decorativo e servi-los.

Crepe Integral com Banana

Massa integral para crepe:
1 xícara de farinha de trigo integral
1 xícara de leite
1 pitada de sal
1 colher de café de canela em pó
1 colher de sopa de margarina
1 colher de sopa de fermento químico em pó
Recheio para crepe de banana-nanica:
6 bananas-nanicas grandes e bem maduras
1/2 xícara de chá preto
1/2 xícara de açúcar mascavo
1/2 xícara de amêndoas picadas
Calda de açúcar para crepe:
1/2 xícara de açúcar
água quente

Bater os ingredientes da massa no liquidificador e deixar para o fim o fermento químico.

Virar a massa numa tigela ou num jarro de plástico para facilitar o manuseio.

Aquecer uma frigideira (se possível com *teflon*) e untar, somente na primeira panqueca, com pouco óleo.

Colocar 1/2 concha de massa na frigideira e espalhar uniformemente.

Após 5 minutos em fogo alto, virar a panqueca utilizando uma espátula.

Ao retirar as panquecas, empilhá-las em um prato, para que o calor entre elas deixe-as mais macias devido à umidade. Reservar.

Para o recheio, preparar o chá preto e coar. Cortar as bananas em rodelas médias e colocá-las numa panela. Adicionar o chá, o açúcar e levar ao fogo alto.

Manter a panela semitampada, em fogo brando, por 25 minutos. Adicionar as amêndoas picadas. Retirar a panela do fogo e reservar.

Para a calda, derreter o açúcar, sem água, mexendo com colher de pau. Ir então adicionando água quente aos poucos, sem parar de mexer. Assim que obter uma calda, não adicionar mais água e permanecer mexendo até ficar num ponto açucarado.

Rechear os crepes, dobrá-los e espalhar um pouco de calda no momento de servir.

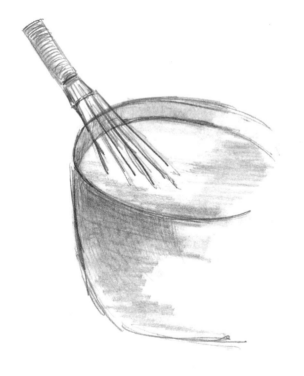

Crepe Integral com Damasco e Calda de Chocolate

Para a massa:
2 copos de farinha de trigo integral
2 copos de água
1 colher de sopa de óleo
1 colher de chá de sal
1 colher de sobremesa de fermento químico em pó

Para o recheio:
3 copos de damasco desidratado, picado em tiras finas
2 copos de água quente
1 xícara de açúcar mascavo

Para a calda:
1/2 barra de chocolate amargo picado
1/2 xícara de leite
1 gota de essência de baunilha

Bater os ingredientes da massa no liquidificador e deixar para o fim o fermento químico.

Virar a massa numa tigela ou num jarro de plástico para facilitar o manuseio.

Aquecer uma frigideira (se possível com *teflon*) e untar, somente na primeira panqueca, com pouco óleo.

Colocar 1/2 concha de massa na frigideira e espalhar uniformemente.

Após 5 minutos em fogo alto, virar a panqueca utilizando uma espátula.

Ao retirar as panquecas, empilhá-las em um prato, para que o calor entre elas deixe-as mais macias devido à umidade. Reservar.

Deixar o damasco picado de molho na água quente por 30 minutos. Bater no liquidificador com o açúcar e a água em que ficou de molho. Levar ao fogo médio, por 15 minutos, ou até estar cozido e com consistência cremosa. Retirar a panela do fogo e reservar.

Derreter o chocolate em banho-maria, adicionando o leite de soja aos poucos. Assim que começar a ficar cremoso, adicionar a essência de baunilha. Mexer sempre até ficar cremoso.

Rechear os crepes com o doce de damasco e servir com a calda de chocolate quente.

Crepe com Maçã e Uva

Massa para crepe com gergelim:
1 xícara de farinha de trigo
1 xícara de água
1 colher de sopa de margarina à temperatura ambiente
1 colher de chá de sal
1 colher de chá rasa de açafrão em pó
1 colher de sopa de gergelim
1 colher de sobremesa de fermento químico em pó

Recheio para crepe de maçã, uva e nozes:
3 maçãs grandes e maduras, descascadas e picadas
1 copo de água
1 copo de açúcar
1 copo de uvas cortadas ao meio, sem as sementes
1/2 xícara de nozes descascadas e picadas
mel de uvas para servir

Para o recheio, picar as maçãs e colocar numa panela com a água. Levar ao fogo alto até estarem macias.

Retirar as maçãs com escumadeira, passar por espremedor e reservar.

Voltar a água que cozinhou a maçã ao fogo, adicionando o açúcar. Mexer com colher de pau e, quando formar uma calda, adicionar a maçã cozida e espremida. Mexer bem e manter em fogo alto até o recheio obter consistência cremosa.

Retirar a panela, colocar o doce numa vasilha e reservar.

Bater os ingredientes da massa no liquidificador e deixar para adicionar por último o fermento químico.

Virar a massa numa tigela ou num jarro de plástico para facilitar o manuseio.

Aquecer uma frigideira e untar, somente na primeira panqueca, com pouco óleo.

Colocar 1/2 concha de massa na frigideira e espalhar uniformemente.

Após 5 minutos em fogo alto, virar a panqueca utilizando uma espátula. Ao retirar as panquecas, empilhá-las num prato, para que o calor entre elas deixe-as mais macias devido à umidade. Reservar.

Para montar os crepes, colocar um pouco de recheio na metade de cada crepe, dispor fatias de uva e nozes. Dobrá-los ao meio e servi-los com mel de uvas a gosto.

Crepe de Batata-doce e Abacaxi com Calda de Chocolate

Massa para crepe doce com fibra e amêndoa:
1 xícara de farinha de trigo
2 colheres de fibra de trigo
1 xícara de água
1 colher de sopa de margarina à temperatura ambiente
1 colher de chá de sal
5 amêndoas
1 colher de sopa de gergelim
1 colher de sobremesa de fermento químico em pó

Recheio de batata-doce e abacaxi para crepe:
1 batata-doce grande
1 copo de açúcar
1 copo de abacaxi bem maduro e doce, picadinho
1/2 xícara de amêndoas laminadas torradas

Calda de chocolate quente para crepe:
1 copo de açúcar mascavo
2 colheres de sopa de cacau em pó
3 colheres de sopa de margarina
5 colheres de sopa de leite de coco
1 colher de café de essência de baunilha

Para o recheio, cortar as batatas-doces e cozinhá-las até estarem bem macias.

Descascá-las e passar por um espremedor de batatas.

Voltar a panela ao fogo com a batata espre-mida e o açúcar. Mexer com colher de pau em fogo médio até obter um recheio cremoso.

Retirar a panela, colocar o doce numa va-silha, adicionar o abacaxi picado e a amêndoa laminada. Reservar.

Para a calda de chocolate, levar todos os ingredientes, numa panela, ao fogo alto até ferver. Manter em fogo brando até começar a aparecer o fundo da panela. Reservar.

Bater os ingredientes da massa no liquidificador e deixar para adicionar por último o fermento químico.

Virar a massa numa tigela ou num jarro de plástico para facilitar o manuseio.

Aquecer uma frigideira e untar, somente na primeira panqueca, com pouco óleo.

Colocar 1/2 concha de massa na frigideira e espalhar uniformemente.

Após 5 minutos em fogo alto, virar a panqueca utilizando uma espátula. Ao retirar as panquecas, empilhá-las num prato, para que o calor entre elas deixe-as mais macias devido à umidade. Reservar.

Para montar os crepes, colocar um pouco de recheio na metade de cada crepe, dobrá-los ao meio e servir com a calda de chocolate quente.

Crepe com Banana, Maçã e Nozes

Massa:
1 xícara de farinha de trigo branca
1 colher de sopa de farinha de trigo integral
1 xícara de leite
1 colher de sopa de margarina à temperatura ambiente
1 colher de chá de sal
1 colher de sobremesa de fermento químico em pó

Recheio para crepe de banana, maçã e nozes:
4 bananas-nanicas maduras
2 maçãs vermelhas, maduras, descascadas, sem sementes e cabinhos e raladas
2 colheres de sopa de margarina
4 colheres de sopa cheias de açúcar mascavo
1/2 xícara de vinho tinto
1 xícara de nozes frescas descascadas e picadas

Bater os ingredientes da massa no liquidificador e deixar para adicionar por último o fermento químico.

Aquecer uma frigideira e untar, somente na primeira panqueca, com pouco óleo.

Colocar 1/2 concha de massa na frigideira e espalhar uniformemente.

Após 5 minutos em fogo alto, virar a panqueca utilizando uma espátula. Empilhar as panquecas num prato. Reservar.

Para o doce, colocar numa panela as bananas cortadas em rodelas, a maçã ralada, a margarina e o açúcar mascavo. Tampar a panela e deixar em fogo baixo, por 10 minutos.

Mexer delicadamente com colher de pau, adicionar o vinho e manter a panela semitampada, em fogo alto. Assim que estiver começando a aparecer o fundo da panela, adicionar as nozes, misturar e rechear os crepes, servindo-os em seguida.

Crepe de Banana e Chocolate

Massa:
1 xícara de farinha de trigo branca
1 colher de sopa de farinha de trigo integral
1 xícara de leite
1 colher de sopa de margarina à temperatura ambiente
1 colher de chá de sal
1 colher de sopa de *tahine*
1 colher de sobremesa de fermento químico em pó

Recheio para crepe de banana e coco:
5 bananas-nanicas maduras cortadas em rodelas
1 colher de café de essência de baunilha
4 colheres de sopa de açúcar mascavo
1/2 xícara de café de rum
1 xícara de coco ralado

Creme de Chocolate para Crepe:
1/2 xícara de açúcar mascavo
2 colheres de sopa de cacau em pó
5 colheres de sopa de margarina
1/2 xícara de leite de coco

Bater os ingredientes da massa no liquidificador e deixar para adicionar por último o fermento químico.

Virar a massa numa tigela ou num jarro de plástico para facilitar o manuseio.

Aquecer uma frigideira e untar, somente na primeira panqueca, com pouco óleo.

Colocar 1/2 concha de massa na frigideira e espalhar uniformemente.

Após 5 minutos em fogo alto, virar a panqueca utilizando uma espátula. Ao retirar as panquecas, empilhá-las num prato, para que o calor entre elas deixe-as mais macias devido à umidade. Reservar.

Para o recheio, colocar as bananas numa panela, junto com a essência de baunilha, o açúcar mascavo e o rum. Manter em fogo alto até obter um recheio cremoso. Retirar a panela do fogo e reservar.

Para o creme de chocolate, colocar todos os ingredientes numa panela e levar ao fogo baixo, mexendo de vez em quando, até começar a aparecer o fundo da panela.

Rechear os crepes com o doce de banana, dobrá-los e servir em seguida, com o creme de chocolate e o coco ralado por cima.

Crepe com Laranja

Massa para crepe com cravo e canela:
1 xícara de farinha de trigo branca
1 colher de sobremesa de maisena
1 colher de sobremesa de fibra de soja
1 xícara de leite
1 colher de sopa de margarina à temperatura ambiente
1/2 colher de café de cravo-da-índia em pó
1/2 colher de café de canela em pó
1 colher de chá de sal
1 colher de sobremesa de fermento químico em pó
Recheio para crepe de laranja:
5 laranjas doces
6 copos de açúcar mascavo
água para deixar as laranjas de molho
Calda de chocolate amargo para crepe:
1/2 xícara de leite de coco
3 colheres de cacau em pó sem açúcar
1/2 xícara de açúcar mascavo
1 colher de sobremesa de maisena
1/2 colher de café de essência de baunilha (opcional)

Para o doce de laranja, cortar as laranjas em tirinhas finas, sem retirar-lhes a casca, mas retirando as sementes.

Deixar as tiras de molho em uma tigela grande com água por 24 horas.

Escorrer a água e misturar as laranjas com o açúcar mascavo. Levar ao fogo, mexendo sempre até aparecer o fundo da panela.

Retirar a panela do fogo e reservar.

Bater os ingredientes da massa no liquidificador e deixar para adicionar por último o fermento químico.

Virar a massa numa tigela ou num jarro de plástico para facilitar o manuseio.

Aquecer uma frigideira e untar, somente no primeiro crepe, com pouco óleo.

Colocar 1/2 concha de massa na frigideira e espalhar uniformemente.

Após 5 minutos em fogo alto, virar o crepe utilizando uma espátula. Ao retirar os crepes, empilhá-los num prato, para que o calor entre eles deixe-os mais macios devido à umidade. Reservar.

Para a calda de chocolate, colocar todos os ingredientes numa panela e misturar bem. Levar ao fogo alto, mexendo com colher de pau. Assim que iniciar fervura manter o fogo baixo por aproximadamente 15 minutos ou até começar a aparecer o fundo da panela.

Rechear os crepes com o doce de laranja, enrolá-los ou dobrá-los. Servir em seguida com a calda de chocolate quente.

Crepe de Mamão Verde com Calda de Ameixa

Massa para crepe com cravo e canela:
1 xícara de farinha de trigo branca
1 xícara de leite
1 colher de sopa de margarina à temperatura ambiente
1 colher de chá de sal
1 colher de café de canela em pó
1 pitada de cravo moído
1 colher de sobremesa de fermento químico em pó

Recheio para crepe de mamão verde:
5 copos de mamão verde descascado, ralado e deixado de molho por uma noite
cascas de 1 laranja
3 copos de açúcar mascavo

Calda de ameixa para crepe:
1 copo de ameixas secas sem sementes, picadas
1 copo de chá preto forte coado
1 copo de açúcar mascavo

Para o recheio, após escorrer toda a água em que o mamão ficou de molho, colocar todos os ingredientes em uma panela grande e levar ao fogo. Mexer sempre até dar ponto. Retirar a panela do fogo e reservar.

Para a calda de ameixa, misturar todos os ingredientes numa panela, e levar ao fogo alto por 10 minutos. Passar tudo por uma peneira e voltar ao fogo por mais 10 minutos. Retirar a panela do fogo e reservar.

Bater os ingredientes da massa no liquidificador e deixar para adicionar por último o fermento químico.

Virar a massa numa tigela ou num jarro de plástico para facilitar o manuseio.

Aquecer uma frigideira e untar, somente no primeiro crepe, com pouco óleo.

Colocar 1/2 concha de massa na frigideira e espalhar uniformemente.

Após 5 minutos em fogo alto, virar o crepe utilizando uma espátula. Ao retirar os crepes, empilhá-los num prato, para que o calor entre eles deixe-os mais macios devido à umidade. Reservar.

Rechear os crepes com o doce de mamão verde, dobrá-los e servir com a calda de ameixa.

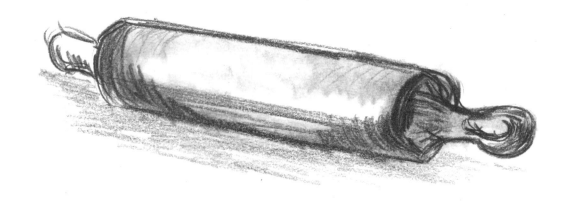

Crepe de Goiaba e Banana

Massa para crepe com cravo e canela:
1 xícara de farinha de trigo branca
1 colher de sobremesa de maisena
1 colher de sobremesa de fibra de soja
1 xícara de leite
1 colher de sopa de margarina à temperatura ambiente
1/2 colher de café de cravo-da-índia em pó
1/2 colher de café de canela em pó
1 colher de chá de sal
1 colher de sobremesa de fermento químico em pó

Recheio para crepe de banana e uva-passa:
6 bananas-nanicas maduras amassadas
1/2 xícara de uva-passa sem sementes
1 colher de sopa de casca de laranja ralada
1 pedacinho de canela em pau
1 cravo-da-índia
1/2 xícara de açúcar mascavo

Calda de goiaba para crepe:
4 goiabas grandes
1 copo de açúcar

Para a calda, colocar as goiabas cortadas em quatro numa panela de pressão, junto com o açúcar, sem adicionar água. Levar ao fogo alto até iniciar fervura. Manter em fogo baixo por 25 minutos. Retirar a pressão, bater tudo no liquidificador e passar por uma peneira. Voltar ao fogo e deixar ferver por 5 minutos. Retirar a panela do fogo e reservar.

Para o recheio de banana, colocar todos os ingredientes numa panela, tampar e levar ao fogo alto por 10 minutos. Manter a panela semitampada e mexer de vez em quando, até o recheio obter uma consistência mais cremosa. Retirar do fogo e reservar.

Bater os ingredientes da massa no liquidificador e deixar para adicionar por último o fermento químico. Virar a massa numa tigela ou num jarro de plástico para facilitar o manuseio.

Aquecer uma frigideira e untar, somente no primeiro crepe, com pouco óleo.

Colocar 1/2 concha de massa na frigideira e espalhar uniformemente.

Após 5 minutos em fogo alto, virar o crepe utilizando uma espátula. Ao retirar os crepes, empilhá-los num prato, para que o calor entre eles deixe-os mais macios devido à umidade. Reservar.

Rechear os crepes com o doce de banana e servir com a calda de goiaba.

Panquecas Salgadas

PANQUECAS SALGADAS

Panqueca apimentada 127
Panqueca com batata 127
Panqueca com batata e soja 128
Panqueca com berinjela 128
Panqueca com brócolis 129
Panqueca com cogumelos grelhados 130
Panqueca com couve flor 129
Panqueca com ervas 130
Panqueca com espinafre 131
Panqueca com funghi-sech 131
Panqueca com glúten 132
Panqueca com mandioca 132
Panqueca com mandioquinha 133
Panqueca com moranga 133
Panqueca com palmito 134
Panqueca com palmito e tofu 134
Panqueca com portobello 135
Panqueca com repolho roxo e triguilho 135
Panqueca com salsicha 136
Panqueca com shiimeji e abobrinha 136
Panqueca com shiitake 137
Panqueca com shiitake e molho de mostarda 137
Panqueca com tomate seco 138
Panqueca com ervilha torta e abobrinha 138
Panqueca de milho verde 139
Panqueca de tofu e ervilha fresca 139
Panqueca integral com chicória 140
Panqueca verde 140
Panquecão com escarola 141
Panquecão com salsicha 142
Panquecão com tofu 142
Panquecão de cogumelo francês 142
Panqueca simples 143
Panquecão de couve-flor 143
Panquecão de pimentões 144
Panquecão de legumes 144
Panquecão de bife vegetal com champignon 145
Panquecão de PVT, banana frita e acelga 146

Panqueca Apimentada

1/2 copo de leite
1/2 copo de farinha de trigo branca
1 colher de chá de pimenta calabresa
3 dentes de alho
1/2 copo de cebolinha verde picada
1 colher de sobremesa de sal
3 colheres de sopa de azeite de oliva
1 colher de sopa de fermento químico em pó
margarina ou óleo para preparar as panquecas

Molho de cogumelo para panqueca:
3 colheres de sopa de margarina
1 copo de cogumelos frescos picados
4 colheres de sopa de molho de mostarda
3 colheres de sopa de molho tipo *catchup*
2 colheres de sopa de molho inglês
1 xícara de café de leite
1 colher de chá de sal
1/2 copo de vinho branco

Para o molho, derreter a margarina, dourar o cogumelo picado até estar macio. Adicionar os três molhos, o leite e o sal e deixar ferver por 10 minutos. Adicionar o vinho e ferver mais 5 minutos. Reservar.

Bater todos os ingredientes no liquidificador, deixando por último o fermento.

Derreter a margarina numa frigideira pequena, colocar 1 concha de massa e manter em fogo baixo por 10 minutos aproximadamente ou até estar dourada.

Virar a panqueca e deixar por mais uns 10 minutos em fogo baixo ou até dourar. Repetir até o término da massa.

Arrumá-las numa travessa, cobrir com o molho quente e servir.

Panqueca com Batata

1 copo de batata descascada e ralada
1 copo de *tofu* amassado com garfo
1 colher de sobremesa de caldo de vegetais em pó
1 pitada de alecrim desidratado
3 colheres de sopa de azeite de oliva
4 colheres de sopa cheias de farinha de trigo
1 colher de sobremesa de fermento químico em pó
margarina para preparar a panqueca

Misturar todos os ingredientes na ordem descrita, exceto o fermento, deixando para o final a farinha de trigo. Assim que a mistura estiver homogênea, adicionar o fermento e mexer.

Derreter uma colher de sobremesa rasa de margarina numa frigideira em fogo alto. Colocar 1 concha cheia de massa e manter em fogo baixo por 10 minutos aproximadamente ou até estar dourada.

Virar a panqueca, adicionar uma colher rasa de margarina e deixar por mais uns 10 minutos em fogo baixo ou até dourar.

Retirar a panqueca do fogo e servi-la ainda quente.

Panqueca com Batata e Soja

1 copo de batata picada e cozida
1 copo de feijão de soja bem cozido
1 cebola grande
2 dentes de alho
1/2 copo de salsa picada
1/2 copo de coentro picado
3 colheres de sopa de azeite de oliva
1 xícara de café de vinho branco seco
1 xícara de água
1 xícara de café de nozes descascadas e picadas
4 colheres de sopa cheias de farinha de trigo
1 colher de sobremesa de fermento químico em pó
margarina para preparar a panqueca

Misturar numa vasilha a soja com a batata cozida e passar por um processador, assim como a cebola, o alho, a salsa e o coentro. Passar tudo mais uma vez pelo processador.

Colocar tudo na tigela, adicionar o vinho, a água e as nozes e misturar bem. Juntar a farinha de trigo e o fermento e mexer bem.

Derreter uma colher de sobremesa rasa de margarina numa frigideira em fogo alto. Colocar 1 concha cheia de massa e manter em fogo baixo por 10 minutos aproximadamente ou até estar dourada.

Virar a panqueca, adicionar uma colher rasa de margarina e deixar por mais uns 10 minutos em fogo baixo ou até dourar.

Retirar a panqueca do fogo e servi-la ainda quente.

Panqueca com Berinjela

3 berinjelas grandes cortadas em tiras e grelhadas
2 copos de *tofu* amassado com garfo
1/2 copo de leite
3 colheres de sopa de farinha de rosca
2 colheres de sopa de farinha de trigo
1 colher de sobremesa de caldo de vegetais
5 dentes de alho espremidos
1 colher de sopa de azeite de oliva
1 colher de sopa de óleo de gergelim
1 colher de sobremesa de fermento químico
margarina para preparar a panqueca

Molho de limão para panqueca:
5 colheres de sopa de gergelim
2 dentes de alho
1 pitada de cravo-da-índia moído
1 colher de chá de sal
5 colheres de sopa de sumo de limão
1 colher de sopa de casca de limão ralada
4 colheres de sopa de azeite de oliva
1 colher de sopa de óleo de gergelim
1/2 copo de vinho branco

Para o molho, colocar o gergelim e o alho num pilão e esmagar bem. Ir adicionando os demais ingredientes, sempre misturando bem. Assim que obtiver uma mistura homogênea, reservar.

Misturar todos os ingredientes na ordem descrita, exceto o fermento, deixando para o final a farinha de trigo. Assim que a mistura estiver homogênea, adicionar o fermento e mexer.

Derreter uma colher de sobremesa rasa de margarina numa frigideira em fogo alto. Colocar 1 concha cheia de massa e manter em fogo baixo por 10 minutos aproximadamente ou até estar dourada.

Virar a panqueca, adicionar uma colher rasa de margarina e deixar por mais uns 10 minutos em fogo baixo ou até dourar.

Retirar a panqueca do fogo e servi-la ainda quente, com o molho a gosto.

Panqueca com Brócolis

1 maço inteiro de brócolis
250 g de *tofu* firme
2 dentes de alho
1/2 xícara de cebolinha verde picada
1/2 xícara de leite de soja
1 colher de chá de sal
1 colher de sopa de azeite de oliva
3 colheres de sopa de farinha de trigo
1 colher de sopa de farinha de soja
1 colher de sopa de maisena
1 colher de sobremesa de fermento químico
1 colher de sobremesa de margarina
Molho de vinho e azeitona:
1/2 xícara de azeitonas verdes
5 colheres de sopa de azeite de oliva
3 folhas frescas de manjericão
2 colheres de sopa de gergelim
5 colheres de sopa de vinho branco seco

Para o molho, socar num pilão a azeitona, adicionar o azeite, as folhas de manjericão, o gergelim e socar até se obter uma espécie de pasta. Ir adicionando o vinho lentamente e, ao mesmo tempo, misturar bem. Reservar até o momento de servir.

Para a panqueca, passar num processador o brócolis com talo e ramos, o *tofu*, os dentes de alho e a cebolinha. Colocar numa tijela e juntar aos poucos e sempre mexendo, a farinha de trigo, a farinha de soja e a maisena. Adicionar o leite, o sal e o azeite. Misturar até se obter uma misturar homogênea. Adicionar o fermento e misturar bem.

Derreter a margarina numa frigideira, colocar 2 conchas de massa e manter em fogo baixo por 10 minutos aproximadamente ou até estar dourada. Virar a panqueca e deixar por mais uns 10 minutos em fogo baixo ou até dourar.

Retirar a panqueca do fogo e servi-la ainda quente, com um pouco de molho.

Panqueca com Cogumelos Grelhados

1 copo de cogumelos frescos cortados em tiras médias
1 colher de sobremesa de alho desidratado
1 colher de sobremesa rasa de sal
6 castanhas-do-pará picadas
4 colheres de sopa de salsa fresca picada
1 colher de sopa de óleo
1/2 xícara de leite
1/2 xícara de farinha de trigo
1 colher de sopa de fermento químico em pó
1 colher de sopa rasa de margarina

Grelhar os cogumelos até estarem dourados por igual.

Numa vasilha misturar todos os ingredientes, exceto a margarina, deixando por último o fermento.

Derreter a margarina numa frigideira, colocar 2 conchas de massa e manter em fogo baixo por 15 minutos aproximadamente ou até estar dourada.

Virar a panqueca e deixar por mais uns 10 minutos em fogo baixo ou até dourar.

Retirar a panqueca do fogo e servi-la ainda quente.

Panqueca com Couve-flor

1 pé de couve-flor de tamanho médio
1/2 xícara de cebolinha verde picada
1 copo de tofu amassado com garfo
1/2 copo de leite
1 colher de sobremesa de caldo de vegetais em pó
1 colher de sopa de azeite de oliva
5 colheres de sopa cheias de farinha de trigo
1 colher de sobremesa de fermento químico em pó
margarina para preparar a panqueca

Passar a couve-flor pelo processador, com talo e tudo e colocar numa vasilha. Misturar todos os demais ingredientes na ordem descrita, exceto o fermento, deixando para o final a farinha de trigo. Assim que a mistura estiver homogênea, adicionar o fermento e mexer.

Derreter uma colher de sobremesa rasa de margarina numa frigideira em fogo alto. Colocar 1 concha cheia de massa e manter em fogo baixo por 10 minutos aproximadamente ou até estar dourada.

Virar a panqueca, adicionar uma colher rasa de margarina e deixar por mais uns 10 minutos em fogo baixo ou até dourar.

Retirar a panqueca do fogo e servi-la ainda quente.

Panqueca com Ervas

1 copo de tofu amassado com garfo
1 pitada de alecrim desidratado
1 colher de sobremesa de manjerona
1 colher de café de páprica doce
1 colher de chá de aneto fresco picado
1 colher de sobremesa de semente de endro
3 colheres de sopa de azeite de oliva
5 colheres de sopa cheias de farinha de trigo
1 colher de sobremesa de fermento químico em pó
margarina para preparar a panqueca

Misturar todos os ingredientes na ordem descrita, exceto o fermento, deixando para o final a farinha de trigo. Assim que a mistura estiver homogênea, adicionar o fermento e mexer.

Derreter uma colher de sobremesa rasa de margarina numa frigideira em fogo alto. Colocar 1 concha cheia de massa e manter em fogo baixo por 10 minutos aproximadamente ou até estar dourada.

Virar a panqueca, adicionar uma colher rasa de margarina e deixar por mais uns 10 minutos em fogo baixo ou até dourar.

Retirar a panqueca do fogo e servi-la ainda quente, acompanhada de saladas e legumes ensopados.

Panqueca com Espinafre

4 copos de *tofu* firme amassado com garfo
2 maços de espinafre escaldados, escorridos e picadinhos
1 colher de chá de sal
4 colheres de sopa de farinha de trigo branca
1 colher de sopa rasa de azeite de oliva
1 pimentão verde bem picadinho
2 cebolas picadinhas
1 colher de sobremesa rasa de fermento químico em pó
azeite de oliva para o preparo das panquecas

Molho de azeitonas:
1/2 xícara de *tofu* extrafirme
1/2 xícara de azeitonas verdes picadas
10 colheres de sopa de vinho branco
1 colher de chá de sal
2 colheres de sopa de sumo de limão
2 colheres de sopa de molho de mostarda
2 dentes de alho

Para o molho, bater todos os ingredientes no liquidificador, mantendo reservado na geladeira.

Misturar numa vasilha todos os ingredientes da panqueca, deixando por último o fermento.

Levar uma frigideira ao fogo alto, com 1 colher de sobremesa rasa de azeite. Colocar 2 conchas rasas de massa e manter em fogo baixo por 15 minutos aproximadamente ou até estar dourada.

Virar a panqueca e deixar por mais uns 10 minutos em fogo baixo ou até dourar.

Retirar a panqueca do fogo e servi-la ainda quente, com o molho de azeitonas.

Panqueca com Funghi-Sech

1/2 xícara de farinha de trigo
4 colheres de sopa de flocos de fubá pré-cozido
4 colheres de sopa de maisena
5 colheres de sopa de óleo de milho
1 colher de sobremesa de sal
3 colheres de sopa de folhas frescas de aneto
1 xícara da água em que o *funghi* ficou de molho
1 colher de sobremesa de alho desidratado
1 colher de chá de orégano desidratado
1 colher de sobremesa de fermento em pó
margarina para preparar a panqueca

Misturar numa vasilha todos os ingredientes, deixando por último o fermento, exceto a margarina.

Derreter a margarina numa frigideira, colocar 2 conchas de massa e manter em fogo baixo por 15 minutos aproximadamente ou até estar dourada.

Virar a panqueca e deixar por mais uns 10 minutos em fogo baixo ou até dourar.

Retirar a panqueca do fogo e servi-la ainda quente.

Panqueca com Glúten

4 colheres de sopa de óleo
2 copos de glúten picadinho
4 dentes de alho espremidos
2 cebolas cortadas em rodelas bem finas
1/2 copo de leite
1/2 copo de farinha de trigo
1 copo de *tofu* amassado com garfo
1 colher de sobremesa de caldo de vegetais em pó
1 pitada de alecrim desidratado
1 colher de sopa de fermento químico em pó
margarina para preparar a panqueca

Colocar o óleo numa frigideira, dourar o alho, adicionar a cebola e quando estiver macia colocar os pedaços de glúten. Fritar por 15 minutos. Adicionar o molho inglês.

Misturar todos os demais ingredientes na ordem descrita e, assim que a mistura estiver homogênea, adicionar o fermento e mexer.

Virar a massa sobre o glúten e manter em fogo baixo por 10 minutos, aproximadamente, ou até estar dourado.

Virar a panqueca com cuidado, adicionar uma colher rasa de margarina e deixar por mais uns 15 minutos em fogo baixo ou até dourar.

Retirar a panqueca do fogo e servi-la ainda quente.

Panqueca com Mandioca

1 copo de mandioca crua ralada bem fina
1/2 xícara de purê de tomate
5 colheres de sopa de leite de coco
1/3 de xícara de água
2 cebolas cortadas em tiras finas
1 pimentão cortado em tiras pequenas e finas
6 azeitonas chilenas fatiadas
1 colher de café de páprica doce
1 colher de sobremesa rasa de sal
1 colher de sopa de molho inglês
2 colheres de sopa de óleo
5 colheres de sopa cheias de farinha de trigo
1 colher de sobremesa de fermento químico em pó
margarina para preparar a panqueca

Misturar todos os ingredientes na ordem descrita, exceto o fermento, deixando para o final a farinha de trigo. Assim que a mistura estiver homogênea, adicionar o fermento e mexer.

Derreter uma colher de sobremesa rasa de margarina numa frigideira, em fogo alto. Colocar 1 concha cheia de massa e manter em fogo baixo por 10 minutos, aproximadamente, ou até estar dourada.

Virar a panqueca, adicionar uma colher rasa de margarina e deixar por mais uns 10 minutos em fogo baixo ou até dourar.

Retirar a panqueca do fogo e servi-la ainda quente.

Panqueca com Mandioquinha

1 copo de mandioquinha descascada e ralada
1 copo de *tofu* amassado com garfo
1 copo de tomate pelado e sem sementes picado
4 dentes de alho espremidos
4 colheres de sopa de salsão cortado em tiras bem finas
1 colher de sopa de semente de papoula
5 colheres de sopa de castanha-do-pará picada
3 colheres de sopa de azeite de oliva
4 colheres de sopa cheias de farinha de trigo
1 colher de sobremesa de fermento químico em pó
margarina para preparar a panqueca

Misturar todos os ingredientes na ordem descrita, exceto o fermento, deixando para o final a farinha de trigo. Assim que a mistura estiver homogênea, adicionar o fermento e mexer.

Derreter uma colher de sobremesa rasa de margarina numa frigideira, em fogo alto. Colocar 1 concha cheia de massa e manter em fogo baixo por 10 minutos, aproximadamente, ou até estar dourada.

Virar a panqueca, adicionar uma colher rasa de margarina e deixar por mais uns 10 minutos em fogo baixo ou até dourar.

Retirar a panqueca do fogo e servi-la ainda quente.

Panqueca com Moranga

1 copo de moranga descascada e ralada bem fina
1/2 copo de leite de soja
2 cebolas cortadas em tiras finas
1 colher de sobremesa de gergelim
1 colher de sobremesa de caldo de vegetais em pó
1/2 xícara de azeitona preta picada
1 colher de chá de urucum em pó
3 colheres de sopa de azeite de oliva
4 colheres de sopa cheias de farinha de trigo
1 colher de sopa de farinha de soja
1 colher de sobremesa de fermento químico em pó
margarina para preparar a panqueca

Misturar todos os ingredientes na ordem descrita, exceto o fermento, deixando para o final a farinha de trigo e a de soja. Assim que a mistura estiver homogênea, adicionar o fermento e mexer.

Derreter uma colher de sobremesa rasa de margarina numa frigideira, em fogo alto. Colocar 1 concha cheia de massa e manter em fogo baixo por 10 minutos, aproximadamente, ou até estar dourada.

Virar a panqueca, adicionar uma colher rasa de margarina e deixar por mais uns 10 minutos em fogo baixo ou até dourar.

Retirar a panqueca do fogo e servi-la ainda quente.

Panqueca com Palmito

2 copos de palmito picado
1/2 copo de leite
1 colher de sopa rasa de margarina em temperatura ambiente
1/2 xícara de cebolinha verde picada
1 colher de chá de sal
1 colher de sobremesa de semente de papoula
4 colheres de sopa de farinha de trigo
1 colher de chá de fermento químico em pó

Numa vasilha, misturar o palmito com a margarina, o leite, a cebolinha picada, o sal, a semente de papoula. Adicionar a farinha de trigo e, por último, o fermento em pó, mexendo bem.

Aquecer uma frigideira e, ainda em fogo alto, adicionar massa suficiente para cobrir o fundo, deixando um dedo de espessura. Abaixar o fogo e deixar de 5 a 10 minutos. Virar a panqueca, mantendo o fogo alto por 1 minuto e então deixar de 5 a 10 minutos em fogo baixo.

Retirar a panqueca do fogo e servi-la em seguida.

Panqueca com Palmito e Tofu

4 colheres de sopa de *tofu* mole
2 dentes de alho
4 colheres de sopa de coentro fresco picado
1 colher de sobremesa de alcaparra
1 minicebola
1/2 xícara de leite de soja
2 colheres de sopa de azeite de oliva
4 colheres de sopa cheias de farinha de trigo
1 colher de sobremesa de fermento químico em pó
2 copos de palmito cortado em rodelas finas
1 cebola roxa grande, cortada em rodelas superfinas
1 colher de sobremesa de margarina

Colocar no liquidificador o *tofu*, o alho, o coentro, a alcaparra, a minicebola, o leite de soja e o azeite. Bater por 1 minutos e adicionar a farinha. Assim que obtiver uma mistura homogênea adicionar o fermento.

Derreter uma colher de sobremesa rasa de margarina numa frigideira, em fogo alto. Colocar 2 conchas de massa, espalhar rodelas de palmito e cebola roxa e manter em fogo baixo por 10 minutos, aproximadamente, ou até estar dourada.

Virar a panqueca, adicionar uma colher rasa de margarina e deixar por mais uns 10 minutos em fogo baixo ou até dourar.

Retirar a panqueca do fogo e servi-la ainda quente, com um pouco de molho.

Panqueca com Portobello

2 copos de cogumelo tipo portobello, cortado em tiras finas
5 dentes de alho espremidos
250 g de *tofu* firme
1/2 xícara de salsa fresca picada
4 minicebolas raladas
1/2 xícara de leite de soja
1 colher de chá de sal
1 colher de sopa de azeite de oliva
3 colheres de sopa de farinha de trigo
2 colheres de sopa rasas de maisena
1 colher de sobremesa de fermento químico em pó
1 colher de sobremesa de margarina

Molho de nozes e manjerona:
1/2 xícara de nozes descascadas
1 dente de alho
6 folhas frescas de manjerona
2 colheres de sopa de azeite de oliva
5 colheres de sopa de vinho branco seco

    Para o molho, socar num pilão as nozes, o alho e as folhas de manjerona. Adicionar o azeite e socar até se obter uma espécie de pasta. Ir adicionando o vinho lentamente e, ao mesmo tempo, misturar bem. Reservar até o momento de servir.

    Para a panqueca, misturar numa vasilha todos os ingredientes, exceto o fermento, deixando para colocar por último a farinha de trigo e a maisena. Misturar até se obter uma mistura homogênea. Adicionar o fermento e misturar bem.

    Derreter a margarina numa frigideira, colocar 2 conchas de massa e manter em fogo baixo por 10 minutos, aproximadamente, ou até estar dourada.

    Virar a panqueca e deixar por mais uns 10 minutos em fogo baixo ou até dourar.

    Retirar a panqueca do fogo e servi-la ainda quente, com um pouco de molho.

Panqueca com Repolho Roxo e Triguilho

1 copo de repolho roxo ralado bem fino
1 cebola roxa ralada
1/2 copo de triguilho deixado de molho em água quente por 3 horas
1/2 xícara de salsa fresca picada
3 colheres de sopa de farinha de trigo branca
1/2 copo de leite
1 colher de chá de sal
1 colher de sopa de margarina
1 colher de chá de caldo de vegetais em pó
1/2 xícara de farinha de trigo branca
1 colher de sopa rasa de fermento químico em pó
margarina para preparar as panquecas

    Misturar numa vasilha todos os ingredientes, exceto a margarina da panqueca, deixando por último o fermento.

    Derreter a margarina numa frigideira, colocar 2 conchas de massa e manter em fogo baixo por 15 minutos, aproximadamente, ou até estar dourada.

    Virar a panqueca e deixar por mais uns 10 minutos em fogo baixo ou até dourar.

    Retirar a panqueca do fogo e servi-la ainda quente, com um bom risoto!

Cozinha Vegetariana

Panqueca com Salsicha

Para a panqueca:
1/2 xícara de leite
2 colheres de sopa de óleo
1 colher de chá de sal
1/2 xícara de farinha de trigo branca
1 colher de sobremesa rasa de fermento químico em pó
1 colher de sopa de margarina
1 cebola cortada em rodelas finas
1 pimentão amarelo cortado em rodelas finas
1 xícara de salsicha vegetal cortada em rodelas finas
Para o molho:
4 colheres de sopa de molho inglês (verificar nos ingredientes se não contêm produtos derivados de animais)
2 colheres de sopa de molho de mostarda
1 colher de sopa de salsa fresca picada

Para o molho, misturar todos os ingredientes numa vasilha. Manter na geladeira até o momento de servir.

Para a panqueca, bater no liquidificador o leite com o óleo, o sal, a farinha de trigo e, por último, o fermento.

Derreter a margarina numa frigideira, fritar a cebola até amaciar, em seguida o pimentão. Adicionar as rodelas de salsicha e deixar fritar por 5 minutos. Colocar a massa por cima e manter o fogo baixo por aproximadamente 10 minutos, ou até começar a dourar a massa. Virar a panqueca e deixar por mais uns 10 minutos em fogo baixo ou até dourar.

Retirar a panqueca do fogo e servi-la ainda quente, com o molho acompanhando.

Panqueca com Shiimeji e Abobrinha

1 copo de abobrinha ralada
2 copos de *shiimeji* fresco cortado em tiras
4 dentes de alho espremidos
1 colher de sopa de azeite de oliva
1/2 xícara de leite
1/2 xícara de *tofu* macio amassado com garfo
1 colher de chá de sal
1/2 xícara de farinha de trigo branca
1 colher de sopa rasa de fermento químico em pó
azeite de oliva para o preparo das panquecas

Misturar numa vasilha todos os ingredientes da panqueca, deixando por último o fermento.

Numa frigideira, aquecer um pouco de azeite de oliva e em seguida colocar 2 conchas rasas de massa.

Manter em fogo baixo por 15 minutos, aproximadamente, ou até estar dourada.

Virar a panqueca e deixar por mais uns 10 minutos em fogo baixo ou até dourar. Retirar a panqueca do fogo e servi-la ainda quente.

Panqueca com Shiitake

1 copo de *shiitake* desidratado
1/2 copo de água quente
1 copo de *tofu* amassado com garfo
3 colheres de sopa de *shoyo* sabor cogumelo
1 colher de chá de gengibre fresco ralado
3 colheres de sopa de amendoim descascado e torrado, quebrados ao meio
1 colher de sobremesa de caldo de vegetais em pó
4 dentes de alho espremidos
3 colheres de sopa de óleo de soja
4 colheres de sopa cheias de farinha de trigo
1 colher de sobremesa de fermento químico em pó
margarina para preparar a panqueca

Deixar o *shiitake* de molho na água quente por 15 minutos. Adicionar todos os ingredientes na ordem descrita, exceto o fermento, deixando para o final a farinha de trigo. Assim que a mistura estiver homogênea, adicionar o fermento e mexer.

Derreter uma colher de sobremesa rasa de margarina numa frigideira em fogo alto. Colocar 1 concha cheia de massa e manter em fogo baixo por 10 minutos, aproximadamente, ou até estar dourada.

Virar a panqueca, adicionar uma colher rasa de margarina e deixar por mais uns 10 minutos em fogo baixo ou até dourar.

Retirar a panqueca do fogo e servi-la ainda quente.

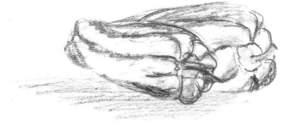

Panqueca com Shiitake e Molho de Mostarda

Para a panqueca:
2 copos de *shiitake* fresco picado
1/2 xícara de água
3 colheres de sopa de óleo
1/2 xícara de salsa fresca picada
1 colher de sobremesa de alho desidratado
1/2 xícara de pimentão vermelho picadinho
1 colher de chá de sal
1 colher de sopa de *shoyo*
1 colher de chá de caldo de vegetais em pó
1/2 xícara de farinha de trigo branca
2 colheres de chá de fermento químico

Para o molho:
1 copo de *tofu* cremoso
1 colher de sopa de molho de mostarda
1 colher de sopa de semente de mostarda
1 colher de chá de sal
1 colher de sopa de cebolinha verde picada

Para o molho, bater todos os ingredientes no liquidificador e colocar numa vasilha. Manter na geladeira até o momento de servir.

Para a panqueca, misturar numa vasilha o *shiitake* com o óleo, a água, a salsa, o alho, o pimentão, o sal, o *shoyo*, o caldo de vegetais. Misturar bem e então adicionar a farinha de trigo. Mexer até obter uma massa homogênea e então colocar o fermento em pó, mexendo bem.

Aquecer uma frigideira e, ainda em fogo alto, adicionar massa suficiente para cobrir o fundo, deixando um dedo de espessura. Abaixar o fogo e deixar de 5 a 10 minutos. Virar a panqueca, mantendo o fogo alto por 1 minuto e então deixar de 5 a 10 minutos em fogo baixo.

Retirar a panqueca do fogo e servi-la ainda quente, com o molho acompanhando.

Cozinha Vegetariana

Panqueca com Tomate Seco

Para a panqueca:
1 xícara de leite
1 xícara de tomate seco em conserva, picado
1/2 xícara de *tofu* macio amassado com garfo
1 colher de sopa de azeite de oliva
1 colher de chá de sal
1 xícara de farinha de trigo branca
1 colher de sobremesa rasa de fermento químico em pó
1 colher de sopa rasa de margarina

Para o molho:
1/2 xícara de folhas de hortelã
3 colheres de sopa de *shoyo*
4 colheres de sopa de vinagre branco
4 colheres de sopa de vinho branco seco
1 xícara de *tofu* extrafirme

Para o molho, bater todos os ingredientes no liquidificador, virar numa vasilha e manter na geladeira até o momento de servir.

Para a panqueca, bater no liquidificador todos os ingredientes, deixando por último o fermento.

Derreter a margarina numa frigideira, colocar 2 conchas de massa e manter em fogo baixo por 15 minutos, aproximadamente, ou até estar dourada.

Virar a panqueca e deixar por mais uns 10 minutos em fogo baixo ou até dourar.

Retirar a panqueca do fogo e servi-la ainda quente, com o molho acompanhando.

Panqueca com Ervilha Torta e Abobrinha

2 copos de ervilha torta sem as laterais fibrosas, picada
1 copo de abobrinha italiana cortada em fatias finas
4 dentes de alho espremidos
4 colheres de cebolinha verde picada
2 colheres de salsa fresca picada
4 colheres de azeitonas pretas picadas
1 colher de chá de orégano desidratado
1 colher de chá de páprica doce
2 colheres de sopa de uva-passa sem sementes
5 colheres de sopa de nozes picadas
2 colheres de sopa de azeite de oliva
1/2 copo de leite
6 colheres de sopa cheias de farinha de trigo
1 colher de sobremesa de fermento químico em pó
margarina para preparar a panqueca

Misturar todos os ingredientes na ordem descrita, exceto o fermento, deixando para o final a farinha de trigo. Assim que a mistura estiver homogênea, adicionar o fermento e mexer.

Derreter uma colher de sobremesa rasa de margarina numa frigideira, em fogo alto. Colocar 1 concha cheia de massa e manter em fogo baixo por 10 minutos, aproximadamente, ou até estar dourada.

Virar a panqueca, adicionar uma colher rasa de margarina e deixar por mais uns 10 minutos em fogo baixo ou até dourar.

Retirar a panqueca do fogo e servi-la ainda quente.

Panqueca de Milho Verde

2 xícaras de milho verde ralado
4 colheres de sopa de farinha de trigo
1 colher de sopa rasa de maisena
1 colher de chá de sal
1 colher de sopa de cebolinha verde picadinha
4 colheres de sopa de coentro fresco picado
1 colher de sopa de óleo
5 colheres de sopa de azeitonas verdes picadas
1/2 xícara de água
1 colher de sopa rasa de fermento químico em pó

Numa vasilha, misturar todos os ingredientes, deixando para colocar por último a farinha de trigo e o fermento em pó. Mexer bem.

Aquecer uma frigideira e, ainda em fogo alto, adicionar massa suficiente para cobrir o fundo, deixando um dedo de espessura. Abaixar o fogo e deixar de 5 a 10 minutos. Virar a panqueca, mantendo o fogo alto por 1 minuto e então deixar de 5 a 10 minutos em fogo baixo.

Retirar a panqueca do fogo e servi-la em seguida.

Panqueca de Tofu e Ervilha Fresca

Para a panqueca:
2 copos de ervilhas frescas
1/2 xícara de leite
1 xícara de *tofu* macio amassado com garfo
1 colher de sopa de margarina à temperatura ambiente
1 colher de chá de sal
1/2 xícara de farinha de trigo branca
1 colher de sopa rasa de fermento químico em pó
1 colher de sopa rasa de margarina

Molho de tomate seco:
1 xícara de *tofu* extrafirme
1/2 xícara de tomate seco picado
1 dente de alho
1 colher de chá de sal

Para o molho, bater todos os ingredientes no liquidificador, mantendo reservado na geladeira.

Misturar numa vasilha todos os ingredientes da panqueca exceto a margarina, deixando por último o fermento.

Derreter a margarina numa frigideira, colocar 2 conchas de massa e manter em fogo baixo por 15 minutos, aproximadamente, ou até estar dourada.

Virar a panqueca e deixar por mais uns 10 minutos em fogo baixo ou até dourar.

Retirar a panqueca do fogo e servi-la ainda quente, com o molho de tomate seco.

Panqueca Integral com Chicória

4 copos de chicória cortada bem fininha
1 cebola cortadas em tiras
1/2 pimentão vermelho cortado em tiras finas
1 colher de café rasa de noz-moscada ralada
1 colher de sopa de azeite de oliva
4 colheres de sopa cheias de farinha de trigo integral
1 colher de sobremesa rasa de sal
1/2 xícara de leite
1 colher de sobremesa de fermento químico em pó
margarina para preparar a panqueca

Misturar todos os ingredientes na ordem descrita, exceto o fermento, deixando para o final a farinha de trigo. Assim que a mistura estiver homogênea, adicionar o fermento e mexer.

Derreter uma colher de sobremesa rasa de margarina numa frigideira em fogo alto. Colocar 1 concha cheia de massa e manter em fogo baixo por 10 minutos, aproximadamente, ou até estar dourada.

Virar a panqueca, adicionar uma colher rasa de margarina e deixar por mais uns 10 minutos em fogo baixo ou até dourar.

Retirar a panqueca do fogo e servi-la ainda quente.

Panqueca Verde

2 maços de espinafre picados, levemente cozidos e escorridos
1/2 copo de leite
6 folhas frescas de manjericão
1 colher de café de noz-moscada ralada
1 colher de café de pimenta-do-reino moída
1 colher de sobremesa de sal
1 colher de sopa de azeite de oliva
1/2 copo de farinha de trigo branca
1 colher de sopa rasa de fermento químico em pó
margarina ou óleo para preparar as panquecas

Bater todos os ingredientes no liquidificador, deixando por último o fermento.

Derreter a margarina numa frigideira, colocar 2 conchas de massa e manter em fogo baixo por 10 minutos, aproximadamente, ou até estar dourada.

Virar a panqueca e deixar por mais uns 10 minutos em fogo baixo ou até dourar.

Retirar a panqueca do fogo e servi-la ainda quente.

Crepes, Panquecas e Waffles

Panquecão com Escarola

Massa temperada para panqueca:
1/2 copo de farinha de trigo
1/2 copo de água à temperatura ambiente
1/2 colher de sobremesa de sal
1 colher de sopa rasa de margarina
1 colher de chá de orégano desidratado
1 colher de chá de açafrão em pó
1 colher de sobremesa rasa de fermento químico em pó
Refogado de escarola para panqueca:
2 colheres de sopa de azeite de oliva
1/2 copo de coentro fresco picadinho
1 pé de escarola grande, cortado bem fininho
shoyo a gosto

Para a massa, bater no liquidificador os ingredientes, deixando para colocar o fermento somente quando a massa estiver homogênea.

Levar ao fogo alto uma frigideira média e colocar o azeite de oliva. Fritar rapidamente o coentro picado e em seguida adicionar a escarola picadinha.

Assim que a escarola estiver macia, virar a massa sobre ela, mantendo o fogo baixo. Manter por 10 minutos ou até o fundo começar a dourar.

Com o auxílio de uma espátula, virar a panqueca e adicionar um pouquinho mais de azeite de oliva. Manter o fogo baixo até a massa estar toda dourada.

Retirar a panqueca do fogo e servir em seguida, com *shoyo* a gosto.

Panquecão com Salsicha

Refogado de salsicha para panquecão:
2 colheres de sopa de margarina
1 copo de cebola picadinha
1 copo de pimentão vermelho picadinho
1/2 copo de coentro fresco picadinho
1 copo de salsicha vegetal picadinha
4 colheres de sopa de molho inglês
(verificar se na composição não há derivado animal)
Massa integral para panquecão:
1/2 xícara de farinha de trigo integral
1 colher de sopa de farinha de trigo branca
1 colher de sopa de maisena
1/2 copo de água à temperatura ambiente
1 colher de chá de sal
1 colher de sopa de óleo
1 colher de sobremesa rasa de fermento químico em pó

Levar ao fogo alto uma frigideira média e derreter a margarina. Fritar a cebola até estar macia e adicionar o pimentão. Após 10 minutos colocar o coentro, a salsicha e o molho inglês. Manter a frigideira tampada por 10 minutos.

Bater no liquidificador os ingredientes da massa, deixando para colocar o fermento quando a massa estiver homogênea.

Virar a massa por cima do refogado de salsicha e manter o fogo baixo, por 15 minutos.

Com muito cuidado virar a panqueca, colocar 1 colher de sobremesa de azeite de oliva e manter por mais 10 minutos ou até a massa estar dourada.

Servir o panquecão ainda quente.

Panquecão com Tofu

Massa para panquecão com fibras e manjericão:
1/2 xícara de farinha de trigo branca
3 colheres de sopa de fibra de trigo
1/2 copo de água à temperatura ambiente
1 colher de chá de sal
1 colher de sopa de óleo
1 colher de chá de manjericão desidratado
1 colher de chá de açafrão em pó (para colorir a massa)
1 colher de sobremesa rasa de fermento químico em pó
Refogado de tofu para panqueca:
1 copo de *tofu* amassado com garfo
1/2 pimentão vermelho picadinho
1/2 pimentão verde picadinho
1 colher de sopa de uva-passa sem semente, picada
1 colher de sopa de cebolinha verde picada
1 colher de sopa de alho desidratado
1 colher de sobremesa rasa de sal

Para a massa, bater no liquidificador os ingredientes, deixando para colocar o fermento quando a massa estiver homogênea.

Misturar bem o *tofu* com os demais ingredientes do refogado.

Levar ao fogo alto uma frigideira média e colocar o *tofu* temperado, deixando por 10 minutos. Colocar a massa por cima e manter o fogo baixo, por 15 minutos.

Com muito cuidado virar a panqueca, colocar 1 colher de sobremesa de azeite de oliva e manter por mais 10 minutos ou até a massa estar dourada.

Servir o panquecão ainda quente, acompanhando um bom risoto!

Panquecão de Cogumelo-francês

1/2 copo de farinha de trigo
1 e 1/2 copo de água à temperatura ambiente
1 colher de sobremesa rasa de fermento químico em pó
1/2 copo de ervilhas congeladas
1/2 copo de pimentão vermelho picado
1 copo de endívia cortada em tiras finas
2 copos de cogumelo fresco do tipo francês (Paris)
1/2 copo de minicebola cortada em quadradinhos
1 colher de sopa de alho desidratado
1/2 colher de sobremesa de sal
3 colheres de sopa de gergelim
pimenta-do-reino moída na hora a gosto
óleo

Misturar a farinha de trigo com a água, o sal, o gergelim, as ervilhas. Mexer delicadamente e adicionar o pimentão, a endívia cortada em tiras finas, a cebola e o alho desidratado.

Misturar bem e colocar o fermento químico. Aquecer uma frigideira grande em fogo alto e colocar um pouco de óleo.

Espalhar a massa por toda a frigideira, abaixar o fogo e arrumar todos os cogumelos sobre a massa. Polvilhar pimenta-do-reino por cima.

Com o auxílio de uma espátula ver se o fundo está dourado.

Aumentar o fogo, virar a panqueca, colocando um pouco de óleo para não grudar e abaixar o fogo. Se necessário, adicionar um pouco mais de óleo.

Assim que estiver dourada retirar do fogo e servir.

Crepes, Panquecas e Waffles

Panqueca Simples

1 xícara de farinha de trigo branca
1 xícara de leite
1 colher de sopa de margarina
1/2 xícara de nozes picadas
1 xícara de tomate seco temperado e picado
1/2 xícara de tofu
1 colher de chá de sal
2 colheres de chá de fermento químico

Bater os ingredientes no liquidificador e deixar para adicionar por último o fermento.

Aquecer uma frigideira média em fogo alto e colocar uma camada não muito grossa de massa. Manter em fogo baixo por 10 minutos.

Virar a panqueca com o auxílio de uma espátula e manter em fogo baixo por mais 10 minutos, adicionando um pouco mais de azeite ou óleo, se necessário.

Para o tomate, dispor as rodelas de tomate numa travessa, uma ao lado da outra. Misturar a mostarda com o *catchup*, o sal, o vinho e mexer até obter um molho homogêneo.

Colocar uma fatia fina de *tofu* sobre cada rodela de tomate e, por cima, uma colher de do molho preparado. Enfeitar com uma folha de manjericão sobre cada um e servir, acompanhando a panqueca quente.

Panquecão de couve-flor

Massa:
1 xícara de farinha de trigo branca
1 xícara de leite
1 colher de sopa de margarina à temperatura ambiente
1 colher de chá de sal
2 colheres de chá de fermento químico

Recheio para panquecão de couve-flor:
2 colheres de sopa de margarina
5 colheres de sopa de cebolinha verde picada
4 colheres de sopa de coentro picado
2 colheres de sopa de salsa fresca picada
1 pimentão amarelo picadinho
2 copos de couve-flor picadinha
1 colher de chá de sal

Maionese especial:
1 xícara rasa de maionese de *tofu*
1 cenoura média
1 pitada de sal
1 colher de chá de pimenta-do-reino verde

Para a maionese especial, bater todos os ingredientes no liquidificador até obter um creme homogêneo. Manter na geladeira até o momento de servir.

Bater os ingredientes da massa no liquidificador e adicionar por último o fermento.

Colocar a massa numa vasilha e adicionar os ingredientes do recheio. Misturar bem até obter uma massa homogênea.

Aquecer uma frigideira média em fogo alto e colocar uma camada não muito grossa de massa. Manter em fogo baixo por 10 minutos.

Virar a panqueca com o auxílio de uma espátula e manter em fogo baixo por mais 10 minutos, adicionando um pouco mais de azeite ou óleo, se necessário.

Servir o panquecão quente com a maionese gelada a gosto, acompanhando.

Cozinha Vegetariana

Panquecão de Pimentões

Massa:
1 xícara de farinha de trigo branca
1 xícara de leite
1 colher de sopa de margarina à temperatura ambiente
1 colher de chá de sal
1 colher de chá de açafrão
1 colher de sobremesa de fermento químico em pó

Recheio de pimentões:
4 colheres de sopa de óleo de milho
1 pimentão amarelo cortado em tiras finas
1 pimentão vermelho cortado em tiras finas
1 pimentão verde cortado em tiras finas
1 cebola grande cortada em tiras
1 pé de alho-porró bem picadinho
1 colher de chá de sal

Para o panquecão, aquecer o óleo numa frigideira grande. Fritar as tiras dos pimentões, por 10 minutos. Adicionar as tiras de cebola e fritar até estarem macias.

Colocar o alho-porró e o sal e misturar bem, com colher de pau.

Bater todos os ingredientes da massa no liquidificador e deixar para adicionar por último o fermento químico.

Cobrir o refogado com uma camada, não muito grossa, de massa. Manter o fogo baixo por 10 minutos. Virar a panqueca com o auxílio de uma espátula e manter em fogo baixo por mais 10 minutos, adicionando um pouco mais de azeite ou óleo, se necessário.

Servir o panquecão quente.

Panquecão de Legumes

Massa:
1 xícara de farinha de trigo branca
1 xícara de leite
1 colher de sopa de margarina à temperatura ambiente
1 colher de chá de sal
1 colher de sobremesa de alho desidratado
1 colher de sobremesa de fermento químico em pó

Recheio para panquecão de legumes:
4 colheres de sopa de azeite de oliva
2 dentes de alho picados
5 minicebolas picadas
1/2 xícara de cenoura picada
1/2 xícara de milho verde
1 pimentão vermelho picado
1 xícara de espinafre aferventado e picado
1 colher de sobremesa de *zattar*
1 colher de sobremesa de sal

Molho rosê com maionese de soja:
1/2 xícara de maionese de soja
4 colheres de sopa de molho tipo *catchup*
1 pitada de sal
1 colher de sopa de salsa fresca bem pica-dinha
1 colher de sobremesa de semente de papo-ula

Para o molho de maionese, misturar todos os ingredientes num pote e mexer até obter um molho homogêneo. Manter na geladeira até o momento de servir.

Para o recheio, aquecer o azeite numa frigideira e dourar o alho e a cebola.

Adicionar a cenoura, fritar por 5 minutos, juntar o milho, o pimentão e manter a panela tampada por 10 minutos ou até a cenoura estar macia.

Colocar o espinafre já cozido e picado, o *zattar* e o sal, e misturar delicadamente, mantendo no fogo por mais 5 minutos. Retirar a panela do fogo e reservar.

Bater todos os ingredientes da massa no liquidificador e deixar para adicionar por último o fermento químico.

Virar a massa numa tigela ou num jarro de plástico para facilitar o manuseio.

Aquecer uma frigideira média e untar, somente no primeiro crepe, com pouco óleo. Espalhar o refogado de legumes por todo o fundo da frigideira, em fogo alto, e cobrir tudo com uma camada, não muito grossa, de massa. Manter o fogo baixo por 10 minutos. Virar a panqueca com o auxílio de uma espátula e manter em fogo baixo por mais 10 minutos, adicionando um pouco mais de azeite ou óleo, se necessário.

Proceder da mesma forma com o restante do refogado e da massa.

Servir o panquecão quente, com o molho rosê acompanhando.

Panquecão de Bife Vegetal com Champignon

Massa:
1 xícara de farinha de trigo branca
1 xícara de leite
1 colher de sopa de margarina à temperatura ambiente
1 colher de chá de sal
1 colher de sobremesa de orégano
1 colher de chá de açafrão
1 colher de sobremesa de fermento químico em pó

Recheio para panquecão de glúten e champignon:
4 colheres de sopa de óleo de milho
4 dentes de alho espremidos
1 lata de bife vegetal
1 xícara de *champignon* cozido e fatiado
1 pimentão amarelo picado
1 cebola grande picadinha
1 pitada de pimenta calabresa
1 colher de chá de caldo de vegetais em pó
1 colher de chá de sal
1 colher de sopa de *shoyo* sabor *champignon*

Molho de alho-porró:
1/2 xícara de maionese de soja
3 colheres de sopa de *tahine*
3 colheres de sopa de *missô*
1/2 xícara de café de água
1 pé de alho-porró bem picadinho

Para o molho de alho-porró, misturar todos os ingredientes num pote e mexer até obter uma consistência homogênea. Manter na geladeira até o momento de servir.

Para o recheio, aquecer o óleo numa frigideira grande, dourar o alho e em seguida colocar o bife vegetal picado, fritando-o por 5 minutos em fogo alto.

Adicionar o *champignon*, o pimentão, a cebola, a pimenta, o caldo de vegetais, o sal e o *shoyo*. Mexer delicadamente, por 15 minutos.

Bater todos os ingredientes da massa no liquidificador e deixar para adicionar por último o fermento químico.

Virar a massa numa tigela ou num jarro de plástico para facilitar o manuseio.

Cobrir o refogado com uma camada, não muito grossa, de massa. Manter o fogo baixo por 10 minutos. Virar a panqueca com o auxílio de uma espátula e manter em fogo baixo por mais 10 minutos, adicionando um pouco mais de azeite ou óleo, se necessário.

Servir o panquecão quente, com o molho de alho-porró acompanhando.

Panquecão de PVT, Banana Frita e Acelga

Massa para panquecão com açafrão e linhaça:
1 xícara de farinha de trigo branca
1 xícara de leite
1 colher de sopa de margarina à temperatura ambiente
1 colher de chá de sal
1 colher de chá de açafrão
1 colher de chá de linhaça
1 colher de sobremesa de fermento químico em pó

Recheio para panquecão de legumes:
3 bananas-prata maduras, cortadas em rodelas e fritas
1 xícara de PVT do tipo miúda
3 pés de acelga cortados em tiras finas e aferventados ligeiramente
3 colheres de sopa de azeite de oliva
2 dentes de alho picados
1/2 xícara de cebolinha verde picada
1 colher de chá de páprica doce em pó
1 xícara de café de azeitona picada
1 colher de chá de sal

Molho de tomate e manjericão roxo:
2 colheres de sopa de azeite de oliva
3 dentes de alho
5 tomates maduros, descascados e sem sementes
1/2 xícara de folhas frescas de manjericão roxo, picadas
1 colher de chá de sal

Para o molho, aquecer o azeite, dourar o alho e então adicionar o tomate picado, as folhas de manjericão roxo picadas e o sal. Tampar a panela e deixar em fogo alto por 10 minutos.

Mexer com colher de pau e deixar mais 5 minutos em fogo baixo, com a panela semi-tampada. Retirar do fogo e reservar.

Deixar a PVT de molho em água quente por 15 minutos. Escorrer a água, espremendo a PVT, para retirar bem o excesso de água. Reservar.

Aferventar a acelga cortada em tiras e escorrer a água. Reservar.

Bater todos os ingredientes da massa no liquidificador e deixar para adicionar por último o fermento químico.

Virar a massa numa tigela ou num jarro de plástico para facilitar o manuseio.

Aquecer o azeite de oliva numa frigideira média, dourar o alho, adicionar a cebolinha, fritar por 5 minutos e então adicionar a PVT escorrida, deixando por 10 minutos.

Temperar com a páprica, a azeitona, o sal e colocar a acelga. Mexer por 5 minutos e colocar a banana, misturando bem.

Dividir o refogado em duas frigideiras médias e manter em fogo alto.

Cobrir o refogado com uma camada, não muito grossa, de massa. Manter o fogo baixo por 10 minutos. Virar a panqueca com o auxílio de uma espátula e manter em fogo baixo por mais 10 minutos, adicionando um pouco mais de azeite ou óleo, se necessário.

Servir o panquecão quente, com o molho quente acompanhando.

Panquecas Doces

PANQUECAS DOCES

Panqueca com amora em calda 151
Panqueca com banana em calda 151
Panqueca com banana-prata 152
Panqueca com chocolate e cereja 152
Panqueca com chocolate e damasco 153
Panqueca com doce de ameixa 153
Panqueca com doce de carambola 154
Panqueca com doce de maçã-verde 154
Panqueca com figo 155
Panqueca com kiwi 156
Panqueca com morango 156
Panqueca com pêra 157
Panqueca com uva 157
Panqueca com sorvete de mamão 158
Panqueca de abacaxi 159
Panqueca de banana-nanica 159
Panqueca de coco 160
Panqueca de gergelim 160
Panqueca de maçã 161
Panqueca de nozes 161
Panqueca integral com mel de uva 162
Panquecão delicioso 162
Panquecão de maçã 163

Panqueca com Amora em Calda

1 copo de leite
1/2 copo de farinha de trigo branca
1/2 copo de farinha de glúten
2 colheres de sopa de maisena
1 pitada de sal
7 colheres de sopa de pistache picado
1 colher de sopa de fermento químico em pó
margarina ou óleo para preparar as panquecas

Calda de amora:
1 copo de amoras maduras
1 copo de açúcar
4 colheres de sopa de licor de amora

Para a calda, colocar as amoras numa panela, o licor e o açúcar. Manter a panela tampada até iniciar fervura. Deixar a panela semitampada, em fogo brando, mexendo de vez em quando, até obter uma calda. Retirar a panela do fogo e reservar.

Para a massa, bater todos os ingredientes no liquidificador, exceto os pistaches, deixando por último o fermento.

Derreter uma colher de sobremesa de margarina numa frigideira pequena, colocar 1 concha de massa e manter em fogo baixo por 10 minutos, aproximadamente, ou até estar dourada.

Virar a panqueca e deixar por mais uns 10 minutos em fogo baixo ou até dourar. Repetir até o término da massa.

Servir as panquecas com as amoras em calda.

Panqueca com Banana em Calda

Massa para panqueca com fibras:
1 copo de leite
1/2 xícara de leite de coco
1 copo de farinha de trigo branca
2 colheres de sopa de fibra de trigo
1 pitada de sal
1 colher de sobremesa rasa de margarina à temperatura ambiente
1 colher de sopa de fermento químico em pó
margarina ou óleo para preparar as panquecas

Banana em calda para panqueca:
4 bananas-nanicas maduras
1 copo de açúcar
1 cravo-da-índia
1 pedaço pequeno de canela em pau

Para a calda, cortar as banana em rodelas e colocá-las numa panela, junto com o açúcar, o cravo e a canela. Levar ao fogo alto até começar a ferver. Manter em fogo brando, com a panela semitampada, por 25 minutos, até obter uma calda. Retirar a panela do fogo e reservá-la, mantendo-a tampada.

Para a massa, bater todos os ingredientes no liquidificador, deixando por último o fermento.

Derreter a margarina numa frigideira pequena, colocar 1 concha de massa e manter em fogo baixo por 10 minutos, aproximadamente, ou até estar dourado.

Virar a panqueca e deixar por mais uns 10 minutos em fogo baixo ou até dourar. Repetir até o término da massa.

Servi-las quentes, com a banana em calda também quente.

Cozinha Vegetariana

Panqueca com Banana-prata

2 copos de leite
1 copo de farinha de trigo branca
1 copo de farinha de trigo integral
1 colher de café de sal
1 colher de sopa de margarina ou óleo
1 colher de café de essência de baunilha
1 colher de café de canela em pó
1 colher de sopa de fermento químico em pó
1 copo de banana-prata picadinha
4 colheres de sopa de uva-passa sem sementes
4 colheres de sopa de castanha-do-pará picadinha
margarina ou óleo para preparar as panquecas

Bater no liquidificador, o leite com as farinhas, o sal, a margarina, a essência e a canela e, por último, o fermento.

Virar a massa numa tigela e adicionar a banana, a uva-passa e a castanha-do-pará.

Derreter uma colher de sobremesa de margarina numa frigideira pequena, colocar 1 concha de massa e manter em fogo baixo por 10 minutos, aproximadamente, ou até estar dourada.

Virar a panqueca e deixar por mais uns 10 minutos em fogo baixo ou até dourar. Repetir até o término da massa.

Servir as panquecas com canela em pó a gosto.

Panqueca com Chocolate e Cereja

1/2 copo de leite
1/2 copo de farinha de trigo branca
1 colher de sopa de açúcar mascavo
2 colheres de chocolate em pó
1 colher de café de sal
1 colher de sopa de margarina
1 colher de sopa de fermento químico em pó
1 copo de cerejas em calda picadas
margarina ou óleo para preparar as panquecas
Calda de chocolate e licor:
1/2 barra de chocolate amargo picada
1 colher de sopa de margarina
1/2 xícara de café de leite
1/2 xícara de café de licor de cacau

Para a calda, derreter o chocolate em banho-maria, com a margarina, o leite e o licor, mexendo até ficar cremoso. Retirar do fogo e reservar.

Para a panqueca, bater todos os ingredientes no liquidificador, exceto a cereja, deixando por último o fermento.

Derreter a margarina numa frigideira grande, colocar a massa e por cima dispor a cereja. Manter em fogo baixo por 15 minutos, aproximadamente, ou até estar dourada.

Virar a panqueca, colocar mais uma colher de sobremesa de margarina e deixar por mais uns 15 minutos em fogo baixo ou até dourar.

Servir a panqueca com a calda de chocolate a gosto.

Panqueca com Chocolate e Damasco

1/2 copo de leite
5 colheres de sopa de leite de coco
1/2 copo de farinha de trigo branca
3 colheres de chocolate em pó
1 colher de sopa de margarina
1 colher de sopa de fermento químico em pó
1 copo de damasco picado
margarina ou óleo para preparar as panquecas
Calda de chocolate:
5 colheres de sopa de margarina
5 colheres de sopa de leite
2 colheres de sopa de rum ou licor
1/2 xícara de açúcar
3 colheres de sopa de chocolate em pó

Para a calda, colocar todos os ingredientes numa panela e levá-la ao fogo alto até iniciar fervura. Manter em fogo baixo por 35 minutos, ou até estar cremoso. Retirar do fogo e reservar.

Para a panqueca, bater todos os ingredientes no liquidificador, exceto o damasco, deixando por último o fermento.

Derreter a margarina numa frigideira grande, colocar a massa e por cima o damasco picado. Manter em fogo baixo por 15 minutos, aproximadamente, ou até estar dourada.

Virar a panqueca, colocar mais uma colher de sobremesa de margarina e deixar por mais uns 15 minutos em fogo baixo ou até dourar.

Servir a panqueca com a calda de chocolate a gosto.

Panqueca com Doce de Ameixa

1/2 copo de leite
1/2 copo de farinha de trigo branca
1 colher de sobremesa de sal
1 colher de sopa de fermento químico em pó
margarina ou óleo para preparar as panquecas
Doce de ameixa:
2 copos de ameixa desidratada, sem caroço e picada
3 copos de água quente
1/2 copo de açúcar demerara

Para o doce de ameixa, colocar todos os ingredientes num panela e levar ao fogo alto até começar a ferver. Manter o fogo baixo por 15 minutos, mexendo de vez em quando, até obter uma calda cremosa. Retirar do fogo e reservar.

Para a massa, bater todos os ingredientes no liquidificador, deixando por último o fermento.

Derreter a margarina numa frigideira pequena, colocar 1 concha de massa e manter em fogo baixo por 10 minutos, aproximadamente, ou até estar dourada.

Virar a panqueca e deixar por mais uns 10 minutos em fogo baixo ou até dourar. Repetir até o término da massa.

Servir as panquecas com o doce de ameixa.

Panqueca com Doce de Carambola

Massa para panqueca com castanha de caju:
1 copo de água
1 copo de farinha de trigo branca
1 pitada de sal
1 colher de sobremesa de açúcar mascavo
3 colheres de sopa de óleo
1 colher de sopa de fermento químico em pó
1/2 xícara de castanha de caju
margarina para preparar as panquecas
mel de uvas para acompanhar

Doce de carambola para panqueca:
6 carambolas maduras raladas
2 copos de açúcar mascavo
casca de 1 laranja

Para o doce, passar as carambolas por um ralador e reservar.

Colocar o açúcar numa panela e levar ao fogo baixo. Mexer sempre com colher de pau, até virar calda e iniciar a ferver. Adicionar a casca de laranja e a carambola.

Mexer até a carambola estar macia. Retirar a casca de laranja e reservar o doce.

Para a panqueca, misturar todos os ingredientes numa tigela, deixando por último o fermento.

Derreter a margarina numa frigideira pequena, colocar 1 concha de massa e manter em fogo baixo por 10 minutos, aproximadamente, ou até estar dourada.

Virar a panqueca e deixar por mais uns 10 minutos em fogo baixo ou até dourar. Repetir até o término da massa.

Servi-las quentes, com o doce de carambola.

Panqueca com Doce de Maçã-verde

Massa para panqueca com nozes:
1 copo de farinha de trigo branca
1 colher de sopa de maisena
1 copo de leite de soja
1/2 copo de leite de coco
2 colheres de sopa de óleo de milho
1 colher de chá rasa de sal
1/2 colher de café de essência de nozes
1 colher de sobremesa de fermento químico em pó
1/2 xícara de nozes moídas

Doce de maçã-verde:
4 maçãs-verdes maduras descascadas
1 copo de açúcar
1/2 copo de água
1 colher de café de extrato de baunilha
2 cravos
nozes ou coco ralado para acompanhar

Levar ao fogo uma panela com água e, quando estiver fervendo, colocar as maçãs, deixando-as cozinhar por 7 minutos. Retirar do fogo e picá-las.

Preparar o doce de maçã, derretendo o açúcar em fogo baixo, com o copo de água, o extrato de baunilha e o cravo. Assim que começar a formar calda adicionar as maçãs picadas, mexendo com colher de pau de vez em quando, de forma delicada.

Assim que estiver cremoso (cuidado para não endurecer demais), retirar a panela do fogo e deixar tampada para permanecer quente.

Bater os ingredientes da massa no liquidificador, deixando por último o fermento em pó. Adicionar as nozes e mexer com uma colher.

Aquecer uma frigideira pequena e colocar 1 concha cheia de massa. Diminuir o fogo e, assim que o fundo estiver dourado, virar a panqueca, para dourar dos dois lados.

Repetir assim sucessivamente até o término da massa. Cuidar para que não fique muito fina, pois esta panqueca é diferente do crepe.

Servir as panquecas quentes com o doce de maçã-verde e as nozes por cima.

Panqueca com Figo

1 colher de sopa cheia de margarina
1/2 copo de açúcar
2 copos de figo fresco cortado em rodelas
1 copo de leite
1 copo de farinha de trigo branca
1 colher de café de sal
2 colheres de sopa de óleo
1 colher de sopa de fermento químico em pó
margarina ou óleo para preparar as panquecas

Derreter uma colher de sopa de margarina numa frigideira grande e, em seguida, colocar o açúcar, mexendo em fogo baixo até estar derretido. Adicionar as rodelas de figo e manter em fogo baixo até estarem levemente caramelados.

Bater no liquidificador, o leite com a farinha, o sal, o óleo, deixando por último o fermento. Virar a massa sobre o figo e manter em fogo baixo por 10 minutos, aproximadamente, ou até estar dourada.

Virar a panqueca, cuidadosamente, adicionar uma colher de sobremesa de margarina e deixar por mais uns 10 minutos em fogo baixo ou até dourar.

Servir em seguida.

Panqueca com Kiwi

1/2 copo de leite
1/2 copo de farinha de trigo branca
3 colheres de sopa cheias de açúcar mascavo
1 colher de sobremesa de sal
1/2 copo de castanha-do-pará picada
1 colher de sopa de margarina
1 colher de sopa de fermento químico em pó
5 *kiwis* cortados em rodelas
mel de uvas para servir
margarina ou óleo para preparar as panquecas

Bater todos os ingredientes no liquidificador, exceto o *kiwi* e o mel, deixando por último o fermento.

Derreter a margarina numa frigideira pequena, colocar a massa e por cima dispor as rodelas de *kiwi* e manter em fogo baixo por 15 minutos, aproximadamente, ou até estar dourada.

Virar a panqueca e deixar por mais uns 15 minutos em fogo baixo ou até dourar.

Servir a panqueca com mel de uvas a gosto.

Panqueca com Morango

1/2 copo de água
1/2 copo de farinha de trigo branca
2 colheres de sopa de açúcar mascavo
1 pitada de sal
1 colher de sopa de margarina
1 colher de sopa de fermento químico em pó
1 copo de morango sem os cabinhos, picado
1/2 copo de flocos de coco
glicose de milho para servir
margarina ou óleo para preparar as panquecas

Bater todos os ingredientes no liquidificador, exceto o morango, o coco e a glicose, deixando por último o fermento.

Derreter a margarina numa frigideira grande, colocar a massa e por cima dispor o morango e o coco. Manter em fogo baixo por 15 minutos, aproximadamente, ou até estar dourada.

Virar a panqueca, colocar mais uma colher de sobremesa de margarina e deixar por mais uns 15 minutos em fogo baixo ou até dourar.

Servir a panqueca com glicose de milho a gosto.

Panqueca com Pêra

Massa para panqueca doce com fubá:
1 e 1/2 copo de água
1 e 1/2 copo de farinha de trigo branca
2 colheres de sopa de fubá mimoso
1 colher de sopa de açúcar
1 pitada de sal
1 colher de sobremesa rasa de margarina à temperatura ambiente
1 colher de sopa de fermento químico em pó
margarina ou óleo para preparar as panquecas

Doce de pêra para panqueca:
6 peras maduras cortadas em fatias
3 copos de açúcar
1 copo de água

Para o doce, misturar o açúcar e a água e levar ao fogo alto. Assim que estiver uma calda grossa adicionar as fatias de pêra.

Mexer delicadamente com colher de pau até dar ponto. Retirar do fogo e reservar.

Para a massa, bater todos os ingredientes no liquidificador, deixando por último o fermento.

Derreter a margarina numa frigideira pequena, colocar 1 concha de massa e manter em fogo baixo por 10 minutos, aproximadamente, ou até estar dourada.

Virar a panqueca e deixar por mais uns 10 minutos em fogo baixo ou até dourar. Repetir até o término da massa.

Servi-las quentes com o doce de pêra por cima.

Panqueca com Uva

1/2 copo de leite
1/2 copo de farinha de trigo branca
1 colher de sopa de flocos de milho pré-cozidos
1 colher de chá rasa de essência de baunilha
1 pitada de sal
1 colher de sopa de margarina
1 colher de sopa de fermento químico em pó
1 copo de uva cortada ao meio e sem sementes
1/2 copo de noz-pecã picada
1/2 xícara de xarope de *maple*
margarina ou óleo para preparar as panquecas

Bater todos os ingredientes no liquidificador, deixando por último o fermento.

Derreter, em fogo baixo, a margarina, numa frigideira pequena. Colocar a massa e, por cima, arrumar as uvas cortadas ao meio, a noz-pecã e manter por 10 minutos, aproximadamente, ou até estar dourada.

Virar a panqueca, colocar uma colher de sobremesa de margarina e deixar por mais uns 10 minutos em fogo baixo ou até dourar.

Servir a panqueca com o xarope de *maple*.

Panqueca com Sorvete de Mamão

Massa de panqueca com fubá e aveia:
1 copo de leite
1/2 copo de farinha de trigo branca
3 colheres de sopa de flocos de milho pré-cozidos
3 colheres de farinha de aveia
1 colher de sobremesa de sal
1 colher de sopa de fermento químico em pó
margarina ou óleo para preparar as panquecas

Sorvete de mamão para panqueca:
4 copos de mamão maduro picadinho
2 cenouras grandes
1/2 copo de açúcar
1 copo de água
2 colheres de sopa de mel de uvas
(encontrado em empórios turcos)

Para o sorvete, levar ao fogo o açúcar e a água até levantar fervura. Deixar esfriar.

Passar as cenouras pela centrífuga e levar o suco obtido ao liquidificador, adicionando o mel de uvas e o mamão.

Bater até tornar-se um creme espesso. Juntar à calda já fria e bater tudo.

Levar à geladeira e, quando estiver gelado, colocar numa sorveteira.

Levar ao *freezer* até ficar com consistência firme.

Caso não se tenha a sorveteira, levar ao *freezer* e quando endurecer bater com batedeira e voltar ao *freezer* novamente para endurecer.

Para a massa, bater todos os ingredientes no liquidificador, deixando por último o fermento.

Derreter a margarina numa frigideira pequena, colocar 1 concha de massa e manter em fogo baixo por 10 minutos, aproximadamente, ou até estar dourada.

Virar a panqueca e deixar por mais uns 10 minutos em fogo baixo ou até dourar. Repetir até o término da massa.

Servir as panquecas com sorvete de mamão a gosto.

Panqueca de Abacaxi

Para a massa:
1 xícara de leite
2 colheres de sopa de óleo
1 xícara de farinha de trigo
1 colher de sopa de maisena
1 pitada de sal
1 colher de sopa de açúcar
1 colher de sopa de gergelim descascado
1 colher de sopa rasa de fermento químico em pó
2 copos de abacaxi doce, bem picadinho
1 colher de sopa de margarina

Para o doce de abacaxi:
2 copos de abacaxi doce, descascado e picadinho
1 copo de açúcar mascavo
1/2 copo de água

Para o doce, derreter o açúcar com a água e deixar ferver 10 minutos. Adicionar os abacaxis, e quando estiverem macios retirar a panela do fogo, colocar o doce numa vasilha e reservar.

Para a massa, bater no liquidificador o leite com o óleo. Adicionar a farinha de trigo, a maisena, o sal, o açúcar e o gergelim. Por último adicionar o fermento químico. Colocar a massa numa vasilha e adicionar delicadamente os pedaços de abacaxi.

Derreter a margarina numa frigideira, colocar 2 conchas de massa e manter em fogo baixo por 15 minutos, aproximadamente, ou até estar dourada.

Virar a panqueca e deixar por mais uns 10 minutos em fogo baixo ou até dourar.

Retirar a panqueca do fogo e servi-la ainda quente, com o doce acompanhando.

Panqueca de Banana-nanica

1 copo de leite
1 e 1/2 copo de farinha de trigo
4 colheres de sopa de óleo
1 colher de chá de sal
1 colher de sobremesa de fermento químico em pó
5 bananas-nanicas descascadas e cortadas em rodelinhas
1/2 copo de castanha-do-pará picada
canela em pó a gosto
melado de cana a gosto para acompanhar

Colocar o leite no liquidificador, adicionar a farinha e bater. Acrescentar o óleo, o sal e por último o fermento.

Aquecer uma frigideira com *teflon*, pincelada de óleo. Colocar a massa, com aproximadamente um dedo de espessura. Dispor as rodelas de banana, as castanhas-do-pará e, por cima, um pouco de canela em pó. Manter em fogo baixo e quando dourar virar a panqueca, mantendo em fogo baixo até dourar do outro lado. Adicionar um pouco de óleo para a massa não grudar.

Servir a panqueca com mais canela em pó e melado de cana a gosto.

Panqueca de Coco

1/2 copo de leite de coco
1/2 copo de farinha de trigo branca
1/2 copo de flocos de coco adocicados
4 colheres de sopa de uva-passa sem sementes
1 pitada de sal
1 colher de sopa de fermento químico em pó
margarina ou óleo para preparar as panquecas

Doce de damasco:
1 copo de damasco desidratado picadinho
2 copos de água
1 copo de açúcar

Para o doce, cozinhar o damasco com a água até estar bem macio. Bater no liquidificador, passar por uma peneira e voltar ao fogo, junto com o açúcar. Manter em fogo alto até iniciar fervura para então manter o fogo baixo por aproximadamente 20 minutos. Retirar a panela do fogo e colocar o doce num potinho.

Bater todos os ingredientes da massa no liquidificador, deixando por último o fermento.

Derreter a margarina numa frigideira pequena, colocar 1 concha de massa e manter em fogo baixo por 10 minutos, aproximadamente, ou até estar dourada.

Virar a panqueca e deixar por mais uns 10 minutos em fogo baixo ou até dourar. Repetir até o término da massa.

Arrumá-las numa travessa e servi-las com o doce de damasco.

Panqueca de Gergelim

1 copo de leite
1 e 1/2 copo de farinha de trigo
8 colheres de sopa de gergelim
4 colheres de sopa de óleo
1 colher de chá de sal
1 colher de sobremesa de fermento químico em pó
margarina para servir
melado de uvas a gosto para servir

Colocar o leite no liquidificador, adicionar a farinha, o gergelim e bater. Acrescentar o óleo, o sal e por último o fermento.

Aquecer uma frigideira pequena de *teflon*, pincelada de óleo. Colocar a massa, com aproximadamente um dedo de espessura e manter em fogo baixo até dourar. Virar a panqueca, mantendo em fogo baixo até dourar do outro lado. Adicionar um pouco de óleo para a massa não grudar.

Proceder assim até o término da massa e servir as panquecas com margarina e mel de uvas a gosto.

Panqueca de Maçã

1 copo de leite
1 copo de farinha de trigo
1/2 copo de farinha de glúten
4 colheres de sopa de óleo
1 colher de chá de sal
1 colher de sobremesa de fermento químico em pó
3 maçãs descascadas e fatiadas
1 colher de sobremesa de canela em pó
melado de cana a gosto para acompanhar

Colocar o leite no liquidificador, adicionar as farinhas e bater. Acrescentar o óleo, o sal e por último o fermento.

Aquecer uma frigideira de *teflon*, pincelada de óleo. Colocar a massa, com aproximadamente um dedo de espessura. Dispor as fatias de maçã por cima e um pouco de canela em pó. Manter em fogo baixo e quando dourar virar a panqueca, mantendo em fogo baixo até dourar do outro lado. Adicionar um pouco de óleo para a massa não grudar.

Servir a panqueca com mais canela em pó e melado de cana a gosto.

Panqueca de Nozes

1/2 copo de *tofu* amassado
1/2 copo de leite
1/2 copo de farinha de glúten
1 pitada de sal
1/2 copo de nozes picadas
1 colher de sopa de fermento químico em pó
margarina ou óleo para preparar as panquecas
melado de cana para acompanhar

Bater no liquidificador o *tofu*, o leite, a farinha e o sal. Virar numa tigela e adicionar as nozes e o fermento, misturando bem.

Derreter um pouco de margarina numa frigideira pequena, colocar 1 concha de massa e manter em fogo baixo por 10 minutos, aproximadamente, ou até estar dourada.

Virar a panqueca e deixar por mais uns 10 minutos em fogo baixo ou até dourar. Repetir até o término da massa.

Servir as panquecas com melado de cana a gosto.

Panqueca Integral com Mel de Uva

1 copo de água
1/2 copo de farinha de trigo branca
1/2 copo de farinha de trigo integral
1/2 colher de sobremesa de sal
3 colheres de sopa de óleo
1 colher de sopa de fermento químico em pó
1 colher de sopa de semente de girassol
margarina para preparar as panquecas
mel de uvas para acompanhar

Misturar todos os ingredientes numa tigela, deixando por último o fermento.

Derreter a margarina numa frigideira pequena, colocar 1 concha de massa e manter em fogo baixo por 10 minutos, aproximadamente, ou até estar dourada.

Virar a panqueca, deixar por mais uns 10 minutos em fogo baixo ou até dourar. Repetir até o término da massa.

Servi-las quentes, com mel de uvas a gosto.

Panquecão Delicioso

5 ou mais bananas grandes
1 maçã ralada sem a casca e sem as sementes
1/2 copo de farinha de trigo
1/2 copo de farinha de glúten
1/2 colher de sopa de fermento químico em pó
1 copo de água
1 colher de chá de sal
4 colheres de sopa de óleo para a massa
óleo para untar a frigideira
1/2 copo de amêndoas
1 pitadinha de sal
melado de cana a gosto
canela em pó a gosto

Colocar no liquidificador a água, a farinha de trigo, a farinha de glútem e bater bem. Adicionar o óleo, o sal e por último o fermento em pó.

Levar uma frigideira pequena untada ao fogão e manter o fogo alto.

Virar na frigideira já quente, uma quantidade de massa suficiente para cobrir todo o fundo da frigideira, com 1 dedo de espessura. Colocar a maçã ralada sobre a massa e em seguida cobrir totalmente com rodelas de banana. Manter o fogo baixo.

Com uma espátula de plástico para auxiliar, verificar a massa por baixo e, se estiver dourada, virar. Manter o fogo baixo.

Se as bananas grudarem no fundo, adicionar um pouquinho mais de óleo. Deixar a panqueca em fogo baixo até estar totalmente cozida.

Cortar as amêndoas em pedaços e torrar numa frigideira seca. Polvilhar um pouco de sal. Assim que estiverem dourando, retirar do fogo.

Servir a panqueca ainda quente, com melado de cana, canela em pó a gosto e as amêndoas por cima.

Panquecão de Maçã

Massa para panqueca com fubá e aveia:
1 copo mal cheio de farinha de trigo
1 colher de sopa rasa de fubá
1 colher de sopa rasa de aveia em flocos grossos
1 colher de chá de sal
2 colheres de sopa de óleo
1 copo de água à temperatura ambiente
1 colher de sobremesa cheia de fermento químico em pó

Recheio para panqueca de maçã e uva-passa:
3 maçãs maduras
2 colheres de sopa de uva-passa escura, sem sementes
4 colheres de sopa de castanha-do-pará picadinha
2 colheres de sopa de melado de cana
óleo para untar a frigideira
canela em pó a gosto

Bater os ingredientes da massa no liquidificador, deixando para colocar por último o fermento químico em pó.

Levar ao fogo uma panela com água. Assim que ferver, adicionar as maçãs e deixar em fogo baixo por 5 minutos.

Descascá-las, retirar-lhes o miolo e os caroços e cortá-las em fatias finas. Reservá-las.

Levar uma frigideira de *teflon* grande ao fogo alto e assim que estiver quente colocar metade do volume total da massa.

Abaixar o fogo e dispor metade das fatias de maçã, metade da uva-passa e das castanhas-do-pará e 1 colher de melado de cana.

Assim que estiver com o fundo dourado, virar a panqueca de lado, colocando um pouquinho mais de óleo, se necessário, para não grudar no fundo.

Manter o fogo baixo e, assim que estiver dourada dos dois lados, servir com canela em pó a gosto.

Repetir todo o processo com o restante dos ingredientes.

Obs.: poderão ser feitas panquecas menores utilizando frigideiras menores e diminuindo a quantidade de massa e recheio.

Waffles Salgados

WAFFLES SALGADOS

Waffle com abóbora kambutiá 167
Waffle com abobrinha 167
Waffle com alcaparra e cogumelo 168
Waffle com batata 168
Waffle com beterraba, champignon e glúten 169
Waffle com cenoura 169
Waffle com erva-doce 170
Waffle com escarola 170
Waffle com milho 171
Waffle com moranga 171
Waffle com palmito 172
Waffle com pimenta 172
Waffle com salsicha 173
Waffle com temperos desidratados 173
Waffle com tomate 174
Waffle de azeitona 174
Waffle de azeitona e tofu 175
Waffle temperado 175
Waffle verde 176
Waffle com pimenta calabresa 176
Waffle salada 177
Waffle com massa de milho 177
Waffle com mandioquinha 178
Waffle crocante temperado 178
Waffle com pimentão e salsicha vegetal 179
Waffle com chicória 179
Waffle com curry 180
Waffle com batata inglesa 180
Waffle forte 181
Waffle com funcho 181

Crepes, Panquecas e Waffles

Waffle com Abóbora Kambutiá

Massa de waffle com cenoura:
1 xícara de abóbora tipo kambutiá cozida e amassada com garfo
1 copo de leite
1 copo de farinha de trigo branca
1 colher de sopa de fermento químico
1 colher de sobremesa de sal
2 colheres de sopa de azeite de oliva
1 colher de sobremesa de alho espremido

Molho quente de pimentão para waffle:
2 pimentões verdes cortados em tiras pequenas e finas
1 cebola roxa grande cortada em tiras pequenas e finas
1 colher de sopa de óleo de gergelim
1 colher de sopa de óleo de milho
1/2 xícara de amendoim torrado e picado
3 colheres de sopa de *tahine* concentrado
1/2 xícara de água

Para o molho, aquecer numa *wok* o óleo de gergelim e o de milho. Fritar o pimentão picado e a cebola, até estarem macios. Adicionar o amendoim e o sal e mexer delicadamente.

Diluir o *tahine* na água e juntar à panela. Deixar ferver e retirar do fogo. Reservar.

Ligar e untar o aparelho próprio para fazer *waffles*.

Bater os ingredientes da massa no liquidificador, deixando para adicionar por último o fermento.

Colocar massa suficiente para cobrir a chapa do aparelho, já quente.

Servir os *waffles* com o molho quente.

Waffle com Abobrinha

1 copo de abobrinha verde ralada
1/2 copo de *tofu* firme
1 e 1/2 xícara de leite
2 colheres de sopa de azeite de oliva
1 colher de sobremesa de sal
3 dentes de alho
2 xícaras de farinha de trigo
1 colher de sobremesa cheia de fermento químico em pó

Ligar e untar o aparelho próprio para fazer *waffles*.

Para a massa, colocar no liquidificador a abobrinha ralada, o *tofu*, o leite, o azeite de oliva, o sal, o alho e bater. Adicionar a farinha de trigo branca e, quando formar uma massa homogênea, adicionar o fermento em pó.

Colocar massa suficiente para cobrir a chapa do aparelho, já quente. Fechar e servir os *waffles* ainda quentes.

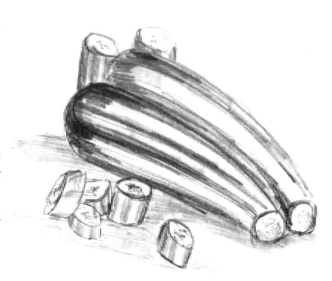

Waffle com Alcaparra e Cogumelo

1 colher de margarina
1 colher de alho espremido
4 colheres de sopa de cebolinha verde picada
1 copo de *shiitake* fresco cortado em tiras finas
1 colher de sopa de alcaparra picada
1 colher de chá de sal
1 copo de farinha de trigo
1/2 copo de flocos grossos de aveia
1 e 1/2 xícara de leite
1 colher de sobremesa de óleo
1 colher de sobremesa cheia de fermento químico em pó

Derreter a margarina, dourar o alho, adicionar a cebolinha e em seguida o *shiitake* fatiado, a alcaparra e o sal. Refogar até o *shiitake* estar macio e colocar tudo numa vasilha. Reservar.

Ligar e untar o aparelho próprio para fazer *waffles*.

Bater no liquidificador a farinha de trigo e os flocos de aveia com o leite e o óleo. Quando obtiver uma massa homogênea, adicionar o fermento em pó. Virar a massa na tigela do cogumelo e mexer delicadamente.

Colocar massa suficiente para cobrir a chapa do aparelho, já quente.

Servir os *waffles* ainda quentes.

Waffle com Batata

1 batata grande cozida e amassada com garfo
1 xícara de farinha de trigo
2 xícaras de leite
1 colher de sopa de margarina à temperatura ambiente
1 colher de sobremesa de sal
1 colher de sobremesa cheia de fermento químico em pó

Ligar e untar o aparelho próprio para fazer *waffles*.

Para a massa, colocar no liquidificador o leite, a batata cozida e amassada, a margarina e o sal e bater.

Adicionar a farinha de trigo e, quando formar uma massa homogênea, adicionar o fermento em pó.

Colocar massa suficiente para cobrir a chapa do aparelho, já quente. Fechar e, ao retirar os *waffles*, espalhar margarina a gosto.

Servir os *waffles* ainda quentes.

Waffle com Beterraba, Champignon e Glúten

Massa de waffle com beterraba:
1 xícara de farinha de trigo branca
1 xícara de água
2 colheres de fibra de soja
1/2 xícara de beterraba ralada bem fina
1/2 colher de sobremesa de sal
3 colheres de sopa de azeite de oliva
1/2 xícara de cebolinha verde picada
5 azeitonas verdes picadas
2 colheres de sopa de fermento químico

Molho de champignon e glúten:
2 colheres de sopa de margarina
1 colher de sopa de alho espremido
1 copo de *champignon* cortado em fatias
1 copo de glúten cortado em cubinhos
2 colheres de sopa de *shoyo*
2 colheres de sopa de molho inglês

Para o molho, derreter a margarina, dourar o alho, adicionar o *champignon* e o glúten e deixar 15 minutos em fogo alto.

Temperar com o *shoyo* e o molho inglês e mexer por mais 10 minutos. Retirar do fogo e reservar.

Ligar e untar o aparelho próprio para fazer *waffles*.

Misturar numa tigela os ingredientes da massa, exceto o fermento, e mexer com uma colher de pau até obter uma massa cremosa. Adicionar o fermento e misturar delicadamente.

Colocar massa suficiente para cobrir a chapa do aparelho, já quente.

Servir os *waffles* ainda quentes com o molho de *champignon* e o glúten.

Waffle com Cenoura

Massa de waffle com cenoura:
1 xícara de farinha de trigo branca
2 colheres de sopa de fermento químico
1/2 colher de sobremesa de sal
3 colheres de sopa de óleo
1 xícara de água
1 cenoura média ralada bem fina
2 colheres de sopa de salsa fresca picada
1 colher de chá de alho espremido

Molho de missô e tahine para waffle:
1 colher de sobremesa de *missô*
2 colheres de sopa de *tahine* concentrado
1 xícara de café de água filtrada
1/2 colher de café de sal

Para o molho, misturar delicadamente os ingredientes numa vasilha até obter uma consistência homogênea. Reservar.

Ligar e untar o aparelho próprio para fazer *waffles*.

Misturar os ingredientes da massa numa tigela, deixando para colocar por último a água, e mexer com uma colher de pau até obter uma massa cremosa.

Colocar massa suficiente para cobrir a chapa do aparelho, já quente.

Servir os *waffles* ainda quentes com o molho de *missô* e *tahine*.

Waffle com Erva-doce

1 copo de farinha de trigo
1 copo de leite
2 colheres de sopa de azeite de oliva
1 colher de chá de sal
1 colher de sobremesa cheia de fermento químico em pó
1/2 copo de erva-doce cortada em quadradinhos
1 colher de chá de alecrim desidratado

Ligar e untar o aparelho próprio para fazer *waffles*.

Bater no liquidificador a farinha de trigo com o leite, o azeite e o sal.

Quando obtiver uma massa homogênea, adicionar o fermento em pó. Virar a massa numa tigela, adicionar a erva-doce e o alecrim, e mexer delicadamente.

Colocar massa suficiente para cobrir a chapa do aparelho, já quente.

Servir os *waffles* ainda quentes.

Waffle com Escarola

2 colheres de sopa de azeite de oliva
1 colher de alho espremido
4 colheres de sopa de coentro fresco picado
1 colher de semente de endro
3 copos de escarola bem picadinha
1 colher de chá de sal
1 copo de farinha de trigo
1 copo de leite
1 colher de sobremesa de óleo
1 colher de sobremesa cheia de fermento químico em pó

Aquecer o azeite, dourar o alho, adicionar o coentro e a semente de endro e em seguida a escarola picadinha e o sal. Refogar até a escarola estar macia e colocar tudo numa vasilha. Reservar.

Ligar e untar o aparelho próprio para fazer *waffles*.

Bater no liquidificador a farinha de trigo com o leite e o óleo. Quando obtiver uma massa homogênea, adicionar o fermento em pó. Virar a massa na tigela da escarola e mexer delicadamente.

Colocar massa suficiente para cobrir a chapa do aparelho, já quente.

Servir os *waffles* ainda quentes.

Waffle com Milho

1 copo de milho doce ralado
1/2 copo de farinha de trigo
1 copo de leite
2 colheres de sopa de óleo
1 colher de chá de sal
1 colher de chá de caldo de vegetais em pó
1 colher de sobremesa de cebola desidratada
1 colher de sopa de gengibre fresco ralado
1 colher de sobremesa cheia de fermento **químico em pó**

Ligar e untar o aparelho próprio para fazer *waffles*.

Bater no liquidificador o milho doce com a farinha de trigo, com o leite, o óleo, o sal, o caldo de vegetais em pó, a cebola e o gengibre. Quando obtiver uma massa homogênea, adicionar o fermento em pó.

Colocar massa suficiente para cobrir a chapa do aparelho, já quente.

Servir os *waffles* ainda quentes.

Waffle com Moranga

1 copo de farinha de trigo
1 copo de leite
1 colher de chá de açafrão em pó
2 colheres de sopa de azeite de oliva
1 colher de chá de sal
1 colher de sobremesa cheia de fermento **químico em pó**
1/2 copo de moranga ralada bem fina
1 colher de sopa de cebola desidratada

Ligar e untar o aparelho próprio para fazer *waffles*.

Bater no liquidificador a farinha de trigo com o leite, o azeite e o sal.

Quando obtiver uma massa homogênea, adicionar o fermento em pó. Virar a massa numa tigela, adicionar a moranga e a cebola desidratada. Mexer delicadamente.

Colocar massa suficiente para cobrir a chapa do aparelho, já quente.

Servir os *waffles* ainda quentes.

Waffle com Palmito

1 copo de farinha de trigo
1 copo de leite
2 colheres de sopa de azeite de oliva
1 colher de chá de sal
1 colher de chá de caldo de vegetais em pó
1 colher de sobremesa de salsa desidratada
1 colher de sobremesa cheia de fermento químico em pó
1 copo de palmito picadinho

Ligar e untar o aparelho próprio para fazer *waffles*.

Bater no liquidificador a farinha de trigo com o leite, o azeite, o sal, o caldo de vegetais em pó e a salsa desidratada. Quando obtiver uma massa homogênea adicionar o fermento em pó.

Virar a massa numa tigela, adicionar o palmito picadinho e mexer delicadamente.

Colocar massa suficiente para cobrir a chapa do aparelho, já quente.

Servir os *waffles* ainda quentes.

Waffle com Pimenta

3 xícaras de farinha de trigo branca
1 xícara de germe de trigo
1 xícara de maisena
2 colheres de sopa de fermento químico
1/2 colher de sobremesa de sal
1/4 de xícara de óleo
3 xícaras de água
1 colher de café de pimenta malagueta picada
2 colheres de sopa de cebola desidratada
1 colher de sobremesa de salsa desidratada

Misturar os ingredientes numa tigela, deixando para colocar por último a água, e mexer com uma colher de pau até obter uma massa cremosa.

Ligar e untar o aparelho próprio para fazer *waffles*.

Colocar massa suficiente para cobrir a chapa do aparelho, já quente.

Servir os *waffles* ainda quentes.

Waffle com Salsicha

Massa de waffle com salsicha:
1 xícara de farinha de trigo branca
1 xícara de água
1/2 xícara de salsicha vegetal picadinha
2 colheres de germe de trigo
1/2 colher de sobremesa de sal
3 colheres de sopa de azeite de oliva
1/2 xícara de cebolinha verde picada
4 colheres de folha de manjericão fresca picada
1 colher de sopa de fermento químico

Molho de salsicha para waffle:
2 colheres de sopa de óleo de milho
1 colher de sopa de óleo de gergelim
2 pimentões verdes picadinhos
1 copo de salsicha vegetal picada
3 tomates sem sementes, picadinhos
1 colher de sobremesa de caldo de vegetais em pó
1 colher de chá de sal

Para o molho, aquecer o óleo de milho e o óleo de gergelim numa *wok*. Fritar o pimentão picado até ficar macio.

Adicionar a salsicha e deixar 10 minutos, em fogo alto. Juntar o tomate, o caldo de vegetais em pó e o sal.

Tampar a panela e deixar 15 minutos, mexendo de vez em quando. Retirar a panela do fogo e reservar.

Ligar e untar o aparelho próprio para fazer *waffles*.

Misturar numa tigela os ingredientes da massa, exceto o fermento, e mexer com uma colher de pau até obter uma massa cremosa. Adicionar o fermento e misturar delicadamente. Colocar massa suficiente para cobrir a chapa do aparelho, já quente.

Servir os *waffles* ainda quentes com o molho também quente.

Waffle com temperos desidratados

1/2 copo de *tofu* firme
2 xícaras de farinha de trigo
2 xícaras de leite
1 colher de sopa de margarina à temperatura ambiente
1 colher de sobremesa de sal
2 colheres de sopa de *shoyo*
1 colher de sopa de cebola desidratada
1 colher de sopa de salsa desidratada
1 colher de chá de alho desidratado
1 colher de sobremesa cheia de fermento químico em pó
molho inglês para acompanhar (verificar nos ingredientes se não contêm produtos derivados de animais)

Ligar e untar o aparelho próprio para fazer *waffles*.

Para a massa, colocar no liquidificador o *tofu*, o leite, a margarina, o *shoyo*, os temperos, o sal e bater.

Adicionar a farinha de trigo e, quando formar uma massa homogênea, adicionar o fermento em pó.

Colocar massa suficiente para cobrir a chapa do aparelho, já quente. Fechar e, ao retirar, o *waffle* pronto, espalhar margarina, molho inglês a gosto e servi-los ainda quentes.

Waffle com Tomate

Massa de waffle com tomate:
2 xícaras de água à temperatura ambiente
2 xícaras de farinha de trigo
1 colher de sopa de óleo
1 colher de sobremesa de sal
1 colher de sobremesa cheia de fermento químico em pó
1 copo de tomate seco temperado, picadinho

Creme de tofu para waffle:
1 xícara de *tofu* amassado com garfo
2 colheres de azeitona verde picada
1 colher de chá de sal
3 colheres de sopa de vinagre
4 colheres de sopa de azeite de oliva
2 colheres de sopa de vinho branco
1 colher de sobremesa de sementes de papoula

Para o creme de *tofu*, bater todos os ingredientes no liquidificador até obter uma consistência cremosa. Manter na geladeira até o momento de servir.

Ligar e untar o aparelho próprio para fazer *waffles*.

Para a massa, bater no liquidificador a água, a farinha, o óleo, o sal. Quando a massa estiver cremosa adicionar o fermento. Virar a massa numa vasilha e misturar delicadamente o tomate seco picado.

Colocar massa suficiente para cobrir a chapa do aparelho, já quente.

Servir os *waffles* quentes, com o creme de *tofu* a gosto.

Waffle de Azeitona

1 copo de leite
2 colheres de sopa de margarina à temperatura ambiente
1 colher de chá de sal
6 azeitonas chilenas sem caroço
1 colher de chá de orégano
1 e 1/2 copo de farinha de trigo
1 colher de sobremesa de fermento químico em pó
azeite de oliva a gosto
rodelas finas de tomate

Ligar e untar o aparelho próprio para fazer *waffles*.

Para a massa, colocar o leite no liquidificador junto com a margarina, o sal, a azeitona, o orégano e bater.

Adicionar a farinha de trigo e, quando formar uma massa homogênea, adicionar o fermento em pó.

Colocar massa suficiente para cobrir a chapa do aparelho, já quente. Fechar, e ao retirar, espalhar azeite de oliva e rodelas de tomate a gosto. Servir quente.

Waffle de Azeitona e Tofu

Massa de waffle com azeitona:
1 copo de *tofu* firme amassado
1 copo de farinha de trigo
1 xícara de leite
1 colher de sopa de margarina à temperatura ambiente
1 colher de chá de sal
1 colher de sobremesa cheia de fermento químico em pó
1/2 xícara de azeitona verde picada
1 colher de sobremesa rasa de alho desidratado

Pepino para acompanhar:
2 pepinos tipo japonês cortados em tiras finas
1 colher de chá de açúcar
1 colher de sobremesa de *shoyo*
1 colher de sobremesa de gergelim torrado

Para a preparação do pepino, cortá-los em tiras bem finas, colocar numa vasilha e temperar com o açúcar, o *shoyo* e o gergelim. Manter na geladeira até o momento de servir.

Ligar e untar o aparelho próprio para fazer *waffles*.

Para a massa, bater no liquidificador o *tofu*, o leite, a farinha, a margarina e o sal.

Virar a massa numa vasilha e adicionar a azeitona e o alho. Misturar bem e colocar massa suficiente para cobrir a chapa do aparelho, já quente. Fechar e, ao retirar, servir os *waffles* ainda quentes, com o pepino geladinho.

Waffle Temperado

1/2 copo de *tofu* firme
2 xícaras de farinha de trigo
1 xícara de leite
1 colher de sopa de margarina à temperatura ambiente
1 colher de sobremesa rasa de sal
1 colher de sobremesa rasa de alho desidratado
1 colher de sobremesa rasa de salsa desidratada
1 colher de sobremesa rasa de cebola desidratada
1 colher de sobremesa cheia de fermento químico em pó
margarina a gosto para servir

Para a massa, colocar no liquidificador o *tofu*, o leite, a margarina, o sal, o alho, a salsa e a cebola e bater.

Adicionar a farinha de trigo branca e, quando formar uma massa homogênea, adicionar o fermento em pó.

Colocar massa suficiente para cobrir a chapa do aparelho, já quente. Fechar e, ao retirar, espalhar margarina a gosto e servir os *waffles* ainda quentes.

Waffle Verde

1 copo de água ou leite
2 colheres de sopa de azeite de oliva
1 colher de sobremesa de sal
1 colher de chá de *chilli* em pó
1 colher de sobremesa de maisena
1 colher de sopa de farinha de trigo integral
1 xícara de farinha de trigo branca
4 colheres de sopa de cebolinha verde picada
4 colheres de sopa de alho-porró picadinho
1 colher de sopa de coentro fresco picado
1 colher de sopa de salsa fresca picada
4 colheres de sopa de azeitona verde picada
1 colher de sobremesa de fermento químico em pó

Ligar e untar o aparelho próprio para fazer *waffles*.

Para a massa, colocar no liquidificador a água ou o leite, o azeite de oliva, o sal e o *chilli*. Ligar e, quando obtiver uma mistura homogênea, adicionar a maisena e a farinha de trigo integral. Deixar bater até a massa ficar novamente homogênea. Ir adicionando a farinha de trigo branca aos poucos, até obter uma massa cremosa. Reservar.

Numa tigela à parte, misturar a cebolinha verde picada com o alho-porró, o coentro, a salsa e a azeitona verde. Juntar a massa batida à mistura da tigela, mexer delicadamente e adicionar por último o fermento químico em pó.

Colocar massa suficiente para cobrir a chapa do aparelho, já quente.

Fechar o aparelho, retirar os *waffles* quando a massa estiver dourada e servi-los quentes.

Waffle com Pimenta Calabresa

1 copo de água
2 colheres de sopa de óleo de milho
1 cebola roxa
1/2 colher de sobremesa de sal
1 colher de café de corante amarelo próprio para alimentos
1 xícara de farinha de trigo branca
1 colher de germe de trigo
1 colher de chá de pimenta calabresa
1/2 xícara de castanha-do-pará picadinha
1 colher de sobremesa de fermento químico em pó

Ligar e untar o aparelho próprio para fazer *waffles*.

Para a massa, colocar no liquidificador a água, o óleo, a cebola, o sal e o corante. Ligar e, quando obtiver uma mistura homogênea, adicionar a farinha de trigo branca e o germe de trigo e manter ligado o aparelho até obter uma massa cremosa. Virar a massa numa tigela e adicionar a pimenta calabresa, a castanha-do-pará picadinha e mexer bem até a massa ficar homogênea, adicionando por último o fermento químico em pó. Mexer delicadamente e colocar massa suficiente para cobrir a chapa do aparelho, já quente.

Fechar o aparelho, retirar os *waffles* quando a massa estiver dourada e servi-los quentes.

Waffle Salada

1 copo de folhas de alface cortadas bem fininhas
1 copo de folhas de rúcula cortadas bem fininhas
1 xícara de tomate seco, temperado e bem picadinho
1/2 xícara de cenoura ralada
1/2 xícara de uva fresca, sem semente, picada
3 colheres de sopa de azeite de oliva
2 colheres de sopa de sumo de limão
1 colher de chá de sal

Para o waffle:
1 copo de água
2 colheres de sopa de óleo
1/2 colher de sobremesa de sal
1 colher de sopa de salsa fresca picada
1 xícara de farinha de trigo branca
3 colheres de sopa de fubá
1 colher de linhaça
1 colher de sobremesa de fermento químico

Numa tigela à parte misturar as folhas de alface com as folhas de rúcula, o tomate, a cenoura c a uva. Temperar com o azeite, o limão e o sal. Reservar na geladeira.

Ligar e untar o aparelho próprio para fazer *waffles.*

Para a massa, colocar no liquidificador a água, o óleo, o sal e a salsa. e bater até obter uma mistura homogênea. Adicionar a farinha de trigo branca, o fubá, a linhaça e, quando tiver obtido uma massa cremosa, colocar o fermento químico em pó.

Colocar massa suficiente para cobrir a chapa do aparelho, já quente.

Fechar o aparelho, retirar os *waffles* quando a massa estiver dourada.

Servir os *waffles* quentes, com a salada em volta para acompanhar.

Waffle com Massa de Milho

2 copos de grãos crus de milho verde
2 copos de água
1 colher de sopa de óleo de milho
1/2 colher de sobremesa de sal
2 colheres de sopa de cebolinha verde picada
1 colher de sopa de alho-porró picadinho
1 xícara de farinha de trigo branca
1 colher de sobremesa de fermento químico em pó

Ligar e untar o aparelho próprio para fazer *waffles.*

Bater no liquidificador os grãos de milho com a água e peneirar. Colocar o caldo extraído no liquidificador, adicionar o óleo, o sal, a cebolinha verde picadinha e o alho-porró picadinho, bater até obter uma mistura homogênea.

Adicionar a farinha de trigo branca aos poucos, até obter uma massa cremosa. Adicionar o fermento químico em pó e bater ligeiramente somente para misturar o pó à massa.

Colocar massa suficiente para cobrir a chapa do aparelho, já quente.

Fechar o aparelho, retirar os *waffles* quando a massa estiver dourada e servi-los quentes.

Obs.: Com o bagaço que sobra do milho pode-se fazer croquetes e bolinhos, ou mesmo colocar em risotos e sopas.

Waffle com Mandioquinha

1 copo de mandioquinha ralada
1/2 copo de água
3 dentes de alho
1 colher de chá rasa de noz-moscada ralada
1/2 copo de leite de soja
1/2 copo de leite de coco
1 colher de sopa de óleo
1 colher de sopa de azeite de dendê
1/2 colher de sobremesa de sal
1 xícara de farinha de trigo branca
5 colheres de sopa de alho-porró picadinho
1/2 cebola ralada
1 colher de sobremesa de fermento químico

Colocar a mandioquinha ralada numa panela, juntar a água, os dentes de alho e a noz-moscada e cozinhar em fogo alto até a água secar.

Retirar do fogo e reservar.

Ligar e untar o aparelho próprio para fazer *waffles*.

Para a massa, colocar no liquidificador o leite de soja e o leite de coco, o óleo, o azeite de dendê e o sal e bater até obter uma mistura homogênea. Adicionar a farinha de trigo branca aos poucos, até obter uma massa cremosa. Reservar.

Numa tigela à parte, misturar o alho-porró, a cebola ralada e a mandioquinha. Juntar a massa à tigela e misturar delicadamente e adicionar por último o fermento químico em pó.

Colocar massa suficiente para cobrir a chapa do aparelho, já quente.

Fechar o aparelho, retirar os *waffles* quando a massa estiver dourada e servi-los quentes.

Waffle Crocante Temperado

1 copo de água
2 colheres de sopa de azeite de oliva
1/2 colher de sobremesa de sal
1 colher de sobremesa de orégano desidratado
1 colher de chá de manjericão desidratado
1 colher de café de urucum em pó
1 colher de sobremesa de salsa desidratada
1 colher de sobremesa de cebola desidratada
1 colher de sobremesa de alho desidratado
1 colher de café de pimenta-do-reino
1 xícara de farinha de trigo branca
4 colheres de sopa de fubá
1 colher de sobremesa de fermento químico em pó

Ligar e untar o aparelho próprio para fazer *waffles*.

Misturar numa vasilha todos os temperos secos, mexendo bem. Reservar.

Misturar em outra vasilha a farinha de trigo branca com o fubá. Reservar.

Para a massa, colocar no liquidificador a água, o azeite de oliva e bater até obter uma mistura homogênea.

Adicionar, aos poucos, a farinha de trigo branca misturada com o fubá, até obter uma massa cremosa.

Acrescentar os temperos já misturados e em seguida o fermento químico em pó.

Colocar massa suficiente para cobrir a chapa do aparelho, já quente.

Fechar o aparelho, retirar os *waffles* quando a massa estiver dourada e servi-los quentes.

Crepes, Panquecas e Waffles

Waffle com Pimentão e Salsicha Vegetal

1 copo de água
2 colheres de sopa de azeite de oliva
1 colher de chá de sal
1 colher de chá rasa de açafrão em pó
1 xícara de farinha de trigo branca
2 colheres de sopa de farinha de trigo integral
1/2 xícara de salsicha vegetal picada
1/2 pimentão amarelo sem sementes e picado em tamanho bem pequeno
1/2 pimentão vermelho sem sementes e picado em tamanho bem pequeno
2 colheres de sopa de cebolinha verde picada
4 colheres de sopa de alho-porró picadinho
1 colher de sobremesa de fermento químico em pó

Ligar e untar o aparelho próprio para fazer *waffles*.

Para a massa, colocar no liquidificador a água, o azeite de oliva, o sal e o açafrão em pó e bater até obter uma mistura homogênea, adicionar a farinha de trigo branca e a integral. Bater até a massa estar novamente homogênea e reservar.

Numa tigela à parte, misturar a salsicha com os pimentões picadinhos, a cebolinha verde picada e o alho-porró. Juntar a massa batida à mistura da tigela e mexer delicadamente. Adicionar então o fermento químico em pó. Misturar delicadamente e então colocar massa suficiente para cobrir a chapa do aparelho, já quente.

Fechar o aparelho, retirar os *waffles* quando a massa estiver dourada e servi-los quentes.

Waffle com Chicória

1 copo de água ou leite
2 colheres de sopa de azeite de oliva
1 colher de sobremesa de sal
1 colher de sobremesa de manjericão desidratado
1 xícara de farinha de trigo branca
4 colheres de sopa de cebolinha verde picada
1/2 xícara de chicória cortada bem fininha
4 colheres de sopa de alho-porró picadinho
4 colheres de sopa de azeitona preta do tipo chilena, bem picadinha
1 colher de sobremesa de fermento químico em pó

Ligar e untar o aparelho próprio para fazer *waffles*.

Para a massa, colocar no liquidificador a água ou o leite, o azeite de oliva, o sal e o manjericão desidratado. Ligar o aparelho e, quando obtiver uma mistura homogênea, ir adicionando a farinha de trigo branca aos poucos, até obter uma massa cremosa. Reservar.

Numa tigela à parte, misturar a cebolinha verde picada, a chicória picadinha, o alho-porró e a azeitona preta picadinha. Juntar a massa batida à mistura da tigela, mexer delicadamente e adicionar por último o fermento químico em pó.

Colocar massa suficiente para cobrir a chapa do aparelho, já quente.

Fechar o aparelho, retirar os *waffles* quando a massa estiver dourada e servi-los quentes.

Waffle com Curry

1/2 copo de leite de soja
1/2 copo de leite de coco
2 colheres de sopa de óleo
1/2 colher de sobremesa de sal
1 colher de chá de *curry* em pó
1 pitada de pimenta calabresa
1 xícara de farinha de trigo branca
5 colheres de sopa de alho-porró picadinho
1 colher de sopa cheia de semente de mostarda preta
1 colher de sobremesa de fermento químico em pó

Ligar e untar o aparelho próprio para fazer *waffles*.

Para a massa, colocar no liquidificador o leite de soja e o leite de coco, o óleo, o sal, o *curry* e a pimenta calabresa e bater até obter uma mistura homogênea. Adicionar a farinha de trigo branca aos poucos, até obter uma massa cremosa. Virar a massa numa tigela e misturar o alho-porró, a semente de mostarda e o fermento químico em pó. Mexer delicadamente e colocar massa suficiente para cobrir a chapa do aparelho, já quente.

Fechar o aparelho, retirar os *waffles* quando a massa estiver dourada e servi-los quentes.

Waffle com Batata Inglesa

1 copo de leite
2 colheres de sopa de azeite de oliva
1 colher de sobremesa de sal
1/2 xícara de batata cozida e amassada
4 colheres de sopa de cebolinha verde picada
2 dentes de alho
5 colheres de sopa de azeitona verde picada
1 xícara de farinha de trigo branca
1 colher de sobremesa de fermento químico em pó

Ligar e untar o aparelho próprio para fazer *waffles*.

Para a massa, colocar no liquidificador o leite, o azeite de oliva, o sal, a batata cozida, a cebolinha verde picada, os dentes de alho espremidos, a azeitona verde.

Bater até a massa estar homogênea e ir adicionando a farinha de trigo branca aos poucos, até obter uma massa cremosa. Adicionar por último o fermento químico em pó e misturar delicadamente.

Colocar massa suficiente para cobrir a chapa do aparelho, já quente.

Fechar o aparelho, retirar os *waffles* quando a massa estiver dourada e servi-los quentes.

Crepes, Panquecas e Waffles

Waffle Forte

1 copo de água
2 colheres de sopa de óleo
1 colher de sobremesa de sal
1 colher de chá de *chilli* em pó
1 colher de chá de páprica doce em pó
2 colheres de sopa de cebolinha verde picada
5 dentes de alho espremidos
1/2 cebola
1 xícara de farinha de trigo branca
1 colher de sobremesa de fermento químico em pó

Ligar e untar o aparelho próprio para fazer *waffles*.

Para a massa, colocar no liquidificador a água, o óleo, o sal, o *chilli*, a páprica, a cebolinha, os dentes de alho e a cebola picada e bater até obter uma mistura homogênea. Adicionar a farinha de trigo branca aos poucos, até obter uma massa cremosa.

Adicionar por último o fermento químico em pó e dar mais uma rápida batida para misturar.

Colocar massa suficiente para cobrir a chapa do aparelho, já quente.

Fechar o aparelho, retirar os *waffles* quando a massa estiver dourada e servi-los quentes.

Waffle com Funcho

1 copo de água ou leite
2 colheres de sopa de azeite de oliva
1 colher de sobremesa de sal
1 colher de chá de açafrão em pó
1 xícara de farinha de trigo branca
4 colheres de sopa de cebolinha verde picada
6 colheres de sopa de erva-doce cortada bem fininha
1 colher de sobremesa de linhaça
1 colher de sobremesa de fermento químico em pó

Ligar e untar o aparelho próprio para fazer *waffles*.

Para a massa, colocar no liquidificador a água ou o leite, o azeite de oliva, o sal e o açafrão em pó. Ligar e, quando obtiver uma mistura homogênea, ir adicionando a farinha de trigo branca aos poucos, até obter uma massa cremosa. Reservar.

Numa tigela à parte, misturar a cebolinha verde picada, a erva-doce cortada em rodelinhas e a linhaça. Juntar a massa batida à mistura da tigela e mexer delicadamente e adicionar por último o fermento químico em pó.

Colocar massa suficiente para cobrir a chapa do aparelho, já quente.

Fechar o aparelho, retirar os *waffles* quando a massa estiver dourada e servi-los quentes.

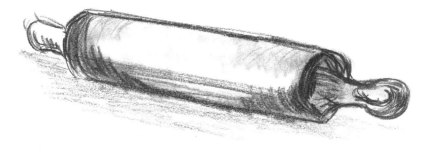

Waffles Doce

WAFFLES DOCES

Waffle adocicado 185
Waffle com aveia e cereja 185
Waffle com calda de açúcar e banana 186
Waffle com calda de chocolate quente 186
Waffle com farinha de arroz integral 187
Waffle com farinha de glúten e calda de ameixas 187
Waffle com amêndoa e abacaxi 188
Waffle com fibra de trigo e doce de banana 188
Waffle com fibra de soja e doce pêra 189
Waffle com flocos de fubá 189
Waffle com framboesas 190
Waffle com fubá 190
Waffle com melado de cana 191
Waffle com melado e abacaxi 191
Waffle com morango 192
Waffle com nozes 192
Waffle com sorvete de abacaxi 193
Waffle com sorvete de morango 193
Waffle de amêndoas com calda de chocolate 194
Waffle de aveia grossa e laranja 194
Waffle de castanha-do-pará e calda de açúcar 195
Waffle de chocolate com creme de damasco 195
Waffle de coco 196
Waffle de fibra com caqui 196
Waffle integral crocante 197
Waffle rápido 197

Waffle Adocicado

Massa para waffle com fubá e banana:
1 banana-nanica madura
1 xícara de farinha de trigo
3 colheres de sopa de flocos de milho pré-cozidos
1 xícara de leite ou água
1 colher de sopa de margarina à temperatura ambiente
1 colher de sobremesa de açúcar mascavo
1 pitada de sal
1 colher de sobremesa cheia de fermento químico em pó

Doce de ameixa fresca:
2 copos de fatias de ameixa fresca bem madura
1 copo de açúcar mascavo ou demerara
1/2 xícara de amêndoas laminadas para guarnecer
margarina a gosto

Para o doce, colocar as fatias de ameixa e o açúcar numa panela e levar ao fogo alto até iniciar fervura. Manter em fogo brando, com panela destampada, mexendo com colher de pau, de vez em quando. Assim que as ameixas estiverem macias, passá-las por uma peneira e voltar ao fogo brando, até o doce obter consistência cremosa. Retirar a panela do fogo, colocar o doce num potinho e reservar.

Ligar e untar o aparelho próprio para fazer *waffles*.

Para a massa, colocar no liquidificador os ingredientes, deixando para colocar por último o fermento químico.

Colocar massa suficiente para cobrir a chapa do aparelho, já quente. Fechar e, ao retirar os *waffles*, espalhar margarina, o doce de ameixa e amêndoas a gosto. Servir os *waffles* ainda quentes.

Waffle com Aveia e Cereja

Massa para waffle com aveia fina:
1 xícara de farinha de trigo
1 xícara de aveia em flocos finos
2 xícaras de leite
1 colheres de sopa de margarina à temperatura ambiente
1 colher de sobremesa de sal
1 colher de sobremesa cheia de fermento químico em pó

Doce de cereja fresca:
2 copos de cerejas frescas
2 copos de açúcar
margarina a gosto para servir

Para a calda, colocar as cerejas e o açúcar numa panela, tampar e levar ao fogo alto. Assim que ferver, destampar a panela e mexer com colher de pau. Quando as cerejas estiverem macias, passar por uma peneira e voltar ao fogo brando, até dar ponto. Retirar do fogo e reservar.

Para a massa, misturar numa tigela os ingredientes da massa, exceto o fermento. Mexer vigorosamente até obter uma massa homogênea e cremosa. Adicionar o fermento químico e misturar delicadamente.

Colocar massa suficiente para cobrir a chapa do aparelho, já quente. Fechar e, ao retirar os *waffles*, espalhar margarina e o doce de cereja a gosto.

Servir os *waffles* ainda quentes

Waffle com Calda de Açúcar e Banana

Massa para waffle integral com coco:
1 copo de leite
1/2 xícara de leite de coco
1 colher de sopa de margarina à temperatura ambiente
1 colher de chá de sal
1 copo de farinha de trigo branca
1 copo de farinha de trigo integral
1 colher de sopa de fermento químico em pó
Calda de açúcar e banana para waffle:
1 xícara de açúcar
1/2 xícara de água (aproximadamente)
4 bananas-nanicas maduras, cortadas em rodelinhas
margarina a gosto

Para a calda, colocar o açúcar numa panela, sem água, e levar ao fogo médio, mexendo sempre com uma colher de pau. Assim que estiver derretido, ir adicionando água aos poucos, até formar uma calda. Assim que desempedrar e estiver uma calda cremosa, adicionar as rodelas de banana. Deixar ferver por 7 minutos, retirar a panela do fogo e colocar a calda numa tigela. Reservar.

Ligar e untar o aparelho próprio para fazer *waffles*.

Para a massa, colocar no liquidificador o leite, o leite de coco, a margarina e o sal e bater.

Adicionar a farinha de trigo branca e a farinha de trigo integral e, quando formar uma massa homogênea, adicionar o fermento em pó.

Colocar massa suficiente para cobrir a chapa do aparelho, já quente. Fechar e, ao retirar os *waffles*, espalhar margarina e calda a gosto. Servir quente.

Waffle com Calda de Chocolate Quente

Massa para waffle com tofu:
1 copo de *tofu* amassado
3 xícaras de farinha de trigo
2 xícaras de leite
1 colher de sopa de margarina à temperatura ambiente
1 colher de sobremesa de sal
1 colher de sobremesa de fermento químico em pó
Calda de chocolate:
1 barra de chocolate amargo
1 xícara de leite
margarina a gosto

Para a calda, derreter o chocolate picadinho em banho-maria, adicionando o leite aos poucos e mexendo continuamente, até obter um creme homogêneo. Colocar a calda numa tigela. Reservar.

Ligar e untar o aparelho próprio para fazer *waffles*.

Para a massa, colocar no liquidificador o *tofu*, o leite, a margarina e o sal e bater.

Adicionar a farinha de trigo branca e, quando formar uma massa homogênea, adicionar o fermento em pó.

Colocar massa suficiente para cobrir a chapa do aparelho, já quente. Fechar e, ao retirar os *waffles*, espalhar margarina e a calda de chocolate ainda quente.

Waffle com Farinha de Arroz Integral

Massa para waffle com farinha de arroz:
1 copo de *tofu* firme
2 xícaras de farinha de trigo
1 xícara de farinha de arroz integral
1 xícara de leite
1 xícara de leite de coco
1 colher de sopa de margarina à temperatura ambiente
1 colher de sobremesa de sal
1 colher de sobremesa cheia de fermento químico em pó
Calda de maple e morango para waffle:
1 xícara de xarope de *maple*
1/2 xícara de morangos frescos, lavados e picados
margarina a gosto

Para a calda, colocar o xarope de *maple* numa panela e levar ao fogo médio. Assim que levantar fervura, adicionar o morango picado e ferver por 5 minutos. Retirar do fogo e reservar.

Ligar e untar o aparelho próprio para fazer *waffles*.

Para a massa, colocar no liquidificador o *tofu*, o leite, o leite de coco, a margarina e o sal e bater.

Adicionar a farinha de trigo branca e a farinha de arroz integral e, quando formar uma massa homogênea, adicionar o fermento em pó.

Colocar massa suficiente para cobrir a chapa do aparelho, já quente. Fechar e, ao retirar os *waffles*, espalhar margarina e xarope de *maple* e morango a gosto. Servir os *waffles* ainda quentes.

Waffle com Farinha de Glúten e Calda de Ameixas

Massa para waffle com glúten:
3 copos de leite
2 colheres de sopa rasas de margarina à temperatura ambiente
1 colher de sobremesa de sal
2 copos de farinha de glúten
1 colher de sopa de fermento químico em pó
Calda de ameixa para waffle:
2 copos de ameixa seca picada em pedaços pequenos
3 copos de chá preto forte
1 copo de açúcar mascavo
margarina a gosto

Para a calda, preparar o chá preto bem forte, coar e colocar numa panela, juntando a ameixa picada e o açúcar mascavo. Manter em fogo médio e mexer de vez em quando, até ficar um doce cremoso. Retirar do fogo e reservar.

Ligar e untar o aparelho próprio para fazer *waffles*.

Para a massa, colocar no liquidificador o leite, a margarina e o sal e bater.

Adicionar a farinha de glúten e, quando formar uma massa homogênea, adicionar o fermento em pó.

Colocar massa suficiente para cobrir a chapa do aparelho, já quente. Fechar e, ao retirar os *waffles*, espalhar margarina e calda de ameixa a gosto. Servir os *waffles* ainda quentes.

Waffle com Amêndoa e Abacaxi

1 xícara de farinha de trigo
1 xícara de leite
1 colher de sobremesa de fermento em pó
3 colheres de sopa de óleo de milho
1 pitada de sal
2 colheres de sopa de amêndoas picadas
Doce de abacaxi:
3 rodelas de abacaxi maduro, picadinhas
1/2 xícara de caldo de laranja
1/2 xícara de açúcar mascavo

Para o doce, colocar todos os ingredientes numa panela e leá-la ao fogo alto. Assim que levantar fervura abaixar o fogo e mexer de vez em quando até tornar-se uma cobertura cremosa. Retirar do fogo e reservar.

Aquecer o aparelho para *waffles*.

Para a massa, colocar o leite do liquidificador e adicionar a farinha de trigo, o óleo e o sal. Quando tornar-se uma massa cremosa, adicionar o fermento em pó. Virar a massa numa tigela e misturar as amêndoas picadas.

Colocar massa suficiente para cobrir a chapa do aparelho, já quente. Fechar e, ao retirar o *waffle* pronto, espalhar e calda a gosto.

Servir os *waffles* ainda quentes.

Waffle com Fibra de Trigo e Doce de Banana

Massa para waffle adocicada:
1 copo de *tofu* firme
1 e 1/2 xícara de leite
2 colheres de sopa rasas de margarina à temperatura ambiente
1 colher de sobremesa de sal
1 pitada de açúcar mascavo
1 xícara de farinha de trigo branca
1 xícara de fibra de trigo
1 colher de sobremesa cheia de fermento químico em pó
Doce de banana:
4 bananas-nanicas maduras amassadas
1/2 xícara de glicose de milho
1 pitada de noz-moscada ralada
1 pitada de canela em pó
margarina a gosto

Para o doce de banana, colocar a banana amassada numa panela, adicionar a glicose, a noz-moscada e a canela em pó e levar ao fogo médio. Deixar cozinhar em fogo baixo por 30 minutos, mexendo de vez em quando. Retirar do fogo e reservar.

Ligar e untar o aparelho próprio para fazer *waffles*.

Para a massa, colocar no liquidificador o *tofu*, o leite, a margarina, o sal e o açúcar e bater.

Adicionar a farinha de trigo branca e a fibra de trigo e, quando formar uma massa homogênea, adicionar o fermento em pó.

Colocar massa suficiente para cobrir a chapa do aparelho, já quente. Fechar e, ao retirar os *waffles*, espalhar margarina e doce de banana a gosto. Servir os *waffles* ainda quentes.

Waffle com Fibra de Soja e Doce de Pêra

Massa de waffle com fibra:
1/2 copo de *tofu* firme
2 e 1/2 copos de farinha de trigo
1/2 xícara de fibra de soja
2 xícaras de leite
1 colher de sopa de margarina à temperatura ambiente
1 colher de sobremesa de sal
1 colher de sobremesa cheia de fermento químico em pó
Doce de pêra para waffle:
4 peras grandes, maduras, descascadas e picadas
1 xícara de açúcar
1 xícara de xarope de *maple*
margarina a gosto

Para o doce de pêra, colocar a pêra picada e o açúcar numa panela, tampar e levar ao fogo alto até estar macio.

Bater tudo no liquidificador e voltar à panela, juntando o xarope de *maple*. Manter o fogo médio e mexer de vez em quando, até estar um doce cremoso. Retirar do fogo e reservar.

Ligar e untar o aparelho próprio para fazer *waffles*.

Para a massa, colocar no liquidificador o *tofu*, o leite, a margarina, o sal e bater.

Adicionar a farinha de trigo e a fibra e, quando formar uma massa homogênea, adicionar o fermento em pó.

Colocar massa suficiente para cobrir a chapa do aparelho, já quente. Fechar e, ao retirar os *waffles*, espalhar margarina e o doce de pêra a gosto. Servir os *waffles* ainda quentes.

Waffle com Flocos de Fubá

1 xícara de flocos de fubá pré-cozido
1/2 xícara de farinha de trigo
1/2 xícara de maisena
1 colher de sobremesa de fermento em pó
1/2 xícara de água
5 colheres de sopa de óleo de milho
2 colheres de sopa de açúcar mascavo
1 pitada de sal

Aquecer o aparelho para *waffles*.

Numa tigela misturar o fubá com a farinha de trigo, a maisena e o fermento. Bater no liquidificador a água com o óleo, o açúcar, o sal e misturar às farinhas da tigela.

Mexer com colher de pau até obter uma massa cremosa.

Colocar massa suficiente para cobrir a chapa do aparelho, já quente. Fechar e, ao retirar os *waffles*, espalhar margarina a gosto e calda de chocolate. Servir os *waffles* ainda quentes.

Waffle com Framboesas

Massa básica para waffle:
2 copos de leite
4 colheres de sopa de margarina à temperatura ambiente
1 colher de chá de sal
2 e 1/2 copos de farinha de trigo branca
1 colher de sobremesa de fermento químico em pó
Doce de framboesa para waffle:
3 copos de framboesas lavadas e picadas
2 copos de açúcar mascavo

Fazer o doce de framboesa, colocando-as numa panela, juntamente com o açúcar. Manter a panela tampada por 10 minutos e então deixar em fogo alto por mais 25 minutos, mexendo de vez em quando. Retirar a panela do fogo e colocar o doce numa tigela. Reservar.

Ligar e untar o aparelho próprio para fazer *waffles*.

Para a massa, colocar o leite no liquidificador junto com a margarina e o sal e bater.

Adicionar a farinha de trigo e, quando formar uma massa homogênea, adicionar o fermento em pó.

Colocar massa suficiente para cobrir a chapa do aparelho, já quente. Fechar e, ao retirar os *waffles*, espalhar margarina a gosto, o doce de framboesa a gosto. Servir quente.

Waffle com Fubá

Massa para waffle com fubá e castanha-do-pará:
1/2 xícara de fubá do tipo mimoso
1 xícara de farinha de trigo
1 copo de água
1/2 xícara de castanha-do-pará picada
2 colheres de sopa de óleo
1 colher de sobremesa de sal
1 colher de sobremesa cheia de fermento químico em pó
Doce de maçã-verde com melado:
1 xícara de maçã-verde descascada e cortada em quadradinhos
1 copo de melado de cana
margarina a gosto para servir

Para a calda, levar o melado ao fogo alto até iniciar fervura. Adicionar a maçã picada e deixar até estar macia. Passar por uma peneira e voltar ao fogo por mais 20 minutos em fogo brando. Retirar a panela do fogo, colocar o doce num pote e reservar.

Ligar e untar o aparelho próprio para fazer *waffles*.

Para a massa, misturar numa tigela os ingredientes da massa, exceto o fermento. Mexer vigorosamente até obter uma massa homogênea e cremosa. Adicionar o fermento químico e misturar delicadamente.

Colocar massa suficiente para cobrir a chapa do aparelho, já quente. Fechar e, ao retirar os *waffles*, espalhar margarina e doce de maçã-verde e melado a gosto.

Servir os *waffles* ainda quentes

Waffle com Melado de Cana

Massa branca para waffle:
2 copos de leite
1/2 xícara de leite de coco
3 colheres de sopa de margarina à temperatura ambiente
1 colher de chá de sal
2 e 1/2 copos de farinha de trigo branca
1/2 copo de maisena
1/2 copo de farinha de glúten
1 colher de sopa de fermento químico em pó
Melado especial para waffle:
1 xícara de melado de cana
1/3 de xícara de sumo de laranja
2 cravos-da-índia
1 colher de chá de casca de laranja ralada

Fazer o melado especial, misturando-o com o cravo, a casca de laranja e o sumo de laranja. Colocar numa panela e levar ao fogo alto. Assim que levantar fervura, manter o fogo baixo por 15 minutos. Retirar do fogo e reservar.

Ligar e untar o aparelho próprio para fazer *waffles*.

Para a massa, colocar no liquidificador o leite, o leite de coco, a margarina e o sal e bater.

Adicionar a farinha de trigo, a maisena e a farinha de glúten e, quando formar uma massa homogênea, adicionar o fermento em pó.

Colocar massa suficiente para cobrir a chapa do aparelho, já quente. Fechar e, ao retirar os *waffles*, espalhar margarina a gosto, o melado a gosto. Servir quente.

Waffle com Melado e Abacaxi

Massa para waffle meio integral:
2 copos de leite
2 colheres de sopa de margarina à temperatura ambiente
1/2 colher de sobremesa de sal
2 copos de farinha de trigo branca
1/2 copo de farinha de trigo integral
1 colher de sopa de fermento químico em pó
Calda de melado e abacaxi para waffle:
1 xícara de melado de cana
2 copos de abacaxi bem picadinho
margarina a gosto

Para a calda, colocar o melado numa panela, sem água, levar ao fogo médio e deixar ferver por 10 minutos. Adicionar o abacaxi picadinho e ferver mais 5 minutos. Retirar a panela do fogo e colocar a calda numa tigela. Reservar.

Ligar e untar o aparelho próprio para fazer *waffles*.

Para a massa, colocar no liquidificador o leite, a margarina e o sal e bater.

Adicionar a farinha de trigo branca e a farinha de trigo integral e, quando formar uma massa homogênea, adicionar o fermento em pó.

Colocar massa suficiente para cobrir a chapa do aparelho, já quente. Fechar e, ao retirar os *waffles*, espalhar margarina e calda a gosto. Servir quente.

Waffle com Morango

Massa de waffle com açúcar mascavo:
1 copo de leite
2 colheres de sopa de margarina à temperatura ambiente
1 pitada de sal
1 pitada de açúcar mascavo
1 colher de sopa de gergelim
1 e 1/2 copo de farinha de trigo
1 colher de sobremesa de fermento químico em pó
Doce de morango para waffle:
2 copos de morangos frescos lavados e picados
1 copo de açúcar
margarina a gosto
castanha de caju para guarnecer

Fazer o doce de morango, colocando-os numa panela, juntamente com o açúcar. Manter a panela tampada por 10 minutos e então deixar em fogo alto por mais 15 minutos, mexendo de vez em quando. Retirar a panela do fogo e colocar o doce numa tigela.

Ligar e untar o aparelho próprio para fazer *waffles*.

Para a massa, colocar o leite no liquidificador junto com a margarina, o sal e o açúcar e bater. Adicionar a farinha de trigo e, quando formar uma massa homogênea, adicionar o gergelim e o fermento em pó.

Colocar massa suficiente para cobrir a chapa do aparelho, já quente. Fechar e, ao retirar os *waffles*, espalhar margarina a gosto, o doce de morango e castanha de caju a gosto. Servir quente.

Waffle com Nozes

Massa de waffle com nozes:
1/2 copo de *tofu* firme
2 xícaras de farinha de trigo branca
1 xícara de leite
1 xícara de leite de coco
1 colher de sopa de margarina à temperatura ambiente
1 colher de sobremesa de sal
1 colher de sobremesa cheia de fermento químico em pó
1/2 copo de nozes descascadas e picadas
Calda de chocolate e glicose para waffle:
1/2 barra de chocolate amargo ralado
1 xícara de glicose de milho
1 colher de sopa de margarina
margarina a gosto para servir

Para a calda, misturar todos os ingredientes e manter o fogo baixo, mexendo sempre. Assim que iniciar fervura, contar 10 minutos de fervura. Retirar do fogo e reservar.

Ligar e untar o aparelho próprio para fazer *waffles*.

Para a massa, colocar no liquidificador o *tofu*, o leite, o leite de coco, a margarina e o sal e bater.

Adicionar a farinha de trigo branca e, quando formar uma massa homogênea, adicionar o fermento em pó. Virar a massa numa tigela e adicionar as nozes picadas. Mexer delicadamente.

Colocar massa suficiente para cobrir a chapa do aparelho, já quente. Fechar e, ao retirar os *waffles*, pronto, espalhar margarina a gosto e calda de chocolate.

Servir os *waffles* ainda quentes.

Crepes, Panquecas e Waffles

Waffle com Sorvete de Abacaxi

Massa de aveia para waffle
1/2 copo de aveia em flocos finos
1/2 copo de farinha de trigo
2 colheres de sopa de cheias de maisena
1 copo de água
2 colheres de sopa rasas de margarina à temperatura ambiente
1 colher de chá de sal
1 colher de sobremesa de fermento químico

Sorvete de Abacaxi para waffle:
1 abacaxi grande descascado e sem o centro
1 copo de açúcar mal cheio
1 copo de água

Para o sorvete, levar ao fogo a água com o açúcar até levantar fervura. Deixar esfriar. Passar o abacaxi por uma centrífuga (deixe 2 fatias separadas) e recolher o suco.

Assim que a calda esfriar, misturar o suco de abacaxi e levar à geladeira.

Quando estiver gelado, colocar numa sorveteira e manter no *freezer* até obter consistência macia.

No caso de não haver sorveteira, assim que o sorvete gelar, bater na batedeira e voltar ao *freezer* para congelar.

Ligar e untar o aparelho próprio para fazer *waffles*.

Para a massa, colocar a água no liquidificador junto com a margarina e o sal e bater.

Adicionar a aveia, a farinha e a maisena e, quando formar uma massa homogênea, adicionar o fermento em pó.

Colocar massa suficiente para cobrir a chapa do aparelho, já quente. Fechar e, ao retirar os *waffles*, espalhar margarina e sorvete de abacaxi a gosto.

Waffle com Sorvete de Morango

Massa para waffle com centeio:
1 copo de leite
1/2 copo de farinha de trigo
1/2 copo de farinha de trigo integral
4 colheres de sopa rasas de farinha de centeio
2 colheres de sopa rasas de margarina à temperatura ambiente
1 colher de chá de sal
1 colher de sobremesa de fermento químico em pó

Sorvete de morango para waffle:
5 copos de morangos frescos sem os cabinhos
alguns morangos inteiros para decorar
1 copo de açúcar
1/2 copo de suco de maçã
3 colheres de sopa de sumo de limão

Para o sorvete, bater no liquidificador os morangos com o suco de maçã, o açúcar e o sumo de limão, até ficar cremoso. Levar à geladeira. Assim que estiver gelado, colocar numa sorveteira e levá-la ao *freezer* até endurecer.

No caso de não haver sorveteira, assim que o sorvete gelar, bater na batedeira e voltar ao *freezer* para congelar.

Ligar e untar o aparelho próprio para fazer *waffles*.

Para a massa, colocar o leite no liquidificador junto com a margarina e o sal e bater.

Adicionar as farinhas e, quando formar uma massa homogênea, adicionar o fermento em pó.

Colocar massa suficiente para cobrir a chapa do aparelho, já quente. Fechar e, ao retirar os *waffles*, espalhar margarina e sorvete de morango a gosto.

Cozinha Vegetariana

Waffle de Amêndoas com Calda de Chocolate

Massa de waffle com amêndoas:
1 copo de amêndoas
1 e 1/2 copo de água quente
2 xícaras de farinha de trigo
1/2 xícara de fubá mimoso
1/2 xícara de leite
1 colher de sopa de margarina à temperatura ambiente
1 colher de sobremesa rasa de sal
1 colher de sobremesa de fermento químico em pó
Calda de chocolate para waffle:
1/2 barra de chocolate
2 colheres de sopa rasas de margarina
4 colheres de sopa de leite de coco

Para a calda, cortar a barra de chocolate em quadradinhos e colocar numa vasilha, misturando a margarina e o leite de coco. Levar ao fogo, em banho-maria, mexendo de vez em quando. Assim que formar uma calda cremosa, retirar do fogo e reservar.

Ligar e untar o aparelho próprio para fazer *waffles*.

Para a massa, bater as amêndoas com a água quente e passar por um pano limpo. Voltar então o leite obtido ao liquidificador e adicionar o leite, a margarina e o sal e bater. Adicionar a farinha de trigo branca e o fubá e, quando formar uma massa homogênea, adicionar o fermento em pó.

Colocar massa suficiente para cobrir a chapa do aparelho, já quente. Fechar e, ao retirar os *waffles*, espalhar a calda de chocolate a gosto. Servir os *waffles* ainda quentes.

Waffle de Aveia Grossa e Laranja

Massa com aveia para waffle:
1 e 1/2 copo de leite
2 copos de farinha de trigo branca
1/2 copo de aveia em flocos grossos
1 colher de sobremesa de margarina à temperatura ambiente
1 pitada de sal
5 colheres de sobremesa de açúcar
1 colher de sobremesa de casca de laranja ralada
1 colher de sobremesa de fermento químico em pó
Calda de laranja para waffle:
1 xícara de xarope de glicose de milho
1/2 copo de suco de laranja
1 colher de sopa de casca de laranja ralada
margarina a gosto

Para a calda, colocar a glicose de milho com o suco de laranja e a casca ralada numa panela e levar ao fogo médio. Assim que levantar fervura, ferver por 10 minutos. Retirar do fogo e reservar.

Ligar e untar o aparelho próprio para fazer *waffles*.

Para a massa, colocar no liquidificador o leite, a margarina, o sal, o açúcar e a casca ralada e bater. Adicionar a farinha de trigo branca e a aveia e, quando formar uma massa homogênea, adicionar o fermento em pó.

Colocar massa suficiente para cobrir a chapa do aparelho, já quente. Fechar e, ao retirar os *waffles*, espalhar margarina e a calda de laranja a gosto. Servir os *waffles* ainda quentes.

Waffle de Castanha-do-pará e Calda de Açúcar

Massa de castanha-do-pará para waffle:
10 castanhas-do-pará
1 e 1/2 copo de água quente
1/2 copo de *tofu* firme
1 colher de sopa de margarina à temperatura ambiente
1 colher de sobremesa de sal
2 xícaras de farinha de trigo
1 colher de sobremesa cheia de fermento químico em pó
Calda de açúcar para waffle:
2 xícaras de açúcar
2 xícaras de água
1 colher de chá de casca de laranja ralada (opcional)
margarina a gosto

Para a calda, colocar o açúcar e a água numa panela e levar ao fogo médio. Assim que levantar fervura, ferver por 20 minutos, ou até ter formado uma calda. Retirar do fogo e reservar.

Ligar e untar o aparelho próprio para fazer *waffles*.

Para a massa, bater as castanhas com a água quente e passar por um pano limpo. Voltar então o leite obtido ao liquidificador e adicionar o *tofu*, a margarina e o sal e bater. Adicionar a farinha de trigo e, quando formar uma massa homogênea, adicionar o fermento em pó.

Colocar massa suficiente para cobrir a chapa do aparelho, já quente. Fechar e, ao retirar os *waffles*, espalhar margarina a gosto e a calda de açúcar. Servir os *waffles* ainda quentes.

Waffle de Chocolate com Creme de Damasco

Massa de chocolate para waffle:
3 copos de leite
3 colheres de sopa de margarina à temperatura ambiente
1/2 colher de sobremesa de sal
3 e 1/2 copos de farinha de trigo branca
2 colheres de sopa cheias de chocolate em pó
1 colher de sopa de fermento químico em pó
Creme de damasco para waffle:
1 copo de açúcar mascavo
1 copo de água
2 copos de damasco bem picadinho
1 cravo-da-índia
margarina a gosto

Para a calda, colocar o açúcar mascavo e a água numa panela e levar ao fogo médio. Deixar por 10 minutos ou até levantar fervura. Adicionar o damasco picadinho e ferver mais 15 minutos ou até ter formado uma calda. Retirar a panela do fogo e colocar a calda numa tigela. Reservar.

Ligar e untar o aparelho próprio para fazer *waffles*.

Para a massa, colocar no liquidificador o leite, a margarina e o sal e bater. Adicionar a farinha de trigo branca e o chocolate e, quando formar uma massa homogênea, adicionar o fermento em pó.

Colocar massa suficiente para cobrir a chapa do aparelho, já quente. Fechar e, ao retirar os *waffles*, espalhar margarina e creme a gosto. Servir quente.

Waffle de Coco

Massa de coco para waffle:
1 copo de leite
1 copo de leite de coco
1/2 copo de coco ralado
2 colheres de sopa de margarina à temperatura ambiente
1 colher de chá de sal
2 e 1/2 copos de farinha de trigo branca
2 colheres de sobremesa rasas de fermento químico em pó
Para guarnecer:
Sorvete de coco

Ligar e untar o aparelho próprio para fazer *waffles*.

Para a massa, colocar no liquidificador o leite, o leite de coco, a margarina, o sal e bater.

Adicionar a farinha de trigo e o coco e, quando formar uma massa homogênea, adicionar o fermento em pó.

Colocar massa suficiente para cobrir a chapa do aparelho, já quente. Fechar e, ao retirar os *waffles*, espalhar margarina a gosto. Servir quente com o sorvete de coco por cima

Waffle de Fibra com Caqui

Massa para waffle com romã:
1 copo de leite
3 colheres de sopa de margarina à temperatura ambiente
1 colher de chá de xarope de romã
1 colher de chá de açúcar
1 pitada de sal
1 copo de farinha de trigo branca
1/2 copo de fibra de trigo
1 colher de sobremesa de fermento químico em pó
Doce de caqui para waffle:
3 copos de caqui lavados, descascados e picados
1 copo de açúcar

Fazer o doce de caqui, colocando-os numa panela, juntamente com o açúcar. Manter a panela tampada por 5 minutos e então deixar em fogo alto por mais 20 minutos, mexendo de vez em quando. Retirar a panela do fogo e colocar o doce numa tigela.

Ligar e untar o aparelho próprio para fazer *waffles*.

Para a massa, colocar o leite no liquidificador junto com a margarina, o xarope de romã, o açúcar e o sal e bater. Adicionar a farinha de trigo, a fibra de trigo e, quando formar uma massa homogênea, adicionar o fermento em pó.

Colocar massa suficiente para cobrir a chapa do aparelho, já quente. Fechar e, ao retirar os *waffles*, espalhar margarina a gosto, o doce de caqui a gosto. E servir quente.

Crepes, Panquecas e Waffles

Waffle Integral Crocante

Massa para waffle integral:
1 copo de água
1/2 copo de farinha de trigo integral
1/2 copo de farinha de trigo
1 colher de sopa de fibra de trigo
3 colheres de sopa de óleo de milho
1 colher de chá de sal
1 colher de sobremesa cheia de fermento
químico em pó
Geléia de uva:
1 copo de uvas maduras, sem sementes e
picadas
1 copo de açúcar
1/2 copo de água
margarina a gosto para servir

Para a geléia, cozinhar as uvas na água
até estarem macias. Retirar as uvas e reservá-
las. Voltar a água que cozinhou as uvas ao fogo
e adicionar o açúcar. Manter em fogo alto até
formar uma calda.

Adicionar as uvas e deixar ferver por 15
minutos. Passar o doce por uma peneira e em
seguida colocar num potinho. Reservar.

Ligar e untar o aparelho próprio para fazer
waffles.

Para a massa, bater no liquidificador os
ingredientes, deixando para colocar por último
o fermento químico.

Colocar massa suficiente para cobrir a
chapa do aparelho, já quente. Fechar e, ao
retirar os *waffles*, espalhar margarina e geléia
de uva a gosto. Servir os *waffles* ainda quentes

Waffle Rápido

Massa rápida para waffle crocante:
1 copo de farinha de trigo
2 colheres de sopa de gergelim
1 copo de água
3 colheres de sopa de óleo
1 pitada de sal
1 colher de sobremesa de fermento
químico em pó
Doce de banana e goiaba:
6 bananas-nanicas maduras
6 goiabas vermelhas
2 e 1/2 copos de açúcar
margarina a gosto para espalhar sobre o
waffle

Para a calda, cortar as goiabas ao meio,
retirar a polpa e colocar numa panela de
pressão, junto com as bananas e o açúcar. Levar
a panela ao fogo alto até iniciar pressão. Manter
em fogo brando por 15 minutos. Passar tudo por
uma peneira e voltar ao fogo alto, com panela
destampada, por mais 20 minutos. Retirar do
fogo, colocar o doce num potinho e reservar.

Ligar e untar o aparelho próprio para fazer
waffles.

Para a massa, misturar numa tigela os
ingredientes da massa, exceto o fermento.
Mexer vigorosamente até obter uma massa
homogênea e cremosa. Adicionar o fermento
químico e misturar delicadamente.

Colocar massa suficiente para cobrir a
chapa do aparelho, já quente. Fechar e, ao
retirar os *waffles*, espalhar margarina e doce de
banana e goiaba a gosto.

Servir os *waffles* ainda quentes.

Burritos

BURRITOS

Burrito com pleurotus e inhame 201
Burrito com aspargo e salsicha 201
Burrito com feijão branco 202
Burrito com feijão preto 202
Burrito com azeitona e batata-doce 203
Burrito com espinafre 203
Burrito com radicchio 204
Burrito com escarola e grão-de-bico 204

Crepes, Panquecas e Waffles

Burrito com Pleurotus e Inhame

12 tortilhas para burritos
2 copos de inhame ralado
1 colher de sobremesa de sal
1 colher de chá rasa de *chilli* em pó
pimenta-do-reino verde amassada com um garfo
4 colheres de sopa de amêndoa picada
3 colheres de sopa de azeite de oliva
1 cebola cortada em rodelas fininhas
4 copos de cogumelo fresco tipo *Pleurotus*
azeite de oliva a gosto

Cozinhar o inhame até estar macio e escorrer toda a água. Colocar numa vasilha, temperar com sal, o *chilli*, a pimenta-do-reino verde amassada e adicionar a amêndoa. Reservar.

Numa frigideira aquecer o azeite, dourar a cebola e em seguida colocar o cogumelo. Mexer de vez em quando até estar macio. Retirar do fogo e juntar ao inhame. Misturar delicadamente.

Rechear os burritos e fazer as dobraduras sugeridas. Arrumá-los numa travessa refratária, regar azeite a gosto e levar ao forno a 180ºC, por 5 minutos.

Servir quente.

Burrito com Aspargo e Salsicha

10 a 12 tortilhas para burritos
10 aspargos frescos picadinhos
1 copo de salsicha vegetal cortada em quadrados bem pequenos
2 copos de *tofu* picado
1 copo de cebolinha verde bem picada
1/2 copo de salsa fresca picada
1/2 copo de alho-poró
1/2 copo de tomate sem pele e sem sementes picado
1 colher de chá de sal
1 colher de chá de *chilli* em pó
1 colher de sobremesa rasa de cominho em pó
4 tomates grandes, vermelhos e maduros cortados em rodelas
1 colher de sopa de semente de papoula
azeite de oliva a gosto

Em uma chapa própria, grelhar o aspargo, a salsicha e o *tofu*. Pincelar um pouco de óleo e deixar dourar dos dois lados.

Numa vasilha, misturar a cebolinha com o alho-porró, o tomate picado, o sal, o *chilli* e o cominho. Mexer bem e adicionar os grelhados.

Rechear os burritos, fazer as dobraduras sugeridas e arrumá-los numa travessa refratária. Enfeitar a travessa com as rodelas de tomate e a semente de papoula. Regar com azeite a gosto e levar ao forno a 180ºC, por 5 minutos.

Servir quente

Cozinha Vegetariana

Burrito com Feijão Branco

8 discos de massa para burritos
1 xícara de feijão branco
1 xícara de milho verde cozido
2 colheres de sopa de azeite de oliva
2 alho-porrós picadinhos
1/2 xícara de cebola picada
1 colher de sobremesa de sal
1 colher de sobremesa de cominho em pó
1 colher de chá de *chilli* em pó
1/2 xícara de pimentão vermelho picado
molho de tomate a gosto
1 colher de sobremesa de suco de limão

Cozinhar o feijão em panela de pressão por aproximadamente 40 minutos, a partir do início da pressão.

Escorrer a água e reservar os feijões.

Numa frigideira grande, aquecer o azeite de oliva, fritar o alho-porró e a cebola por 5 minutos. Adicionar o sal, o cominho e o *chilli* e mexer por mais 1 minuto.

Juntar o feijão branco cozido, o milho cozido e o pimentão picado, misturando delicadamente.

Tampar a frigideira e deixar refogar por 10 minutos.

Montar os burritos, colocando o refogado sobre as massas prontas. Arrumar numa travessa refratária, regar com molho de tomate e levar ao forno a 180ºC, por apenas 5 minutos.

Servir em seguida, ainda bem quente.

Burrito com Feijão Preto

8 discos de massa para burritos
1 copo de feijão preto
1/2 xícara de cebolinha verde picada
1 alho-porró picado
1 colher de chá rasa de *chilli* em pó
1 colher de chá de sal
1 colher de chá de caldo de vegetais em pó
1/4 de xícara de óleo para fritar o *tofu*
1/4 de xícara de cebola picada
1/2 xícara de *tofu* firme cortado em cubinhos
1 tomate maduro, pelado e sem semente, picado
azeite de oliva a gosto

Cozinhar o feijão em panela de pressão por aproximadamente 40 minutos, a partir do início da pressão.

Escorrer a água, colocar o feijão cozido numa vasilha e temperá-lo com a cebolinha, o alho-porró, o *chilli*, o sal e o caldo de vegetais. Deixar em repouso por 10 minutos.

Numa frigideira grande, aquecer o óleo, fritar a cebola por 1 minuto. Adicionar o *tofu*, virando os cubinhos para dourarem por igual. Retirar com escumadeira e escorrer em papel absorvente. Reservar.

Montar os burritos, colocando o feijão temperado, o *tofu* frito e o tomate picado, fazendo em seguida as dobraduras sugeridas. Arrumá-los numa travessa refratária, regar azeite a gosto e levar ao forno a 180ºC, por 5 minutos.

Servir quente.

Burrito com Azeitona e Batata-doce

12 tortilhas para burritos
1 batata-doce grande cozida, descascada e amassada grosseiramente com garfo
1 xícara de PVT do tipo miúda
1 copo de feijão preto
1/2 xícara de cebolinha verde picada
1 alho-porró picado
1 colher de chá rasa de *chilli* em pó
1 colher de chá de sal
1 colher de chá de caldo de vegetais em pó
1/4 de xícara de óleo para fritar o *tofu*
1/4 de xícara de cebola picada
1/2 xícara de *tofu* firme cortado em cubinhos
1 tomate maduro, pelado e sem semente, picado
azeite de oliva a gosto

Cozinhar o feijão em panela de pressão por aproximadamente 40 minutos, a partir do início da pressão.

Escorrer a água, colocar o feijão cozido numa vasilha e temperá-lo com a cebolinha, o alho-porró, o *chilli*, o sal e o caldo de vegetais. Deixar em repouso por 10 minutos.

Numa frigideira grande, aquecer o óleo, fritar a cebola por 1 minuto. Adicionar o *tofu*, virando os cubinhos para dourarem por igual. Retirar com escumadeira e escorrer em papel absorvente. Reservar.

Montar os burritos, colocando o feijão temperado, o *tofu* frito e o tomate picado, fazendo em seguida as dobraduras sugeridas. Arrumá-los numa travessa refratária, regar azeite a gosto e levar ao forno a 180ºC, por 5 minutos.

Servir quente.

Burrito com Espinafre

8 discos de massa para burritos
2 xícaras de feijão branco cozido
1 colher de chá rasa de *chilli* em pó
1 colher de café de cominho em pó
1 colher de chá de sal
1 xícara de espinafre aferventado
1/2 xícara de tomate picado
1/2 xícara de *tofu* firme cortado em cubinhos
azeite de oliva para pincelar

Cozinhar o feijão em panela de pressão por aproximadamente 40 minutos, a partir do início da pressão.

Escorrer a água, colocar o feijão cozido numa vasilha e temperá-lo com o *chilli*, o cominho e o sal. Misturar delicadamente e reservar.

Montar os burritos, colocando o feijão temperado, o espinafre, o tomate e o *tofu* picado, fazendo em seguida as dobraduras sugeridas.

Arrumar os burritos numa travessa refratária, pincelar azeite sobre eles e levar ao forno a 180ºC, por 5 minutos.

Servir quente.

Burrito com Radicchio

10 a 12 tortilhas para burritos
2 batatas
1 colher de sopa de molho inglês
1 colher de chá de cominho em pó
1 talo de erva-doce cortado bem miúdo
1 colher de sopa de azeite de oliva
1/2 pimentão amarelo cortado em tiras finas
1/2 pimentão verde cortado em tiras finas
1 colher de chá de *chilli* em pó
1 colher de chá de sal
4 *radicchios* cortados em tiras finas

Cozinhar as batatas até estarem macias. Escorrer a água e amassá-las com um garfo. Colocar numa vasilha, temperar com o molho inglês, o cominho e a erva-doce e reservar.

Aquecer o azeite numa frigideira e fritar os pimentões por 5 minutos.

Adicionar o *chilli*, o sal e o *radicchio* cortado em tiras finas. Após 5 minutos, colocar a batata amassada e mexer delicadamente até obter um recheio homogêneo.

Rechear os burritos, fazer as dobraduras sugeridas e arrumá-los numa travessa refratária. Regar azeite a gosto e levar ao forno a 180ºC, por 5 minutos.

Servir quente

Burrito com Escarola e Grão-de-bico

10 a 12 tortilhas para burritos
1 copo de grão-de-bico
1 colher de chá de *chilli* em pó
1 colher de chá de cominho em pó
4 colheres de sopa de azeite de oliva
4 dentes de alho espremidos
1 colher de sobremesa de gengibre ralado
2 colheres de sopa de temperos verdes frescos picadinhos
1/2 colher de sobremesa de sal
3 pés de escarola fresca cortada bem fininha
azeite de oliva a gosto

Cozinhar o grão-de-bico em panela de pressão por 1 hora, ou até os grãos estarem bem macios. Escorrer a água e colocar os grãos numa tigela, espremendo-os com um garfo. Temperar com o *chilli* e o cominho e reservar.

Colocar o azeite de oliva numa panela larga e levá-la ao fogo alto. Dourar o alho e em seguida adicionar o gengibre, os temperos verdes e o sal. Fritar por 5 minutos, adicionar a escarola cortada bem fina e mexer com colher de pau até a escarola ficar macia.

Retirar a panela do fogo e juntar a escarola refogada à tigela do grão-de-bico.

Rechear os burritos, fazer as dobraduras sugeridas e arrumá-los numa travessa refratária. Regar azeite a gosto e levar ao forno a 180ºC, por 5 minutos.

Servir quente

Enchilladas

ENCHILLADAS

Enchillada de ervilha com molho de alcaparra e pignole 207
Enchillada de ervilha com molho de zimbro e alecrim 207
Enchillada de feijão preto e abóbora 208
Enchillada de mandioca com molho de alcachofra 208
Enchillada de cogumelo com molho de pimentões 209
Enchillada de grelhados com molho branco 209
Enchillada de funghi com molho picante de tomate seco 210
Enchillada de tofu e palmito com molho de tomate rubi 210
Enchillada de brócolis com molho de missô e azeitona 211
Enchillada de berinjela e grão-de-bico 211
Enchillada de abobrinha com molho de berinjela 212
Enchillada de cogumelo e milho 212

Crepes, Panquecas e Waffles

Enchillada de Ervilha com Molho de Alcaparra e Pignole

10 discos de massa para *enchillada*
Recheio:
2 colheres de sopa de azeite de oliva
1/2 copo de coentro fresco bem picado
1 colher de chá de manjericão seco
1/2 copo de azeitona verde picada
1 copo de ervilhas congeladas
1 pimentão vermelho picadinho
2 *chillis* frescos picados
1 copo de feijão cozido e amassado
1 colher de sobremesa de sal
Molho com alcaparra e pignole:
1/2 copo de rodelas de aipo
1 colher de sopa de alcaparras
10 tomates maduros, porém bem firmes
1/2 colher de sobremesa de sal
1 colher de sobremesa rasa de *missô*
1 colher de sopa de *pignoles*
2 colheres de azeite de oliva

Para o molho, aquecer o azeite numa frigideira e fritar o aipo, as alcaparras e o tomate picado. Adicionar o sal e o *missô*. Manter a panela tampada, em fogo médio e, assim que o molho estiver com consistência boa, cerca de 20 minutos, bater no liquidificador com os *pignoles*. Reservar.

Para o recheio, aquecer numa panela grande o azeite de oliva e fritar o coentro, o manjericão, a azeitona, o pimentão e o *chilli*. Adicionar o sal, o feijão e as ervilhas congeladas. Tampar a panela e assim que as ervilhas ficarem macias (cerca de 15 a 20 minutos) adicionar o feijão cozido e amassado. Mexer delicadamente, rechear as massas para *enchillada*, enrolando-as ou dobrando-as.

Arrumar numa travessa refratária e cobrir com o molho. Levar ao forno quente por 20 minutos e servir em seguida.

Enchillada de Ervilha com Molho de Zimbro e Alecrim

10 discos de massa para *enchillada*
Recheio:
1/2 repolho roxo ralado
1/2 repolho branco ralado
2 cebolas raladas
4 dentes de alho espremidos
1/2 xícara de coentro fresco picado
2 colheres de sopa de azeite de oliva
4 *chillis* frescos picados
2 copos de cará ralado
1 colher de sobremesa de sal
Molho com zimbro e alecrim
4 colheres de sopa de azeite de oliva
3 dentes de alho
1 cebola cortada bem fina
1 colher de chá de *zimbro*
1 pitada de alecrim
4 copos de tomate picado
1/2 copo de purê de tomate
casca de 1 limão
1 colher de sobremesa de sal

Para o molho, aquecer o azeite numa frigideira e dourar o alho. Colocar a cebola e, quando estiver macia, colocar o zimbro, o alecrim, o tomate, o purê de tomate, a casca do limão e o sal. Mexer bem e deixar a panela semitampada, em fogo médio, por 20 minutos. Retirar a casca de limão, bater no liquidificador, passando-o em seguida por uma peneira. Voltar ao fogo até levantar fervura. Reservar.

Para o recheio, misturar os ingredientes numa vasilha e levar ao microondas, tampada, por 10 minutos em potência máxima. Rechear as massas para *enchillada*, enrolando-as ou dobrando-as. Arrumar numa travessa refratária e cobrir com o molho. Levar ao forno quente por 20 minutos e servir em seguida.

Cozinha Vegetariana

Enchillada de Feijão Preto e Abóbora

12 discos de massa para *enchillada*
3 copos de abóbora cozida
2 copos de feijão preto cozido
1 colher de chá de sal
1 colher de chá de *chilli* em pó
1 colher de chá de cominho em pó
1 colher de chá de semente de coentro moída
1/4 de xícara de cebola picada
1/2 xícara de pimentão verde picado
1 colher de chá de alho desidratado
molho de tomate a gosto

Cozinhar o feijão em panela de pressão por aproximadamente 40 minutos, a partir do início da pressão.

Escorrer a água, colocar o feijão cozido numa vasilha e temperá-lo com o sal, o *chilli*, o cominho e o coentro. Reservar por 10 minutos.

Cozinhar a abóbora até ficar macia. Escorrer a água e passar por um processador de alimentos, ou espremedor, a abóbora cozida, junto com metade do feijão cozido e temperado. Virar numa vasilha, juntar o restante do feijão temperado, a cebola, o pimentão e o alho.

Rechear as massas para *enchillada*, enrolando-as ou dobrando-as.

Arrumar as *enchilladas* numa travessa refratária e cobrir com molho de tomate. Levar ao forno quente por 20 minutos e servir em seguida.

Enchillada de Mandioca com Molho de Alcachofra

10 discos de massa para *enchillada*
5 copos de mandioca cozida e amassada com garfo
1 colher de chá de sal
1 colher de chá de *chilli* em pó
1 colher de café de páprica em pó
1/4 de xícara de cebolinha verde picada
1/2 xícara de pimentão vermelho picado
1 colher de sopa de azeite de oliva
Molho de tomate com alcachofra:
3 copos de tomates enlatados (ou descasque e cozinhe ligeiramente alguns tomates maduros)
4 copos de fundo de alcachofra (cozido) cortado em tiras iguais
1/2 copo de rodelas finas de salsão
1 colher de chá de alecrim seco
1 colher de sobremesa rasa de sal
4 colheres de sopa de azeite de oliva

Cozinhar a mandioca por aproximadamente 35 minutos, ou até ficar bem macia.

Retirar a panela do fogo, escorrer a água e colocar a mandioca cozida numa vasilha. Amassar com garfo e temperar com o sal, o *chilli*, a páprica, a cebolinha, o pimentão e o azeite. Misturar bem e reservar.

Esquentar o azeite de oliva e fritar as tiras de alcachofra, temperando-as com o sal, o alecrim e as rodelas de salsão. Amassar os tomates com um garfo e juntar à panela. Ferver por 5 minutos.

Rechear as massas para *enchillada*, enrolan-do-as ou dobrando-as.

Arrumar as *enchilladas* numa travessa refratária e cobrir com o molho.

Levar ao forno quente por 20 minutos e servir em seguida.

Crepes, Panquecas e Waffles

Enchillada de Cogumelo com Molho de Pimentões

10 discos de massa para *enchillada*
2 copos de cogumelo-paris fresco, cortado ao meio
2 colheres de sopa de alcaparras
5 colheres de sopa de azeite de oliva
1 colher de sobremesa de sal
pimenta-do-reino moída na hora
1/2 xícara de repolho roxo ralado
Molho de tomate com pimentão:
3 pimentões vermelhos cortados em tiras finas
1/2 copo de temperos verdes frescos picados
5 tomates maduros cortados em cubos
1 copo de purê de tomate
1 copo de água quente
1 colher de chá de açúcar
1 colher de sobremesa de sal
1 colher de chá de sementes de *cardamomo*
1 colher de sobremesa de caldo de vegetais
4 colheres de sopa de óleo

Dourar o cogumelo-paris no azeite de oliva. Adicionar o sal, as alcaparras e a pimenta-do-reino. Assim que o cogumelo estiver macio retirar a panela do fogo, adicionar o repolho ralado e reservar.

Para o molho, esquentar o óleo e refogar os temperos verdes. Após 5 minutos, adicionar os pimentões e o sal e deixar por mais 5 minutos.

Acrescentar o tomate, as sementes de cardamomo, o caldo de vegetais, o purê de tomate, a água e o açúcar.

Manter a panela tampada, em fogo baixo, por 20 minutos. Rechear as massas para *enchillada*, enrolando-as ou dobrando-as.

Arrumá-las numa travessa refratária e cobrir com o molho. Levar ao forno quente por 20 minutos e servir em seguida.

Enchillada de Grelhados com Molho Branco

10 discos de massa para *enchillada*
Recheio:
2 copos de quadrados de *tofu*
1/2 copo de aipo cortado em quadradinhos
1 copo de tomate seco
1 colher de sobremesa de sal
1 colher de chá de páprica doce em pó
2 colheres de nozes levemente picadas
4 colheres de sopa de salsa fresca picadinha
3 colheres de sopa de azeite de oliva
Molho branco:
1/2 xícara de farinha de trigo branca
6 colheres de sopa de margarina
2 copos de água ou leite quente
1/2 colher de sobremesa de sal
1 colher de sobremesa rasa de caldo de vegetais em pó

Para o molho branco, derreter a margarina e dourar a farinha de trigo, mexendo sempre. Adicionar aos poucos o leite quente, o sal, o caldo de vegetais e mexer vigorosamente. Bater no liquidificador e voltar ao fogo baixo, deixando ferver por 10 minutos.

Reservar.

Passe um pouco de páprica e sal nos quadrados de *tofu*, no aipo e nos tomates e grelhe-os por igual.

Misture todos os grelhados com as nozes, a salsa e o azeite. Misturar delicadamente e rechear as massas para *enchillada*, enrolando-as ou dobrando-as.

Arrumá-las numa travessa refratária e cobrir com o molho. Levar ao forno quente por 20 minutos e servir em seguida.

Enchillada de Funghi com Molho Picante de Tomate Seco

10 discos de massa para *enchillada*
Recheio:
1 copo de *funghi* picadinho
4 colheres de nozes moídas
2 copos de *tofu*
4 colheres de sopa de azeite de oliva
1 colher de sobremesa de salsa desidratada
1 colher de sobremesa de *chilli* em pó
1 colher de chá de cominho em pó
1 colher de sobremesa de alho espremido
1 colher de sobremesa de sal
Molho picante de tomate seco:
8 tomates maduros picadinhos
1 copo de tomate seco
1 copo de água quente
1 colher de sopa de pimenta picada
1/2 colher de sobremesa de sal
1 colher de sobremesa de molho do mostarda
4 colheres de sopa de azeite

Para o molho, aquecer o azeite, colocar os tomates secos com a pimenta, o sal e o molho de mostarda.

Após 5 minutos, adicionar o tomate fresco e a água quente. Manter a panela tampada por aproximadamente 20 minutos. Retirar do fogo e reservar.

Para o recheio, refogar o *funghi* no azeite com o sal e os temperos. Assim que estiver macio retirar do fogo e adicionar o *tofu* bem amassado. Deixar por 5 minutos, retirar do fogo e reservar.

Rechear as massas para *enchillada*, enrolando-as ou dobrando-as.

Arrumá-las numa travessa refratária e cobrir com o molho. Levar ao forno quente por 20 minutos e servir em seguida.

Enchillada de Tofu e Palmito com Molho de Tomate Rubi

10 discos de massa para *enchillada*
Recheio:
2 copos de *tofu* amassado
1 copo de palmito bem picadinho
1/2 copo de temperos verdes frescos picados
1 colher de ervas finas secas
1 colher de chá de pimenta-do-reino
1/2 copo de tomate sem sementes, picadinhos
1/2 pimentão vermelho bem picadinho
1/2 colher de sobremesa de sal
1 colher de sobremesa de *chilli* em pó
3 colheres de sopa de azeite de oliva
Molho de tomate rubi:
4 colheres de sopa de azeite de oliva
2 pimentões picados
1/2 copo de salsão picado
1/2 copo de temperos verdes frescos picados
2 copos de tomate rubi bem maduro
6 colheres de sopa de extrato de tomate
1 colher de sobremesa de caldo de vegetais
1 colher rasa de sobremesa de sal
1 copo de água quente

Para o molho, colocar o azeite de oliva numa panela, fritar o pimentão picado com o salsão por 5 minutos. Adicionar os temperos verdes, fritar por mais 5 minutos e então colocar os tomatinhos, o extrato, o caldo de vegetais, o sal e a água. Manter em fogo alto por 15 minutos aproximadamente. Retirar do fogo e reservar.

Para o recheio, misturar bem todos os ingredientes numa vasilha. Rechear as massas para *enchillada*, enrolando-as ou dobrando-as.

Arrumá-las numa travessa refratária e cobrir com o molho. Levar ao forno quente por 20 minutos e servir em seguida.

Crepes, Panquecas e Waffles

Enchillada de Brócolis com Molho de Missô e Azeitona

10 discos de massa para *enchillada*

Recheio:

1 maço de brócolis cortado bem pequeno
1/2 copo de talo de aipo em pedacinhos
3 pimentas dedo-de-moça picadas
1 pimentão verde em pedacinhos
3 colheres de sopa de cebola roxa picada
1 colher de chá de cominho em pó
1/2 colher de sobremesa de sal
2 colheres de sopa de azeite de oliva

Molho de missô e azeitona:

3 colheres de sopa de azeite de oliva
1/2 copo de temperos verdes bem picadinhos
1/2 copo de azeitonas chilenas picadas
5 tomates maduros
3 colheres de sopa de *missô*
1 copo de purê de tomate
1 copo de água quente
pimenta-do-reino, moída na hora, a gosto

Colocar o azeite em uma panela e refogar as rodelinhas de aipo, a pimenta, o pimentão, a cebola, o cominho e o sal. Após 5 minutos, adicionar o brócolis, mantendo em fogo alto até ficar macio. Retirar a panela do fogo e reservar.

Para o molho, aquecer o azeite, refogar por 5 minutos os temperos verdes com as azeitonas. Adicionar os tomates, o *missô*, o purê e a água quente. Manter a panela semitampada, em fogo médio, por 15 minutos.

Rechear as massas para *enchillada*, enrolando-as ou dobrando-as.

Arrumá-las numa travessa refratária e cobrir com o molho. Levar ao forno quente por 20 minutos e servir em seguida.

Enchillada de Berinjela e Grão-de-bico

10 discos de massa para *enchillada*

Recheio:

2 berinjelas grandes
1/2 xícara de grão-de-bico cozido
1 colher de sobremesa de alho espremido
1 colher de sopa de pimenta picada
1 colher de sopa de azeite de oliva
1 colher de chá de sal
1 pimentão vermelho picado
4 colheres de sopa de nozes picadas

Molho leve:

3 colheres de sopa de óleo de milho ou azeite
1/2 xícara de cebolinha verde picada
10 tomates maduros
1 colher de sobremesa de pimenta-do-reino verde amassada com garfo
1 colher de sobremesa de sal
1 colher de chá de *chilli* em pó

Para o molho, aquecer o azeite, fritar a cebolinha por 5 minutos e adicionar os tomates picados, a pimenta, o sal e o *chilli*. Manter em fogo alto por 15 minutos. Passar o molho por uma peneira e voltar ao fogo por mais 10 minutos. Retirar a panela do fogo e reservar.

Para o recheio, colocar as berinjelas na chama do fogão, deixando que queime por igual, até a casca começar a desprender.

Retirar a casca das berinjelas e descartá-la.

Misturar numa vasilha a berinjela descascada com o grão-de-bico e os demais temperos.

Mexer delicadamente até obter um recheio homogêneo.

Rechear as massas para *enchillada*, enrolando-as ou dobrando-as.

Arrumá-las numa travessa refratária e cobrir com o molho. Levar ao forno quente por 20 minutos e servir em seguida.

Cozinha Vegetariana

Enchillada de Abobrinha com Molho de Berinjela

10 discos de massa para *enchillada*
Recheio:
1 copo de abobrinha ralada
1 cebola ralada
1 colher de sopa de *tahine* concentrado
1 colher de sopa de alho espremido
1 colher de sopa de pimenta picada
1 colher de sopa de azeite de oliva
1 colher de chá de cominho em pó
1 colher de chá de molho de pimenta
1 colher de chá de sal

Molho leve:
4 colheres de sopa de óleo
3 dentes de alho picados
1/2 copo de salsa fresca picadinha
2 berinjelas médias cortadas em cubos
3 copos de tomate cortado em quadradinhos
1 colher de chá de gengibre fresco ralado
1 copo de purê de tomate
1 colher de sopa de *chilli* picado
1 colher de chá de *chilli* em pó
1 colher de sobremesa de sal

Para o molho, aquecer o óleo, dourar o alho e adicionar a berinjela e a salsa. Refogar por 10 minutos. Acrescentar o tomate, o gengibre, o purê de tomate, os *chillis*. Mexer delicadamente e deixar em fogo brando por 20 minutos. Reservar.

Para o recheio, ralar a abobrinha e colocar numa vasilha, adicionando em seguida os demais ingredientes. Mexer delicadamente até obter uma mistura homogênea.

Rechear as massas para *enchillada*, enrolando-as ou dobrando-as.

Arrumá-las numa travessa refratária e cobrir com o molho.

Levar ao forno quente por 20 minutos e servir em seguida.

Enchillada de Cogumelo e Milho

10 discos de massa para *enchillada*
Recheio:
1 copo de cogumelo fresco picado
1 copo de milho cozido
1/2 copo de feijão branco cozido e amassado
1 xícara de cebolinha verde picada
1 colher de sopa de pimenta picada
1 colher de sopa de azeite de oliva
1 colher de chá de cominho em pó
1 colher de chá de molho de pimenta
1 colher de chá de sal

Molho rápido:
2 tomates maduros pelados e sem sementes
3 colheres de sopa de óleo ou azeite de oliva
3 dentes de alho picados
1 copo de purê de tomate
2 colheres de sopa de *chilli* picado
1 colher de chá de *chilli* em pó
1 colher de sobremesa de sal
1 colher de sopa de molho inglês

Para o molho, colocar os tomates numa panela e cozinhá-los por 10 minutos.

Batê-los no liquidificador com todos os demais ingredientes e voltar ao fogo, deixando ferver mais 10 minutos.

Retirar do fogo e reservar.

Para o recheio, grelhar os cogumelos até estarem dourados. Colocar numa tigela e misturar os demais ingredientes.

Rechear as massas para *enchillada*, enrolando-as ou dobrando-as.

Arrumá-las numa travessa refratária e cobrir com o molho.

Levar ao forno quente por 20 minutos e servir em seguida.

212

Tacos

TACOS

Taco rajado 215
Taco com feijão preto e tofu 215
Taco guacamole 216
Taco mexicano 216
Taco guandu 217
Taco tofu 217
Taco com tofu e manga 218
Taco com broto e feijão 218
Taco com feijão carioquinha e glúten 219
Taco com glúten 219
Taco com salsicha 220
Taco com batata 220
Taco agridoce 221
Taco azuki 221
Taco de grão-de-bico 222
Taco colorido 222

Taco Rajado

8 suportes de taco fritos
1 copo de feijão rajado
1 copo de PVT miúda
3 dentes de alho picadinho
1 colher de café de alecrim desidratado
2 colheres de sopa de extrato de tomate
1/2 colher de sobremesa de sal
4 colheres de sopa de azeite de oliva
1 pimentão verde médio picadinho
1 colher de chá de páprica
1 colher de chá de cominho em pó
1/2 colher de chá de *chilli* em pó
1 colher de chá de sal
8 folhas de alface
2 tomates sem sementes, picadinhos
1/2 xícara de cebola picadinha

Cozinhar o feijão na panela de pressão por aproximadamente 35 minutos, a partir do início da pressão.

Escorrer a água e reservar os feijões.

Colocar a PVT de molho em água fervente por 15 minutos. Escorrer a água, espremendo bem a PVT para retirar o máximo possível da água.

Numa panela larga, aquecer 2 colheres de azeite de oliva, dourar o alho, adicionar o alecrim, fritar por 1 minuto e adicionar a PVT e o extrato de tomate e o sal. Mexer com colher de pau, tampar e deixar em fogo baixo por 10 a 15 minutos. Retirar a panela do fogo e reservar.

Numa frigideira grande, aquecer 2 colheres de azeite, fritar o pimentão picadinho por 10 minutos. adicionar a páprica, o cominho, o *chilli*, o sal e o feijão cozido. Ferver por 10 minutos, adicionar a PVT e misturar delicadamente. Deixar em fogo alto por mais 5 minutos.

Em cada massa de taco, colocar uma folha de alface, dispor o recheio e por cima cebola e tomate picadinhos. Servir em seguida.

Taco com Feijão Preto e Tofu

8 suportes de taco fritos
5 colheres de sopa de óleo de milho
1 copo de feijão preto
3 dentes de alho espremidos
1/2 cebola picadinha
1 colher de chá de cominho em pó
300 g de *tofu* cortado em cubinhos e passados na farinha de rosca
1 colher de sopa de *shoyo*
2 tomates sem sementes, picadinhos
1/2 xícara de minicebolas picadinhas
1 pepino japonês picadinho
8 azeitonas sem caroço, cortadas ao meio

Cozinhar o feijão na panela de pressão por aproximadamente 35 minutos, a partir do início da pressão.

Escorrer a água.

Numa panela larga, aquecer 2 colheres de sopa de óleo, dourar o alho e a cebola. Colocar o feijão e o cominho. Deixar em fogo alto por 10 minutos. Retirar a panela do fogo e reservar.

Numa frigideira larga, aquecer 3 colheres de óleo, dourar o *tofu*, adicionando no fim o *shoyo*. Retirar com escumadeira e escorrer em papel absorvente.

Montar os tacos, colocando sobre a massa, tomate, *tofu*, feijão, minicebola picada, pepino e azeitona.

Servir em seguida.

Taco Guacamole

8 suportes de taco fritos
3 tomates pelados e sem sementes
2 *chillis* verdes, sem sementes, picadinhos
3 minicebolas (são mais adocicadas), picadinhas
1 colher de sopa de coentro fresco picado
3 abacates maduros
1 colher de sopa de azeite de oliva
3 colheres de sopa de sumo de limão
1 colher de chá de *chilli* em pó
1 colher de chá de sal

Para descascar os tomates, espete-os num garfo e coloque-os na chama do fogão, queimando ligeiramente todo o tomate, até a pele começar a "abrir" e se soltar.

Retirar toda a pele do tomate, lavando-o em seguida sob água corrente. Colocar numa travessa, abri-lo ao meio e retirar as sementes. Em seguida picar bem pequeno. Adicionar o *chilli* fresco picado, a minicebola, o coentro.

Colocar os abacates numa vasilha e amassar com um garfo. Adicionar o azeite de oliva, o sumo de limão, o *chilli* em pó e o sal. Misturar bem e em seguida juntar o tomate temperado, mexendo com cuidado, até obter um creme homogêneo. Servir em seguida, sobre a massa de taco.

Taco Mexicano

4 tortilhas para taco
1/2 xícara de feijão preto cozido e amassado
1 abacate picado
1 tomate pelado e sem semente, picado
1 cebola pequena picada
2 colheres de sopa de óleo de milho
1 *chilli* verde picado ou 1/2 colher de chá de *chilli* em pó
1/2 colher de chá de cominho em pó
1/2 colher de chá de sal
4 folhas de alface lisa

Lavar bem o feijão preto e colocar numa panela de pressão. Levar ao fogo alto e quando iniciar fervura diminuir o fogo. Deixar cozinhar por 35 minutos.

Retirar a panela do fogo, colocá-la sob água corrente e tirar toda a pressão antes de abrir.

Escorrer a água, colocar os feijões numa travessa e amassar com garfo. Reservar.

Levar uma frigideira ao fogo alto e aquecer o óleo de milho. Fritar a cebola com o *chilli*, o cominho e o sal, por 5 minutos. Adicionar o feijão amassado e deixar refogar 5 minutos.

Adicionar então o abacate e o tomate e misturar delicadamente, deixando em fogo alto por mais 1 minuto.

Nas conchas de taco, já fritas, colocar, em cada uma, uma folha de alface e por cima dispor 1/4 do recheio preparado.

Servir em seguida, ainda quente.

Crepes, Panquecas e Waffles

Taco Guandu

4 a 6 tortilhas para taco
1/2 copo de feijão guandu
1/2 colher de chá de sal
1/2 colher de chá de cominho em pó
1 colher de café de páprica doce
2 colheres de sopa de óleo de milho
4 colheres de sopa de cebola roxa picadinha
2 pimentas cambuci (não são picantes)
1/2 pimentão vermelho picadinho
1 abacate maduro picadinho
1 tomate grande pelado e sem semente, picado
1 colher de sopa de coentro fresco picado
folhas de alface roxa

Lavar bem o feijão guandu e colocar numa panela de pressão. Levar ao fogo alto e quando iniciar fervura diminuir o fogo e deixar cozinhar por 1 hora.

Retirar a panela do fogo, colocá-la sob água corrente e tirar toda a pressão antes de abrir. Escorrer a água e lavar os grãos com água fria.

Colocar os feijões numa travessa, amassar com garfo, temperar com o sal, o cominho e a páprica e reservar.

Levar uma frigideira grande ao fogo alto e aquecer o óleo de milho. Fritar a cebola com a pimenta cambuci e o pimentão vermelho, por 5 minutos.

Adicionar o guandu amassado e temperado e deixar refogar 15 minutos.

Adicionar então o abacate, o tomate e o coentro fresco picado e misturar delicadamente.

Nas conchas de taco, já fritas, colocar em cada uma, uma folha de alface roxa e por cima dispor um pouco do recheio preparado.

Servir em seguida, ainda quente.

Taco Tofu

8 tortilhas para taco
500 g de *tofu* firme cortado em cubinhos
1 colher de chá de cominho em pó
3 colheres de sopa de óleo de milho
1/2 xícara de alho-porró bem picadinho
2 abacates ligeiramente amassados com um garfo
1/2 colher de chá de sal
1 colher de chá de caldo de vegetais em pó
3 pimentas capuchinho picadas
1/4 de xícara de cebola picadinha
1/2 xícara de pepino picadinho
1/4 de xícara de azeitona preta picada
2 tomates pelados e sem sementes, picados
8 folhas de alface
limão a gosto

Colocar os cubinhos de *tofu* num prato fundo e polvilhar cominho sobre eles.

Numa frigideira, aquecer o óleo e fritar o alho-porró por 5 minutos.

Adicionar os cubinhos de *tofu* e fritá-los até estarem dourados.

Separadamente, amassar os abacates numa vasilha funda. Temperar com o sal e o caldo de vegetais. Adicionar então as pimentas, a cebola, o pepino e a azeitona picada. Mexer delicadamente e por último adicionar o tomate pelado e picado, dando mais uma ligeira misturada.

Colocar sobre cada massa uma folha de alface, o *tofu*, e o recheio de abacate. Servir em seguida, com limão a gosto.

Taco com Tofu e Manga

8 tortilhas para taco
4 copos de *tofu* macio amassado com garfo
1 colher de chá de cominho em pó
2 colheres de sopa de azeite de oliva
1 colher de sobremesa de alho espremido
1 copo de manga madura descascada e picada
1/2 colher de chá de sal
1 colher de chá de caldo de vegetais em pó
1 *chilli* picado
1/2 cebola picadinha

Amassar o *tofu* com um garfo e em seguida colocar numa vasilha. Adicionar o cominho e o azeite e misturar delicadamente. Levar uma frigideira ao fogo alto e quando estiver quente colocar o *tofu* temperado. Manter o fogo alto por 10 minutos, mexendo de vez em quando com colher de pau.

Retirar a frigideira do fogo, virar o *tofu* na vasilha e adicionar os demais ingredientes, mexendo até obter um a mistura homogênea.

Rechear os tacos e servi-los em seguida.

Taco com Broto de Feijão

8 tortilhas para taco
1 copo de broto de feijão *moyashi*
1/2 abacate maduro amassado com garfo
1 colher de sopa de sumo de limão
1/2 xícara de repolho roxo ralado
1 pimentão verde picado
1 colher de chá de cominho em pó
2 colheres de sopa de azeite de oliva
1/2 cebola roxa picada
2 *chillis* picados
1/2 copo de maçã descascada e picada
1/2 colher de chá de sal
molho de *catchup* a gosto

Aferventar os brotos de feijão por 3 minutos e retirar do fogo, escorrendo bem a água.

Amassar o abacate com um garfo e adicionar-lhe o limão, misturando bem.

Colocar o broto numa vasilha e em seguida adicionar o repolho roxo, o pimentão picado, o cominho, o azeite, a cebola, o *chilli*, a maçã e o sal. Mexer delicadamente e deixar em repouso por 10 minutos.

Rechear os tacos e servi-los com molho de *catchup* a gosto.

Taco com Feijão Carioquinha e Glúten

8 tortilhas para taco
2 copos de feijão do tipo carioquinha cozido e escorrido
1 colher de sopa de margarina
4 dentes de alho
2 pimentas dedo-de-moça
1 xícara de cebolinha verde picada
1 copo de glúten picado
1 colher de chá de sal
1 colher de chá de cominho em pó
1 xícara rasa de damasco desidratado deixado de molho em água quente por 10 minutos e escorrido
1 abacate duro picado

Cozinhar o feijão na panela de pressão por 40 minutos, ou até os grãos estarem macios, porém sem se desmancharem.

Numa panela, derreter a margarina e dourar o alho. Adicionar a pimenta e a cebolinha e mexer por 5 minutos. Colocar o glúten picado, o sal e o cominho. Mexer com colher de pau e deixar refogar por 10 minutos.

Adicionar o feijão cozido e escorrido e manter em fogo alto por 10 minutos.

Retirar a panela do fogo, colocar o recheio numa vasilha e adicionar o damasco e o abacate picado.

Mexer delicadamente e rechear os tacos, servindo-os em seguida

Taco com Glúten

8 tortilhas para taco
1 colher de sopa de margarina
4 dentes de alho
2 cebolas cortadas em rodelas finas
2 copos de glúten picadinho
1 colher de sobremesa de caldo de vegetais em pó
1 colher de chá de sal
3 colheres de sopa de molho inglês
1 pimentão cortado em quadradinhos
1 colher de sobremesa de *chilli* em pó
1 colher de chá de cominho em pó
1 colher de chá de molho de pimenta
1 abacate picado

Numa panela, derreter a margarina e dourar o alho. Adicionar a cebola cortada em rodelas finas e manter em fogo alto até estarem macias. Colocar o glúten picado e em seguida o caldo de vegetais e o sal. Mexer com colher de pau e deixar refogar por 10 minutos, ou até estarem cozidos.

Colocar então o molho inglês e deixar por mais 5 minutos.

Retirar a panela do fogo, colocar o glúten numa vasilha e adicionar os demais ingredientes, deixando para o fim o abacate picado.

Mexer delicadamente e rechear os tacos, servindo-os em seguida.

Taco com Salsicha

8 tortilhas para taco
1 copo de feijão branco
1 colher de sobremesa de caldo de vegetais em pó
2 colheres de sopa de óleo de milho
2 copos de salsicha vegetal picada
3 colheres de sopa de coentro fresco picado
1 colher de chá de *chilli* em pó
1 colher de sobremesa de alho espremido
1 colher de chá de sal
1 colher de chá de cominho em pó
1 colher de chá de urucum em pó
2 tomates pelados, sem sementes e bem picadinhos
1 colher de sopa de melado de cana
3 colheres de sopa de amêndoas laminadas

Cozinhar o feijão na panela de pressão por 20 minutos, ou até os grãos estarem macios, porém sem se desmancharem. Escorrer a água e amassar os grãos com um garfo. Colocar o caldo de vegetais, misturar e reservar.

Numa panela, aquecer o óleo e fritar a salsicha picada, até estar dourada. Colocar sobre a salsicha, ainda em fogo alto, o coentro fresco picado, o *chilli* em pó, o alho, o sal, o cominho, o urucum. Misturar mais um pouco e então adicionar o tomate, o melado e as amêndoas.

Retirar a panela do fogo, rechear os tacos, com os dois recheios e servir em seguida.

Taco com Batata

8 tortilhas para taco
2 copos de batata descascada e cortada em quadradinhos
1 colher de sobremesa de caldo de vegetais em pó
1 copo de tomate sem pele e sem sementes, picado
1/2 copo de salsão fresco picado
1/2 copo de pepino picado
5 colheres de sopa de coentro fresco picado
5 colheres de sopa de salsa fresca picada
5 colheres de sopa de cebolinha verde picada
1 colher de chá de *chilli* em pó
1 colher de chá de sal

Cozinhar a batata com o caldo de vegetais até estar macia. Retirar a panela do fogo, escorrer a água.

Amassar com um garfo metade da batata e colocar numa vasilha. Adicionar o tomate, o salsão, o pepino, os temperos, o sal e o azeite.

Mexer delicadamente e juntar a batata em pedaços, misturando mais um pouco.

Rechear os tacos e servir em seguida.

Taco Agridoce

4 a 6 tortilhas para taco
1 xícara de repolho cru ralado bem fino
1 xícara de cenoura ralada bem fina
3 colheres de sopa de molho tipo *catchup*
3 colheres de sopa de molho de mostarda
1 colher de café de açúcar mascavo
1 colher de café de sal
3 colheres de sopa de sumo de limão
tiras de manga
tiras de pepino
folhas de alface
pimenta-do-reino moída na hora

Passar o repolho e a cenoura por um processador de alimentos, ou ralar em aparelho manual, de forma que fiquem bem finos. Colocar numa vasilha e temperar com os molhos de *catchup* e mostarda, com o açúcar, o sal e o limão, mexendo delicadamente.

Montar os tacos, colocando uma porção do agridoce, tiras de manga e pepino. Temperar com pimenta-do-reino moída na hora, a gosto.

Forrar uma travessa com as folhas de alface e dispor os tacos recheados. Servir em seguida.

Taco Azuki

4 a 6 tortilhas para taco
1/2 copo de feijão *azuki*
2 dentes de alho grandes, espremidos
2 colheres de sopa de cebola ralada
1/2 colher de chá de sal
1/2 colher de café de louro em pó
1/2 colher de chá de *chilli* em pó
1/2 colher de café de pimenta-do-reino moída
2 tomates sem sementes cortados em tiras
tiras de palmito
tiras de abacate
folhas de alface crespa
azeitonas pretas inteiras
molho de pimenta a gosto (opcional)

Lavar o feijão e cozinhá-lo em panela de pressão por 30 minutos, ou até ficar macio.

Também pode-se deixar os grãos de molho por uma noite e cozinhá-los em panela comum, até ficarem macios.

Amassar metade dos grãos cozidos e a outra deixar inteira. Reservar.

Numa frigideira grande, aquecer o azeite e dourar o alho e a cebola. Temperar com o sal, o louro, o *chilli* e a pimenta. Colocar o feijão amassado e os grãos inteiros, mexer delicadamente e deixar ferver 5 minutos.

Rechear os tacos com o feijão, e arrumar sobre o recheio as tiras de tomate, palmito e abacate.

Forrar uma travessa com as folhas de alface, dispor os tacos recheados e as azeitonas inteiras decorando. Servir com molho de pimenta a gosto.

Cozinha Vegetariana

Taco de Grão-de-bico

4 a 6 tortilhas para taco
1 copo de grão-de-bico cozido
4 colheres de sopa de azeite de oliva
2 dentes de alho espremidos
1 cebola média bem picada
1 colher de chá de sal
1/2 colher de sobremesa de orégano desidratado
1 colher de chá de urucum em pó
1/2 copo de coentro verde picado
folhas de alface
Para Acompanhar:
2 tomates sem sementes, picados
1/2 copo de temperos verdes picados
pimenta-do-reino moída na hora
1 pitadinha de sal
rodelas de laranja

Cozinhar o grão-de-bico na panela de pressão por aproximadamente 40 minutos.

Também pode-se deixar o grão-de-bico de molho por uma noite. Assim diminuirá o tempo de cozimento.

Escorrer a água, amassar metade dos grãos e reservar.

Numa frigideira bem larga, aquecer o azeite e dourar o alho e a cebola. Colocar os grãos amassados e os inteiros. Temperar com o sal, o orégano, o urucum e o coentro, misturando bem. Deixar no fogo 10 minutos e então reservar.

Separadamente, temperar o tomate com os temperos verdes, o sal e a pimenta-do-reino.

Rechear os tacos com o grão-de-bico e sobre ele o tomate temperado.

Forrar uma travessa com as folhas de alface e as rodelas de laranja, e dispor os tacos recheados, servindo em seguida.

Taco Colorido

4 a 6 tortilhas para taco
4 colheres de sopa de azeite de oliva
2 dentes de alho espremidos
1 cebola média bem picada
1 colher de chá de *chilli* em pó
1/2 copo de grão-de-bico cozido e amassado com garfo
1/2 copo de milho verde cozido
1/2 copo de pimentão vermelho bem picado
1/2 copo de pimentão amarelo bem picado
1 colher de chá de sal
1/2 copo de azeitona preta picada
1/2 copo de azeitona verde picada
1/2 copo de salsa fresca picada
1 pitada de alecrim
4 colheres de sopa de folhas de hortelã picada
1 colher de sopa de folhas frescas de orégano picadas
folhas de alface
molho de pimenta a gosto (opcional)

Lavar o grão-de-bico e cozinhá-lo na panela de pressão por 40 minutos, ou até ficarem macios.

Amassar os grãos cozidos e reservar.

Numa frigideira grande, aquecer o azeite e dourar o alho e a cebola e adicionar o *chilli*. Colocar o grão-de-bico amassado, o milho cozido, o pimentão e o sal. Deixar em fogo alto por 10 minutos. Retirar do fogo e adicionar as azeitonas em fatias, o alecrim, as folhas de hortelã e orégano picadas e misturar bem.

Rechear os tacos.

Forrar uma travessa com as folhas de alface, dispor os tacos recheados. Servir com molho de pimenta a gosto.

Beijus Salgados

BEIJUS SALGADOS

Beiju com feijão fradinho 225

Beiju com glúten desfiado 225

Beiju com feijão branco 226

Beiju com mandioca e leite de coco 226

Beiju com maxixe 227

Beiju com abóbora 227

Beiju com quiabo 228

Beiju com inhame 228

Beiju com palmito 229

Beiju com cará 229

Beiju com cogumelo-paris e batata 230

Beiju de tofu e cogumelo shiimeji 230

Beiju com milho verde e PVT 231

Beiju com salsicha vegetal, tomate seco e rúcula 231

Beiju com palmito e azeitona 232

Beiju com brócolis e ervilha 232

Crepes, Panquecas e Waffles

Beiju com Feijão Fradinho

8 beijus
250 g de feijão do tipo fradinho, lavado e seco
250 g de cebola ralada
1 colher de chá de sal
2 colheres de sopa de óleo de milho
1 colher de sobremesa de azeite de dendê
1 xícara de farinha de mandioca torrada

Colocar o feijão numa vasilha, cobri-lo com água e deixar de molho por uma noite.

Escorrer a água toda e retirar com as mãos o máximo possível da casca dos grãos. Passá-los em seguida por um processador de alimentos, deixando-os grosseiramente triturados. Caso não haja o processador, utilizar o liquidificador, na função "pulse".

Lavar o feijão em água corrente para retirar as cascas restantes.

Numa panela com água, ferver o feijão até ficar macio.

Adicionar então a cebola picada e o sal e misturar bem. Retirar panela do fogo e reservar.

Numa frigideira grande, aquecer o óleo e o azeite de dendê e colocar o feijão.

Mexer e, sobre ele, colocar a farinha de mandioca.

Misturar até obter uma farofa grossa e não muito seca.

Rechear os beijus e servi-los quentes.

Beiju com Glúten Desfiado

12 beijus
500 g de glúten cozido
2 colheres de sopa de óleo de milho
2 cebolas cortadas em rodelas bem finas
1 tomate sem pele, picado
1/4 de xícara de pimenta-chapéu-de-frade (cambuci), ou pimenta-de-cheiro, picada
1 colher de chá de sal
2 pimentas-malaguetas picadas (opcional)
1 colher de sobremesa de azeite de dendê
Banana assada para acompanhar beiju:
4 bananas-da-terra bem maduras, descascadas
1 colher de sopa de margarina derretida
1 xícara de farinha de mandioca
1 colher de sopa de açúcar mascavo
1/2 colher de sobremesa de canela em pó

Cortar o glúten em tirinhas finas.

Numa frigideira grande, aquecer o óleo de milho e fritar a cebola até estar macia. Adicionar as tiras de glúten e fritar por 5 minutos.

Juntar o tomate, as pimentas picadas, o sal, tampar a frigideira e deixar por 10 minutos.

Retirar a panela do fogo e espalhar o azeite de dendê por cima.

Montar os beijus, colocando um disco de beiju, o recheio, e outro disco de beiju.

Servir em seguida, ainda quente, com a banana de acompanhamento.

Para o preparo da banana, espalhar a margarina pelas bananas. Em seguida polvilhar o açúcar mascavo e a canela em pó.

Passar uma a uma pela farinha de mandioca e assar na brasa ou em forno quente até ficarem macias.

Cozinha Vegetariana

Beiju com Feijão Branco

8 beijus
500 g de feijão branco lavado e seco
2 cebolas roxas grandes raladas ou passadas por um processador
1 colher de chá de caldo de vegetais em pó
1 maço de coentro fresco picado
1/2 xícara de pimenta-de-cheiro sem semente e picada
1 colher de chá de sal
2 colheres de sopa de óleo de milho
1 colher de sobremesa de azeite de dendê
1/2 xícara de farinha de mandioca torrada

Triturar o feijão branco no pulsar do liquidificador ou no processador de alimentos. Colocar numa vasilha, cobrir com água e deixar de molho por uma noite.

Escorrer a água toda e retirar, com as mãos, o máximo possível da casca dos grãos.

Numa panela com água, ferver o feijão até ficar macio.

Adicionar a cebola picada, o caldo de vegetais, o coentro, a pimenta-de-cheiro e o sal e misturar bem. Retirar a panela do fogo e reservar.

Numa frigideira grande, aquecer o óleo e o azeite de dendê e colocar o feijão. Mexer e adicionar aos poucos a farinha de mandioca, até obter uma farofa grossa.

Rechear os beijus, fechando-os como se faz com pastéis e servi-los ainda quentes.

Beiju com Mandioca e Leite de Coco

8 beijus
2 colheres de sopa de óleo de milho
1 colher de sobremesa de azeite de dendê
1 copo de mandioca lavada e descascada
1 cebola grande picadinha
1 pimentão amarelo picadinho
1/4 de xícara de castanhadecaju picada em tamanho não muito pequeno
1/4 de xícara de pimenta dedo-de-moça ou pimenta-de-cheiro sem caroço e picada
1 maço de coentro fresco picado
1 colher de sopa de gengibre ralado
1 colher de chá de sal
1/2 xícara de leite de coco grosso

Numa panela, colocar a mandioca com água e cozinhar em fogo alto até estar bem macia. Retirar do fogo e escorrer a água.

Cortar as mandiocas ao meio, retirar a parte fibrosa e em seguida picá-las.

Numa frigideira grande, aquecer o óleo e o azeite de dendê, fritar a cebola até ficar macia. Juntar o pimentão, a castanhadecaju, a pimenta, o coentro, o gengibre e o sal. Mexer por 5 minutos e então colocar a mandioca picada. Após 5 minutos colocar o leite de coco.

Preparar os beijus, recheá-los e servir em seguida, bem quentinhos.

Crepes, Panquecas e Waffles

Beiju com Maxixe

8 beijus
2 colheres de sopa de azeite de dendê
2 copos de maxixe descascado e picado
1 batata média
1 cebola
3 dentes de alho espremidos
1 maço de salsa fresca picada
1 colher de chá de sal
1/2 xícara de leite de coco grosso
2 colheres de sopa de farinha de mandioca torrada

Passar num processador de alimentos, com lamina fina, os maxixes, a batata e a cebola. Colocar numa vasilha e reservar.

Numa frigideira larga aquecer o azeite de dendê, dourar o alho e fritar a salsa por 5 minutos.

Adicionar o maxixe da vasilha, junto com a batata e a cebola.

Adicionar o sal e o leite de coco, tampar a panela e manter em fogo brando por 15 minutos, ou até estar tudo macio.

Colocar a farinha de mandioca aos poucos, sempre.

Preparar os beijus, recheá-los e servir em seguida.

Beiju com Abóbora

8 beijus
1 copo de abóbora madura, descascada e picada
3 colheres de sopa de óleo de milho
1 pimentão vermelho picadinho
1 xícara de cebolinha verde picadinha
1/2 maço de coentro fresco picado
1/2 xícara de azeitona picada
1/2 maço de salsa fresca picada
1/2 colher de sobremesa de sal
1 colher de chá rasa de urucum em pó
1 colher de sopa de *shoyo*
5 colheres de sopa de leite de coco grosso
minitomatinho para decorar o prato

Numa panela, cozinhar a abóbora com água até estar bem macia. Retirar do fogo e escorrer a água.

Numa frigideira grande, aquecer o óleo e fritar o pimentão por 10 minutos.

Colocar a cebolinha, o coentro, a azeitona, a salsa, o sal e o urucum.

Mexer por 5 minutos e então colocar a abóbora, deixando por mais 10 minutos.

Adicionar o *shoyo* e o leite de coco e mexer delicadamente.

Passados 10 minutos, retirar do fogo.

Preparar os beijus, recheá-los e servir em seguida, decorando com o minitomatinho.

Beiju com Quiabo

8 beijus
2 colheres de sopa de azeite de dendê
4 dentes de alho espremidos
1/2 xícara de salsa fresca picada
1 xícara de coentro fresco picado
1 colher de chá de urucum em pó
1 pimenta-de-cheiro picada
1 colher de sobremesa rasa de sal
5 colheres de sopa de azeitonas verdes picadas
4 copos de quiabos tenros, sem as partes fibrosas, picadinhos
1/2 xícara de água quente
3 colheres de sopa de farinha de mandioca torrada

Numa frigideira grande, aquecer o azeite de dendê e fritar o alho, a salsa, o coentro. Temperar com o urucum, a pimenta, o sal e a azeitona. Fritar por 5 minutos e então colocar o quiabo.

Manter a panela destampada, em fogo alto, até os quiabos começarem a ficar macios, sem mexer.

Colocar a água quente nos quiabos e quando levantar fervura ir colocando a farinha aos poucos, mexendo sempre, até estar consistente.

Preparar os beijus, recheá-los e servir em seguida, bem quentinhos.

Beiju com Inhame

8 beijus
2 copos de inhame descascado e picado
2 cebolas grandes picadinhas
1 pimentão amarelo picadinho
1 pimentão vermelho picadinho
1 colher de sopa de sementes de mostarda
2 colheres de sopa de coco ralado
3 colheres de sopa de abacaxi doce picadinho
1 colher de chá de sal
2 colheres de sopa de azeite de dendê
1/2 xícara de leite de coco grosso

Numa panela, colocar o inhame picado com água e cozinhar em fogo alto até ficar macio. Retirar do fogo e escorrer a água.

Numa frigideira grande, aquecer o azeite de dendê e fritar a cebola picada até estar macia. Juntar os pimentões e fritar mais 10 minutos. Adicionar o inhame, a semente de mostarda, o coco ralado, o abacaxi e o sal. Misturar e após 5 minutos colocar o leite de coco. Manter em fogo alto até obter um recheio consistente.

Preparar os beijus, recheá-los e servir em seguida, ainda quentes.

Crepes, Panquecas e Waffles

Beiju com Palmito

8 beijus
2 colheres de sopa de azeite de dendê
5 dentes de alho espremidos
1/2 xícara de salsa fresca picada
1/2 xícara de alho-porró picado
1 colher de chá de urucum em pó
1 colher de sobremesa de caldo de vegetais em pó
1/2 colher de café de alecrim desidratado
1 colher de café de pimenta calabresa desidratada
1 colher de sobremesa rasa de sal
1/2 copo de *tofu* amassado com garfo
3 copos de palmito picado
1/2 xícara de leite de coco
1 colher de sopa de maisena

Numa frigideira grande, aquecer o azeite de dendê e fritar o alho, a salsa, o alho-porró. Temperar com o urucum, o caldo de vegetais, o alecrim, a pimenta calabresa, o sal e fritar por 5 minutos.

Adicionar o *tofu* amassado e o palmito e deixar em fogo alto por 10 minutos, mexendo de vez em quando.

Diluir a maisena no leite de coco e juntar à panela. Mexer por mais 5 minutos, até obter um recheio cremoso.

Preparar os beijus, recheá-los e servir em seguida, enquanto quentes.

Beiju com Cará

8 beijus
2 colheres de sopa de azeite de dendê
1 xícara de cebolinha verde picada
4 colheres de sopa de manjericão fresco picado
1 colher de sobremesa de sementes de mostarda
1 colher de chá de sal
1 pimenta dedo-de-moça picada
2 colheres de sopa de *shoyo*
1 colher de sobremesa de açúcar mascavo
1/2 xícara de água quente
1 maçã descascada e picada
1 colher de sopa de vinagre
2 copos de cará descascado e ralado
raminho de salsa para decorar

Numa frigideira grande, aquecer o azeite de dendê e fritar a cebolinha picada, o manjericão, as sementes de mostarda.

Temperar com o sal, a pimenta, o *shoyo*, e o açúcar. Após 5 minutos, adicionar a água quente, a maçã picada e o vinagre. Deixar 10 minutos e então adicionar o cará ralado. Manter em fogo brando, até o cará ficar macio e a água ter secado.

Preparar os beijus, recheá-los e servir enquanto quentes, decorando o prato com um raminho de salsa.

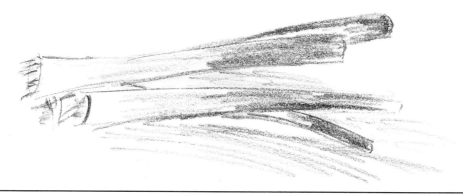

Cozinha Vegetariana

Beiju com Cogumelo-paris e Batata

5 beijus
3 colheres de sopa de óleo
3 dentes de alho espremidos
1 colher de sobremesa de gengibre fresco ralado
1 colher de sopa de pimenta-doce picada
4 colheres de sopa de salsa fresca picada
1 colher de chá de sal
1 copo de cogumelo-paris fresco cortado em fatias finas
1/2 copo de batata inglesa ralada em fatias finas (utilize uma máquina própria ou um ralador)
4 colheres de sopa de leite de coco
1 colher de chá rasa de noz-moscada ralada
molho de pimenta a gosto (opcional)

Em uma panela larga, aquecer o óleo e fritar o alho, o gengibre, a pimenta, a salsa e o sal, deixando em fogo alto por 5 minutos.

Adicionar as fatias de cogumelo, a batata ralada, o leite de coco e a noz-moscada ralada. Mexer com colher de pau e manter em fogo brando, com a panela tampada. Deixar por 15 minutos, ou até a batata e o cogumelo estarem macios. Retirar a panela do fogo e reservar.

Preparar os beijus e recheá-los, ainda quentes. Servir em seguida, com molho de pimenta a gosto.

Beiju de Tofu e Cogumelo Shiimeji

5 beijus
2 copos de cogumelo fresco do tipo *shiimeji* cortado em fatias
2 copos de *tofu* cortado em quadrados
2 colheres de sopa de azeite de oliva
1 colher de sobremesa de azeite de dendê
1 colher de sopa de alho desidratado
1/2 maço de salsa fresca picada
1/2 maço de coentro fresco picado
1 colher de chá de raiz-forte em pó
1 colher de sobremesa rasa de sal
1 colher de sobremesa de semente de papoula
molho de pimenta a gosto (opcional)

Aquecer uma chapa própria para grelhar, e dourar os cogumelos cortados em fatias e os quadrados de *tofu*. Reservar.

Aquecer o azeite de oliva e o azeite de dendê numa panela, dourar o alho, adicionar a salsa, o coentro.

Refogar por 5 minutos em fogo alto. Adicionar o cogumelo e o *tofu* grelhado, temperar com a raiz-forte, o sal e a semente de papoula e mexer delicadamente por mais 10 minutos.

Preparar os beijus e recheá-los, ainda quentes. Servir em seguida, com molho de pimenta a gosto.

Beiju com Milho Verde e PVT

7 beijus aproximadamente
1/2 copo de PVT do tipo miúda
2 copos de milho verde cozido no vapor
2 colheres de sopa de azeite de oliva
1 cebola roxa picadinha
1/2 copo de salsa fresca picada
1/2 copo de azeitonas pretas picadas
1/2 copo de pimentão vermelho picado
1 colher de sobremesa rasa de sal
1/2 copo de leite de coco
1 colher de sobremesa de maisena

Deixar a PVT de molho em água quente, por 20 minutos. Escorrer e espremer bem para retirar todo excesso de água. Reservar.

Retirar os grãos de milho das espigas, deixando-os o mais inteiro possível. Cozinhar em panela de vapor até estarem macios. Retirar do fogo e reservar

Aquecer o azeite numa panela larga e dourar a cebola. Em seguida adicionar a salsa, a proteína de soja, as azeitonas, o pimentão e o sal.

Mexer com colher de pau e manter o fogo alto até a soja começar a dourar.

Adicionar o milho cozido no vapor e misturar bem.

Diluir a maisena no leite de coco e juntar à panela. Mexer com colher de pau em fogo alto por 5 minutos.

Retirar a panela do fogo e reservar.

Preparar os beijus e em seguida recheá-los.

Servir quentes em lanches ou refeições.

Beiju com Salsicha Vegetal, Tomate Seco e Rúcula

6 a 8 beijus
3 colheres de sopa de óleo de milho
2 dentes de alho espremido
1 cebola roxa cortada em quadradinhos
1 pimentão verde cortado em quadradinhos
3 colheres de sopa de salsa fresca picada
2 copos de salsicha vegetal cortada em quadradinhos
sal a gosto
1 xícara rasa de tomate seco picadinho
1 xícara de rúcula fresca cortada em tiras finas

Colocar o óleo em uma frigideira e dourar o alho e a cebola.

Juntar o pimentão, a salsa, a salsicha cortada em quadradinhos e o sal.

Manter o fogo alto, mexendo delicadamente de vez em quando e, assim que a salsicha estiver dourada, adicionar o tomate seco picado e as folhas de rúcula cortadas em tiras finas.

Retirar a panela do fogo e reservar.

Preparar os beijus e recheá-los quando estiverem prontos.

Servir os beijus recheados, ainda quentes.

Beiju com Palmito e Azeitona

5 beijus
2 copos de palmito picado
1 colher de café de alho desidratado e moído
4 colheres de sopa de cebola picadinha
1 colher de sobremesa rasa de sal
1/2 copo de fatias de azeitonas
1/2 colher de café de molho de pimenta malagueta
1 colher de sobremesa de farinha de trigo
1/2 copo de água ou leite de soja
4 colheres de leite de coco
3 colheres de sopa de azeite de oliva ou margarina vegetal
2 colheres de sopa de sementes de papoula

Colocar o azeite de oliva (ou a margarina) em uma panela, levá-la ao fogo alto. Dourar o alho e a cebola picadinhos. Adicionar o palmito picado, o sal, a azeitona picada e a pimenta e deixar em fogo brando por 15 minutos.

Numa tigela misturar a farinha de trigo com água ou leite de soja e o leite de coco. Juntar à panela e mexer até dar ponto.

Preparar os beijus, recheá-los e servir em seguida, ainda quentes.

Beiju com Brócolis e Ervilha

5 beijus
2 colheres de sopa de azeite de oliva
1 colher de sopa rasa de azeite de dendê
4 colheres de sopa de cebolinha verde picadinha
1/2 copo de salsão cortado em tiras finas
1 colher de sobremesa de gengibre fresco ralado
2 colheres de sopa de folhas frescas de manjericão picadas
2 copos de brócolis picadinho
1 copo de ervilhas congeladas
1/2 xícara de purê de tomate
5 colheres de sopa de leite de coco

Colocar o azeite de oliva e o azeite de dendê numa panela, levar ao fogo alto. Refogar a cebolinha verde, o salsão picado, o gengibre ralado e as folhas de manjericão. Manter em fogo alto por 5 minutos, mexendo com colher de pau.

Adicionar o brócolis picado, as ervilhas, o purê de tomate e o leite de coco.

Manter em fogo brando, com a panela tampada, por 20 minutos.

Deixar por mais 5 minutos em fogo alto.

Preparar os beijus, recheá-los e servir em seguida, ainda quentes.

Beijus Doces

BEIJUS DOCES

Beiju com batata-doce 235
Beiju doce com abóbora 235
Beiju com pêra 236
Beiju com abacaxi 236
Beiju com banana-da-terra 237
Beiju com coco e chocolate 237
Beiju doce com cenoura 238
Beiju com amora e coco 238
Beiju com carambola e maçã 239
Beiju com coco 239
Beiju com frutas variadas 240
Beiju com manga e calda de chocolate 240
Beiju com recheio de figo fresco 241
Beiju fácil com recheio de damasco e tofu 241
Beiju com figo seco e nozes 242
Beiju com tâmara, noz-pecã e coco 242
Beiju com banana-nanica 243
Beiju com kiwi 243
Beiju com ameixa-preta 244
Beiju com frutas frescas 244

Beiju com Batata-doce

8 beijus
3 batatas-doces médias
2 copos de açúcar mascavo
1 colher de café de essência de amêndoa
1/2 copo de suco de laranja

Cozinhar as batatas em fogo alto até estarem macias. Retirar do fogo e em seguida descascá-las e cortá-las em pedaços pequenos.

Derreter o açúcar mascavo em fogo baixo, até obter uma calda. Adicionar o suco de laranja e a essência de amêndoas. Mexer por 5 minutos e então adicionar a batata cozida. Mexer delicadamente e manter em fogo baixo por 20 minutos, mexendo de vez em quando. Retirar a panela do fogo e deixar o doce reservado.

Preparar os beijus, recheando-os com o doce. Servir em seguida, ainda quentes.

Beiju Doce com Abóbora

8 beijus
1 abóbora japonesa pequena
1 cravo
1 copo de açúcar mascavo
1 copo de leite de coco
1 colher de sobremesa de gengibre ralado
3 colheres de sopa de aveia
1 colher de sopa de sumo de limão
1 pacote de coco ralado queimado e adocicado (crocante)

Cozinhar a abóbora descascada e cortada em pedaços, com o cravo.

Quando estiver macia, retirar o cravo, amassar com garfo e voltar ao fogo adicionando o açúcar, o leite de coco, o gengibre, a aveia e o limão. Manter em fogo alto e mexer com colher de pau até obter um doce cremoso.

Preparar os beijus, recheá-los com o doce de abóbora, polvilhar um pouco de coco e servir em seguida.

Beiju com Pêra

8 beijus
10 peras maduras
5 ameixas-pretas desidratadas, picadas
2 copos de água
4 copos de açúcar
1 cravo

Cortar as peras ao meio e retirar-lhes o cabinho e as sementes.

Levar as peras e as ameixas picadas ao fogo médio, com 2 copos de água e, assim que estiverem macias, misturar o açúcar e o cravo.

Manter em fogo alto, mexendo sempre para não grudar no fundo da panela, por mais 10 minutos

Preparar os beijus, recheá-los e servir em seguida, bem quentinhos.

Beiju com Abacaxi

8 beijus
Recheio de abacaxi para beiju:
2 copos de rapadura ralada
1 pitada de sal
1/2 xícara de suco de laranja doce
1 cravo-da-índia
3 copos de abacaxi bem maduro e doce, descascado e picadinho
2 copos de coco fresco ralado
Coco queimado para acompanhar:
1 copo de coco ralado
3 colheres de sopa de açúcar mascavo
1 pitada de sal

Para o coco queimado, misturar numa tigela o coco ralado com o açúcar mascavo e o sal. Colocar numa frigideira grande e larga e levá-la ao fogo baixo, mexendo com colher de pau até estar dourado e crocante. Retirar do fogo e reservar.

Para o recheio, colocar numa panela larga a rapadura ralada, o sal, o suco de laranja doce, o cravo-da-índia e levar ao fogo alto, mexendo de vez em quando, até derreter e começar a ferver.

Adicionar o abacaxi picadinho e manter a panela semitampada. Assim que o abacaxi estiver macio adicionar o coco. Manter a panela em fogo alto, mexendo de vez em quando, até obter um doce cremoso. Retirar do fogo e reservar.

Preparar os beijus, recheá-los e servir em seguida, bem quentinhos, com o coco queimado por cima.

Beiju com Banana-da-terra

8 beijus
4 bananas-da-terra bem maduras
1 xícara de glicose de milho
1/2 copo de suco de laranja
1/2 xícara de castanha-do-pará picada
3 colheres de sopa cheias de granola
Para acompanhar:
3 laranjas maduras e bem doces
canela em pó a gosto

Descascar as bananas-da-terra, cortá-las em pedaços pequenos e cozinhá-los no suco de laranja até estarem macios.

Adicionar a glicose de milho e a castanha-do-pará e manter a panela tampada por 20 minutos.

Preparar os beijus, recheá-los com o doce de banana. Por cima do doce colocar a granola.

Dobrar os beijus e arrumá-los numa travessa, com canela polvilhada por cima de cada um e pedaços de laranja em volta.

Beiju com Coco e Chocolate

8 beijus
Recheio de chocolate para beiju:
1 copo de açúcar mascavo
1 colher de sopa de cacau
4 colheres de sopa de leite de coco bem grosso
1 copo de coco ralado
Calda de chocolate, cereja e nozes:
1/2 barra de chocolate amargo
1/2 copo de cerejas em calda picadinhas
3 colheres de sopa de nozes frescas picadinhas

Para o recheio, derreter o açúcar e quando formar uma calda adicionar o coco ralado, o leite de coco e o cacau.

Mexer com colher de pau até dar ponto.

Para a calda, derreter o chocolate em barra em banho-maria. Juntar ao chocolate derretido, as cerejas e as nozes picadas.

Preparar os beijus, recheá-los e servir em seguida, bem quentinhos, com a calda de chocolate com cereja e nozes por cima.

Beiju Doce com Cenoura

5 beijus
4 cenouras grandes raladas bem fininhas
2 copos de açúcar mascavo
casca de 1 laranja
1/2 copo de suco de laranja

Derreter o açúcar e, quando formar uma calda, adicionar a cenoura, a casca e o suco de laranja.

Mexer bem com colher de pau e esperar dar ponto de doce.

Retirar a panela do fogo e reservar.

Preparar os beijus, recheá-los com o doce de cenoura e servir em seguida.

Beiju com Amora e Coco

5 beijus
7 copos de amoras frescas
4 copos de açúcar mascavo
1 copo de coco ralado
leite de coco para servir

Lavar as amoras e retirar-lhes os cabinhos.

Colocar numa panela larga junto com o açúcar as amoras e levar ao fogo baixo, com a panela semitampada.

Após 15 minutos, manter a panela destampada em fogo alto, mexendo de vez em quando, por 10 minutos. Adicionar o coco ralado, misturar delicadamente e retirar do fogo.

Preparar os beijus, recheá-los com o doce e servir em seguida, com leite de coco a gosto.

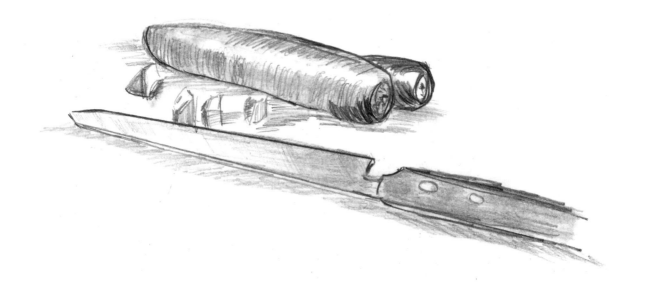

Beiju com Carambola e Maçã

5 beijus
2 copos de açúcar mascavo
5 carambolas maduras raladas
3 maçãs maduras descascadas e raladas
1 copo de nozes frescas picadas
Para acompanhar:
1/2 xícara de chocolate amargo ralado
folhinhas de hortelã

Passar as carambolas por um ralador de modo que fiquem filetes grandes e finos. Proceder da mesma forma com as maçãs descascadas.

Colocar o açúcar numa panela em fogo baixo e mexer com colher de pau, até estar derretido, começando a ferver. Adicionar a carambola e a maçã e mexer. Manter em fogo brando, até a carambola ficar macia.

Adicionar as nozes picadas e misturar.

Preparar os beijus, recheá-los com o doce e servi-los com chocolate ralado e folhas de hortelã decorando o prato

Beiju com Coco

12 beijus
250 g de *tofu* amassado com garfo
1 xícara de leite de coco
1/2 xícara de açúcar
1 colher de café rasa de essência de baunilha
1 pitada de sal
1 xícara de coco fresco ralado

Amassar o *tofu* com um garfo e colocar numa panela. Adicionar o leite de coco, o açúcar, a essência de baunilha e a pitada de sal. Manter em fogo baixo por 25 minutos. Colocar então o coco ralado e manter em fogo alto por 15 minutos, mexendo com colher de pau. Retirar do fogo e reservar.

Preparar as massas para os beijus.

Montar os beijus, colocando um disco de beiju, recheio, e outro disco de beiju.

Servir em seguida, ainda quente.

Beiju com Frutas Variadas

8 beijus
5 rodelas de abacaxi
2 maçãs vermelhas maduras
2 pêssegos maduros
2 bananas-nanicas maduras
2 colheres de sopa de mel de uvas
4 colheres de sopa de glicose de milho
3 colheres de sopa de uva-passa clara
5 colheres de sopa de nozes descascadas e picadas
4 colheres de sopa de caldo de laranja

Descascar o abacaxi e cortar em quadrados.

Descascar as maçãs, os pêssegos e as bananas e cortá-los do mesmo tamanho que o abacaxi.

Colocar as frutas num pirex, espalhar a glicose de milho, as uvas-passas, as nozes e o caldo de laranja.

Levar ao forno quente por 25 minutos, mexendo de vez em quando.

Preparar os beijus, recheá-los com as frutas e servir em seguida.

Beiju com Manga e Calda de Chocolate

8 beijus
Recheio de manga para beiju:
8 copos de fatias de manga madura
2 copos de açúcar
1 colher de chá de raspas de limão
Calda de chocolate:
1/2 barra de chocolate amargo
1 vidro de leite de coco
1/2 copo de noz-pecã picada

Para o recheio, descascar as mangas e cortá-las em fatias. Colocá-las numa panela larga, adicionar um pouco de água e cozinhar em fogo brando, com a panela tampada.

Assim que a manga estiver macia passar por uma peneira. Reservar.

Fazer uma calda com o açúcar e quando estiver fervendo adicionar as raspas de limão e o creme obtido da manga.

Para a calda, derreter o chocolate amargo em banho-maria e ir adicionando o leite de coco aos poucos, sempre mexendo. Assim que estiver um creme homogêneo, adicionar a noz-pecã picada e reservar.

Preparar os beijus, recheá-los e servir em seguida, com a calda de chocolate.

Beiju com Recheio de Figo Fresco

8 beijus
2 copos de figo fresco, bem maduro e picadinho
1 xícara de leite de coco
1 xícara de açúcar mascavo

Lavar os figos, cortá-los em quadradinhos e colocar numa panela larga.

Adicionar o leite de coco e levar ao fogo alto, com a panela semitampada, até o figo estar macio.

Adicionar o açúcar à panela e levar ao fogo alto novamente, com a panela destampada.

Mexer de vez em quando, delicadamente para não desmanchar os figos.

Quando obtiver um doce cremoso, retirar a panela do fogo e reservar, mantendo-a tampada.

Preparar os beijus, recheá-los com o doce de figo e servir em seguida, bem quentinhos.

Beiju Fácil com Recheio de Damasco e Tofu

8 beijus
2 copos de damasco desidratado picadinho
4 copos de água quente
1 copo de *tofu* amassado
1/2 xícara de nozes frescas picadas
mel de uva para acompanhar

Colocar o damasco picado numa panela com a água e levar ao fogo alto. Assim que o damasco estiver macio, adicionar o açúcar.

Misturar com uma colher de pau, tampar a panela e manter em fogo baixo por 20 minutos aproximadamente.

Amassar o *tofu* com um garfo e colocar na panela do damasco.

Preparar os beijus, recheá-los com o doce de damasco e *tofu*.

Arrumar os beijus recheados numa travessa, regar com mel de uvas e servir em seguida, bem quentinhos.

Beiju com Figo Seco e Nozes

5 beijus
1 e 1/2 copo de figo desidratado picado
1/2 copo de água
1/2 copo de mel de uvas
4 colheres de sopa de *tahine* concentrado
1 xícara de café de água filtrada
1 copo de *tofu* amassado com garfo
1 copo de nozes frescas picadas

Colocar o figo desidratado picado numa panela e cobrir com a água. Levar ao fogo brando, com a panela tampada e deixar cozinhar por 20 minutos, ou até a água ter secado.

Adicionar o mel de uvas e manter em fogo alto até obter uma consistência de doce. Retirar do fogo e reservar.

Diluir o *tahine* na água, mexendo bem até obter um creme. Reservar.

Numa vasilha colocar o *tofu* e amassar com o garfo. Adicionar o *tahine* diluído e as nozes, misturando bem.

Preparar os beijus e, conforme forem ficando prontos, colocar uma camada de *tofu* e uma de doce de figo. Fechar e servir em seguida.

Beiju com Tâmara, Noz-pecã e Coco

5 beijus
2 copos de tâmara desidratada cortada em quadrados pequenos
1 copo de água
1/2 xícara de açúcar mascavo
1 copo de *tofu* amassado com garfo
5 colheres de sopa de leite de coco
10 colheres de sopa de coco ralado
1 colher de sopa de frutose em pó
1/2 copo de noz-pecã picada
1 colher de chá de noz-moscada ralada
1 colher de sopa de casca de laranja ralada
1 pitada de sal

Cortar as tâmaras desidratadas e colocar numa panela. Adicionar a água e o açúcar mascavo. Levar ao fogo baixo com a panela tampada, mexendo de vez em quando. Assim que estiver macia e a água secado, retirar a panela do fogo e reservar.

Numa tigela, misturar o *tofu* amassado com o leite de coco, o coco ralado, a frutose, a noz-pecã, a noz-moscada ralada, a casca de laranja e a pitada de sal. Mexer delicadamente, colocar numa panela média e levar ao fogo alto. Mexer constantemente por 15 minutos. Retirar a panela do fogo e preparar os beijus.

Conforme forem ficando prontos, colocar uma camada de *tofu* e uma de doce de tâmara.

Fechar e servir em seguida.

Beiju com Banana-nanica

8 beijus
1 xícara de rapadura ralada
4 colheres de sopa de sumo de laranja
1 colher de sobremesa de casca de laranja ralada bem fina
6 bananas-nanicas maduras

Colocar a rapadura numa panela e levar ao fogo alto, até começar a borbulhar.

Adicionar o sumo de laranja e a casca ralada bem fina.

Quando voltar a borbulhar, adicionar a banana-nanica cortada em rodelas médias. Mexer delicadamente para não desmanchar a banana.

Assim que as bananas estiverem cozidas e a calda já bem grossa, retirar a panela do fogo e reservar.

Preparar os beijus e, antes de fechá-los, rechear com o doce de banana.

Dobrar os beijus e servi-los ainda quentes.

Beiju com Kiwi

8 beijus
1/2 xícara de açúcar
3 copos de *kiwis* maduros, descascados e cortados em quadradinhos iguais
4 colheres de sopa de uva-passa do tipo escura e sem sementes
3 colheres de sopa de leite de coco
5 colheres de sopa de coco fresco ralado
1 pitada de sal

Colocar o açúcar numa panela larga e levá-la ao fogo alto, mexendo sempre com colher de pau. Assim que estiver derretido e formado uma calda, adicionar os pedaços de *kiwi*. Assim que começarem a ficar cozidos, adicionar a uva-passa, o leite de coco, o coco fresco ralado e a pitada de sal.

Mexer delicadamente até obter um recheio consistente.

Preparar os beijus, recheá-los com o doce de *kiwi* e servir em seguida.

Beiju com Ameixa-preta

6 beijus
5 colheres de sopa de açúcar
1 xícara de coco fresco ralado
1 xícara de leite de coco bem concentrado
2 xícaras de *tofu* amassado com garfo
Para acompanhar:
2 copos de ameixa-preta desidratada e picada
1 copo de chá-preto forte
1 xícara de açúcar mascavo

Numa panela larga, derreter o açúcar e adicionar o coco ralado. Em fogo alto e sempre mexendo, deixar por 15 minutos.

Adicionar o leite de coco e o *tofu* amassado. Mexer e deixar em fogo brando até obter um recheio bem consistente. Retirar do fogo e reservar.

Preparar o chá-preto e coar. Colocar as ameixas picadas dentro do chá, adicionar o açúcar e levar ao fogo alto até iniciar fervura. Manter em fogo baixo até a água secar. Retirar do fogo e reservar.

Preparar os beijus, recheá-los com o recheio de coco, dobrá-los e dispor numa travessa. Regar com o doce de ameixas e servir em seguida.

Beiju com Frutas Frescas

8 beijus
1 copo de morango fresco sem os cabinhos e cortado em quadradinhos iguais
1 copo de laranja descascada, sem sementes e cortada em quadradinhos iguais
1 copo de uva sem as sementes e cortadas em quadradinhos
2 bananas (do tipo nanica ou prata) maduras, descascadas e cortadas em rodelas
2 colheres de sopa cheias de açúcar mascavo
4 colheres de sopa de sumo de laranja doce (não usar lima-da-pérsia pois pode amargar)
1/2 barra de chocolate amargo
1/2 xícara de leite de coco
1 xícara de coco ralado bem fininho

Descascar e cortar as frutas, colocando-as numa vasilha. Polvilhar o açúcar e o sumo de laranja sobre elas. Reservar.

Ralar ou picar bem pequeno o chocolate amargo em barra, colocar numa vasilha, juntar o leite de coco e levar em banho-maria, ao fogo médio. Mexer de vez em quando até obter uma consistência cremosa. Retirar do fogo e reservar.

Preparar os beijus, sem dobrá-los e reservá-los.

Montar os beijus, alternando frutas e beijus. Regar com o chocolate amargo derretido e servir em seguida.

Se preferir, pode recheá-los individualmente e servir com a calda de chocolate a gosto.

Bibliografia

1 - WILLIAMS, SUE RODWELL. *Fundamentos de Nutrição e Dietoterapia*. Porto Alegre: Art Med Editora, 6ª Edição (1997);

2 - MELINA, VESANTO, *Becoming Vegetariana*, Book Publishing Company, Summertown, Tennessee;

3 - WODD P.D and others. *The Effect of Lipoproteins of a Prudent Weight-Reducing Diet, With or Without Exercise*. N. ENGL. J MED 325 (7): 461, (1991);

4 - YOUNG V.R.: *Soy Protein in Relation to Human Protein and Amino-acid Nutrition*; J am DIET ASSOC 91 (7): 828, (1991);

5 - Food And Nutricion Board, National Academy of Siences – national reserarch council: *Recommended Dietary Allowances*, ed 10 Washington D.C. (1989) NATIONAL ACADEMY PRESS;

6 - FULLMER C.S.: *Intestinal calcium Absorption: calcium entry*. V.Nutr 122:644 (1992);

7- FRANCO, GUILHERME. *Tabela de Composição Química dos Alimentos*. Editora Atheneu, São Paulo (2001);

8 - CHAMPE, PAMELA C. *Bioquímica Ilustrada*, Porto Alegre: Art Med Editora (1996).

Índice Remissivo

B

Beiju	43
Beiju com abacaxi	236
Beiju com abóbora	227
Beiju com ameixa-preta	244
Beiju com amora e coco	238
Beiju com banana-da-terra	237
Beiju com banana-nanica	243
Beiju com batata-doce	235
Beiju com brócolis e ervilha	232
Beiju com cará	229
Beiju com carambola e maçã	239
Beiju com coco	239
Beiju com coco e chocolate	237
Beiju com cogumelo-paris e batata	230
Beiju com feijão branco	226
Beiju com feijão fradinho	225
Beiju com figo seco e nozes	242
Beiju com frutas frescas	244
Beiju com frutas variadas	240
Beiju com glúten desfiado	225
Beiju com inhame	228
Beiju com kiwi	243
Beiju com mandioca e leite de coco	226
Beiju com manga e calda de chocolate	240
Beiju com maxixe	227
Beiju com milho verde e PVT	231
Beiju com palmito	229
Beiju com palmito e azeitona	232
Beiju com pêra	236
Beiju com quiabo	228
Beiju com recheio de figo fresco	241

Cozinha Vegetariana

Beiju com salsicha vegetal, tomate seco e rúcula 231

Beiju com tâmara, noz-pecã e coco 242

Beiju de tofu e cogumelo shiimeji 230

Beiju doce com abóbora 235

Beiju doce com cenoura 238

Beiju fácil com recheio de damasco e tofu 241

Burrito com aspargo e salsicha 201

Burrito com azeitona e batata-doce 203

Burrito com escarola e grão-de-bico 204

Burrito com espinafre 203

Burrito com feijão branco 202

Burrito com feijão preto 202

Burrito com pleurotus e inhame 201

Burrito com radicchio 204

C

Catchup básico 61

Crepe colorido 69

Crepe com abóbora 70

Crepe com abóbora e soja 70

Crepe com abobrinha e berinjela 71

Crepe com abobrinha italiana 72

Crepe com arroz branco 73

Crepe com banana, maçã e nozes 119

Crepe com batata 73

Crepe com berinjela 74

Crepe com beterraba 75

Crepe com brócolis 75

Crepe com carne de soja moída 76

Crepe com cogumelo-paris 77

Crepe com couve-flor 78

Crepe com ervilhas frescas 78

Crepe com escarola 79

Crepe com figo e nozes 105

Crepe com fundo de alcachofra 79

Crepe com grão-de-bico 80

Crepes, Panquecas e Waffles

Crepe com laranja 121

Crepe com maçã e uva 117

Crepe com mandioquinha 81

Crepe com milho 81

Crepe com morango, coco e chocolate 105

Crepe com nozes e milho 82

Crepe com palmito 83

Crepe com papaia 106

Crepe com pêssego 106

Crepe com repolho roxo 83

Crepe com salsicha 84

Crepe com shiitake 84

Crepe com tofu e rúcula 85

Crepe com tofu e tomate seco 102

Crepe de abacaxi e maçã 107

Crepe de abóbora e coco 108

Crepe de ameixa e chocolate 108

Crepe de amora 109

Crepe de aspargo 100

Crepe de aspargos e tofu 98

Crepe de aveia com coco e chocolate 109

Crepe de banana e chocolate 120

Crepe de batata-doce e abacaxi com calda de chocolate 118

Crepe de batata e pleurotus 96

Crepe de cenoura e amêndoa 110

Crepe de chocolate e cereja 111

Crepe de cogumelo 85

Crepe de cogumelo com molho de tomate 86

Crepe de cogumelo e aspargo 95

Crepe de espinafre, tofu e palmito 94

Crepe de feijão com champignon 87

Crepe de framboesa 111

Crepe de glúten e tomate seco 92

Crepe de goiaba e banana 123

Crepe de maçã-verde 112

Crepe de mamão verde com calda de ameixa 122

Crepe de nozes e frutas secas 113

Crepe de palmito e azeitona 98

Cozinha Vegetariana

Crepe de palmito e cenoura 91
Crepe de pimentões 87
Crepe de pleurotus 101
Crepe de shiitake, PVT e berinjela 99
Crepe de tofu e alcaparrone 97
Crepe de uva 114
Crepe enrolado de PVT, abobrinha e chuchu 93
Crepe especial de maçã 114
Crepe fácil recheado com doce de banana 115
Crepe integral com banana 115
Crepe integral com damasco e calda de chocolate 116
Crepe laranja com aspargos frescos 88
Crepe rápido com espinafre e *tofu* 89
Crepe recheado com glúten 90
Crepe verde e amarelo 91

E

Enchillada de abobrinha com molho de berinjela 212
Enchillada de berinjela e grão-de-bico 211
Enchillada de brócolis com molho de missô e azeitona 211
Enchillada de cogumelo com molho de pimentões 209
Enchillada de cogumelo e milho 212
Enchillada de ervilha com molho de alcaparra e pignole 207
Enchillada de ervilha com molho de zimbro e alecrim 207
Enchillada de feijão preto e abóbora 208
Enchillada de funghi com molho picante de tomate seco 210
Enchillada de grelhados com molho branco 209
Enchillada de mandioca com molho de alcachofra 208
Enchillada de tofu e palmito com molho de tomate rubi 210

G, I, L e M

Glúten 64
Iogurte de soja 61
Leite de coco 62
Leite de soja 62

Maionese de soja 63

Maionese de tofu 63

P

Panqueca apimentada 127

Panqueca com amora em calda 151

Panqueca com banana em calda 151

Panqueca com banana-prata 152

Panqueca com batata 127

Panqueca com batata e soja 128

Panqueca com berinjela 128

Panqueca com brócolis 129

Panqueca com chocolate e cereja 152

Panqueca com chocolate e damasco 153

Panqueca com cogumelos grelhados 130

Panqueca com couve-flor 129

Panqueca com doce de ameixa 153

Panqueca com doce de carambola 154

Panqueca com doce de maçã-verde 154

Panqueca com ervas 130

Panqueca com ervilha torta e abobrinha 138

Panqueca com espinafre 131

Panqueca com figo 155

Panqueca com funghi-sech 131

Panqueca com glúten 132

Panqueca com kiwi 156

Panqueca com mandioca 132

Panqueca com mandioquinha 133

Panqueca com moranga 133

Panqueca com morango 156

Panqueca com palmito 134

Panqueca com palmito e tofu 134

Panqueca com pêra 157

Panqueca com portobello 135

Panqueca com repolho roxo e triguilho 135

Panqueca com salsicha 136

Cozinha Vegetariana

Panqueca com shiimeji e abobrinha 136
Panqueca com shiitake 137
Panqueca com shiitake e molho de mostarda 137
Panqueca com sorvete de mamão 158
Panqueca com tomate seco 138
Panqueca com uva 157
Panqueca de abacaxi 159
Panqueca de banana-nanica 159
Panqueca de coco 160
Panqueca de gergelim 160
Panqueca de maçã 161
Panqueca de milho verde 139
Panqueca de nozes 161
Panqueca de tofu e ervilha fresca 139
Panqueca integral com chicória 140
Panqueca integral com mel de uva 162
Panqueca simples 143
Panqueca verde 140
Panquecão com escarola 141
Panquecão com salsicha 142
Panquecão com tofu 142
Panquecão de bife vegetal com champignon 145
Panquecão de cogumelo francês 142
Panquecão de couve-flor 143
Panquecão de legumes 144
Panquecão de maçã 163
Panquecão de pimentões 144
Panquecão de PVT, banana frita e acelga 146
Panquecão delicioso 162

T

Taco agridoce 221
Taco azuki 221
Taco colorido 222
Taco com batata 220
Taco com broto e feijão 218
Taco com feijão carioquinha e glúten 219

Crepes, Panquecas e Waffles

Taco com feijão preto e tofu 215
Taco com glúten 219
Taco com salsicha 220
Taco com tofu e manga 218
Taco de grão-de-bico 222
Taco guacamole 216
Taco guandu 217
Taco mexicano 216
Taco rajado 215
Taco tofu 217
Tofu 64
Tortilha de milho 65
Tortilha de trigo 65

W

Waffle adocicado 185
Waffle com abóbora kambutiá 167
Waffle com abobrinha 167
Waffle com alcaparra e cogumelo 168
Waffle com amêndoa e abacaxi 188
Waffle com aveia e cereja 185
Waffle com batata 168
Waffle com batata inglesa 180
Waffle com beterraba, champignon e glúten 169
Waffle com calda de açúcar e banana 186
Waffle com calda de chocolate quente 186
Waffle com cenoura 169
Waffle com chicória 179
Waffle com curry 180
Waffle com erva-doce 169
Waffle com escarola 170
Waffle com farinha de arroz integral 187
Waffle com farinha de glúten e calda de ameixas 187
Waffle com fibra de soja e doce de pêra 189
Waffle com fibra de trigo e doce de banana 188
Waffle com flocos de fubá 189
Waffle com framboesas 190

Cozinha Vegetariana

Waffle com fubá 190
Waffle com funcho 181
Waffle com mandioquinha 178
Waffle com massa de milho 177
Waffle com melado de cana 191
Waffle com melado e abacaxi 191
Waffle com milho 170
Waffle com moranga 171
Waffle com morango 192
Waffle com nozes 192
Waffle com palmito 172
Waffle com pimenta 172
Waffle com pimenta calabresa 176
Waffle com pimentão e salsicha vegetal 179
Waffle com salsicha 173
Waffle com sorvete de abacaxi 193
Waffle com sorvete de morango 193
Waffle com temperos desidratados 173
Waffle com tomate 174
Waffle crocante temperado 178
Waffle de amêndoas com calda de chocolate 194
Waffle de aveia grossa e laranja 194
Waffle de azeitona 174
Waffle de azeitona e tofu 175
Waffle de castanha-do-pará e calda de açúcar 195
Waffle de chocolate com creme de damasco 195
Waffle de coco 196
Waffle de fibra com caqui 196
Waffle forte 181
Waffle integral crocante 197
Waffle rápido 197
Waffle salada 177
Waffle temperado 175
Waffle verde 176

OBRAS DO
DR. JOSÉ MARIA CAMPOS
(CLEMENTE)

A cura verdadeira nada mais é do que a unificação da vontade superficial com a vontade profunda do indivíduo, correspondendo, portanto, à ligação daquela com os níveis superiores do próprio ser. É somente a partir do momento em que essa ligação interior ocorre que a cura pode dar-se, atingindo também, eventualmente, o plano físico.

Trecho extraído do livro
Curas pela Química Oculta
Dr. José Maria Campos
(Clemente)

"Uma dieta vegetariana pura, rica e variada, baseada em cereais integrais, leguminosas, hortaliças, frutas frescas e secas, nozes e castanhas – como nos indica este livro –, é capaz de fornecer todos os elementos importantes, tais como proteínas e aminoácidos essenciais, carboidratos, óleos, vitaminas e sais minerais."

Dr. José Maria Campos (Clemente)
Médico

Receitas de fácil elaboração que agradam em todos os ambientes e lares.
Uma forma de descobrir o vegetarianismo como uma alimentação saudável, saborosa e atraente.

"A soja apresenta em sua composição componentes com efeito benéfico sobre a saúde, incluindo isoflavonas, óleos insaturados, proteínas, vitaminas do complexo B, fibras e minerais como ferro, cálcio, fósforo e potássio. Muitos estudos têm demonstrado que o consumo de produtos derivados da soja reduz o risco de doenças como câncer de esôfago, pulmão, próstata, mama e cólon, doenças cardiovasculares, osteoporose, diabetes, ateroesclerose, mal de Alzheimer e sintomas da menopausa.
Com receitas inovadoras e atrativas, Caroline Bergerot surpreende e, com certeza, contribuirá para elevar a qualidade da cozinha brasileira a melhorar a saúde da população".

Luis Madi
Engenheiro de Alimentos
Diretor Geral do ITAL
Campinas